MARQUIS G. DE CHERVILLE

L'HISTOIRE NATURELLE

EN ACTION

ESQUISSES DE LA VIE DES BÊTES

DEUXIÈME ÉDITION

CONSIDÉRABLEMENT AUGMENTÉE

PARIS
LIBRAIRIE FIRMIN-DIDOT ET Cie
56, RUE JACOB, 56

1879

PARIS

TYPOGRAPHIE FIRMIN-DIDOT ET Cie

56, RUE JACOB, 56

MARQUIS G. DE CHERVILLE

L'HISTOIRE NATURELLE

EN ACTION

ESQUISSES DE LA VIE DES BÊTES

DEUXIÈME ÉDITION

CONSIDÉRABLEMENT AUGMENTÉE

PARIS

LIBRAIRIE FIRMIN-DIDOT ET Cie

56, RUE JACOB, 56

1879

Tous droits réservés

L'HISTOIRE NATURELLE

EN ACTION

MON PREMIER FUSIL

Si je ne craignais d'être taxé de matérialisme irrévérencieux, je dirais que le premier fusil tient la première place entre tous les souvenirs d'un chasseur.

Eh, mon Dieu! un jouet, si futile qu'il paraisse, est toujours un peu la formule d'un sentiment, et combien de sentiments sont plus fragiles encore que les jouets dont s'est amusée notre enfance! Avec sa poupée la petite fille fait son apprentissage de la maternité; le premier fusil ouvre des horizons plus sérieux encore : il représente assez bien chez nous la bulle que l'on attachait aux jeunes Romains lorsqu'ils endossaient la robe prétexte, il marque le passage de l'enfance à la virilité. Il dit à l'enfant d'hier : « Te voilà un homme aujourd'hui », et l'enfant est radieux, et sa physionomie rayonne de bonheur et d'émotion. Pauvre petit! si tu savais ce que tu abdiques, si tu savais ce que tu ambitionnes, tu ne serais vraiment pas si joyeux.

Enfin, comme, tant que le monde sera monde, l'homme, inconscient de la brièveté de son passage sur la terre, ne cessera jamais de hâter de tous ses vœux ce lendemain, qui nous conduit tout doucement au jour fatal qui n'en a plus ; comme toutes les philosophies du monde ne nous décideront jamais à faire halte avant l'heure où le terrain s'effondre sous nos pieds, contentons-nous de parler de l'arme qui représente une date bienheureuse et charmante dans la mémoire de chacun de nous.

Je suis de ceux qui pensent qu'on ne saurait familiariser trop tôt les enfants avec le maniement des armes.

Autrefois, dès l'âge de dix à douze ans, les jeunes gentilshommes fréquentaient les gymnases ; à quatorze ou quinze ans leur apprentissage était complet. Depuis la Révolution, l'éducation s'est exclusivement portée du côté intellectuel ; on a trop négligé de cultiver la force physique et l'adresse des enfants. Certes on peut être un homme intelligent, on peut être même un grand homme sans savoir monter à cheval, et en ignorant si un pistolet se charge par la gueule ou par la crosse ; mais, alors, on n'est pas un homme complet, et il y a gros à parier que telles circonstances se présenteront où l'on regrettera amèrement d'avoir dédaigné ces petits talents, si faciles à acquérir.

Qui pourrait dire comment eût fini le 8 thermidor si Robespierre eût pu se tenir en équilibre sur une rosse de manège et remplacer l'imbécile Henriot dans sa course folle à travers Paris ? Plus près de nous, quel est celui de mes contemporains qui a oublié le tort considérable que la petite polémique soutenue par M. Thiers, à une revue du roi Louis-Philippe, contre un cheval que M. Ernest Leroy lui avait prêté, fit à ce ministre éminent? Insensible à la rageuse éloquence de son écuyer, cette simple bête apprit à l'opposition comment on le désarçonnait d'une ruade. La leçon ne fut pas perdue. M. Thiers n'en resta pas moins un remarquable homme d'État; mais il est permis de supposer que les brocards, auxquels ses désagréments équestres servirent de prétexte, diminuèrent quelque peu, alors, le prestige qu'il exerçait déjà sur l'opinion.

D'ailleurs, l'enfant dût-il être à jamais à l'abri de ces mésaventures, ce qui est probable, que les exercices que je vous signale ne lui seraient pas moins nécessaires.

Quoi! lorsqu'il s'agit de l'élevage des chiens, on vous recommande pour leur premier âge le grand air, le vagabondage continu, le libre parcours; et voici de pauvres petits êtres humains que vous condamneriez à n'user jamais leurs culottes que par le fond, à pâlir, à s'étioler devant un pupitre, à se farcir la cervelle de grec et de latin, sans trêve, sans relâche et sans repos? Allons donc! Plus leur esprit a été tendu sur une science abstraite, plus il importe de ménager au corps une puissante réaction; plus ils ont fatigué l'un, plus ils doivent exercer les ressorts de l'autre. Ce moyen d'assurer leur santé présente est encore celui de faire d'eux des hommes énergiques et robustes, sans compter que ces petites études préliminaires les mettront en mesure de se défendre contre les bêtes enragées, puisqu'ils sont exposés à en rencontrer, quelquefois même parmi l'espèce humaine.

Que vos enfants soient donc initiés à la gymnastique, à la natation, dès l'âge de huit à douze ans, selon leur développement et leur force; l'équitation peut venir ensuite. Vers la douzième année, on peut les mettre à l'escrime et les accoutumer au maniement des armes à feu. Le tir des poupées au pistolet me semble indiqué pour ces débuts, à la condition, bien entendu, qu'on ne les laissera toucher à une arme plus dangereuse encore que le fusil pour celui qui s'en sert, qu'en la présence du professeur et en les sauvegardant par une surveillance rigoureuse.

C'est ordinairement de quinze à dix-huit ans que l'on fait son apprentissage dans la gaie science à laquelle le grand saint Hubert sert de patron.

Dans ma jeunesse, on était bien loin de traiter l'enfance avec les façons grandioses qui caractérisent l'époque actuelle. Si l'on était assez généreux quand il s'agissait de lui donner le fouet, en revanche s'il eût été question de nous distribuer quelque chef-d'œuvre signé Galand, nos dignes parents se fussent fait tirer l'oreille jusqu'au sang.

Mon premier fusil, à moi, fut une formidable escopette qui avait appartenu au roi d'Espagne Charles VII, et qui, du musée de Madrid, où elle se reposait de ses travaux, avait débarqué chez nous en droite ligne. Relique vénérable autant par son origine que par le magnifique travail de damasquinure qui de la culasse au point de mire couvrait son canon de fer, forgé avec de vieux fers de mule, mais qui n'en était pas moins un outil fort original, capricieux, fécond en imprévu.

Au repos, il dépassait d'un bon pied ma petite taille ; son chien était de la grosseur d'un joli marteau de forge ; il faller suer sang et eau quand il s'agissait de lui faire quitter le bassinet, — car cette arme était à pierre, bien entendu. — J'étais, il est vrai, dédommagé de ce petit travail par les craquements de la batterie placée en dehors, et qui imitaient assez le bruit du ressort d'une horloge qui se rompt. Quand elle partait, mon espingole, c'était là qu'elle était vraiment belle à voir : un vrai feu d'artifice ! la pierre frappait le fer avec un bruit strident ; à ce coup sec succédait un *psiii* du meilleur augure, après quoi, avec de la patience, on finissait par entendre un *boum* retentissant.

Eh bien ! tel que je vous le dépeins, ce fusil, je doute qu'il en soit un autre qui puisse se vanter d'avoir été aimé comme celui-là. Je l'avais bien longtemps désiré, et la possession n'avait point altéré les ardeurs qu'il m'inspirait. Je lui appartenais bien plus qu'il ne m'appartenait ; j'étais à lui corps et âme, cœur et esprit. Si elle eût été femme, cette radieuse escopette, nous enfoncions Philémon et Baucis et nous eussions servi à l'édification des générations futures. Je la plaçais dans un coin de la salle à manger pendant le dîner, mais sans cesser de la couver de l'œil ; la nuit j'en rêvais. Il me semblait qu'un si bel objet devait venir du ciel, et je me levais pour m'assurer qu'elle n'avait pas profité de ses ailes pour y retourner.

Cette affection était d'autant plus méritante, qu'elle était parfaitement désintéressée. L'objet de mon culte me payait de la plus noire ingratitude ; j'avais brûlé une livre de bonne poudre dans son tonnerre sans obtenir de lui autre chose que des résultats absolument négatifs; et telle était mon abnégation, que je ne lui en gardais pas rancune et que je restais plein de confiance et d'espoir.

Un jour, en me promenant mélancoliquement, mais fièrement, dans le petit parc paternel, mon grand diable de fusil reposant sur mon épaule, j'aperçus une troupe de poules que leur école buissonnière avait amenées dans les massifs, et leur vue m'inspira un tas de réflexions diaboliques. J'étais aux prises avec l'envie d'expérimenter la portée à balle de ma canardière, et cette envie prit tout de suite les proportions d'une irrésistible tentation.

De balle, je n'en avais pas la moindre, mais j'avais aperçu sur un chêne des glands qui me semblèrent pouvoir la remplacer avec d'autant plus d'avantage, que je me figurais que ce projectile serait parfaitement inoffensif pour mon gibier.

Me voilà donc bourrant consciencieusement mon arme; quand elle fut en ordre, j'étouffai un reste d'appréhension, j'ajustai longuement l'infortunée qui picorait insoucieuse des velléités olympiennes auxquelles je cédais en ce moment, je lâchai la détente et voilà la poule se débattant sur le gazon.

Je crois que si Jupiter, dont j'usurpais les fonctions, avait répondu coup pour coup, je n'aurais pas été plus foudroyé que je ne le fus à la vue de cette pauvre bête qui se crispait dans les convulsions de l'agonie. Mon grand-père ne plaisantait que tout juste; il s'occupait d'agriculture; c'était une poule russe, il l'avait fait venir de Paris; mon expérimentation avait tout le caractère d'un assassinat! Pâle, éperdu, je ramassai précipitamment mon gibier, je m'enfuis toujours courant à travers les massifs jusqu'à l'extrémité du parc, où se trouvait une sablonnière; là, dans ce sol friable et mouvant, m'aidant de mes mains et de la crosse de mon fusil, j'eus bientôt creusé un petit trou, j'y déposai ma victime, je la couvris de sable, bien convaincu qu'il garderait fidèlement et mon secret et la pièce de conviction du forfait que je lui confiais. Puis, à moitié rassuré par ces précautions, je rentrai au salon, veuf de mon escopette. Depuis deux mois, c'était la première fois que je m'en séparais; je m'appliquais à trouver des grimaces pour dissimuler les remords que chacun, me semblait-il, devait lire sur mon visage.

Le soir, après dîner, selon son habitude, mon grand-père me proposa une promenade.

Elle avait ordinairement un but utile; nous visitions les écuries, les étables, les gens qui rentraient du travail des champs; elle servait de prétexte au dernier coup d'œil du maître, à l'ordre du jour du lendemain.

Mais mon grand-père me dit :

— Prends ton fusil, nous allons dans le parc; je vais voir la sablonnière où Jean-Louis travaillera demain. Chemin faisant, tu rencontreras peut-être un lapin.

A ces mots, il me passa un frisson, qui de la pointe des cheveux descendit jusqu'à mes talons : en posant ma main sur mon espingole, mes doigts avaient de ces mouvements convulsifs qui caractérisent la profession de pianiste. Je suivis cependant le vieillard; Morphée, le chien de mon père, galopant auprès de nous.

Quand nous eûmes fait cent pas dans la grande

allée, nous tournâmes à gauche, et bientôt, entre les arbres, j'aperçus les bancs jaunâtres, confidents muets de mon crime.

— Passe donc en avant, petit, me disait mon grand-père; que diable! si Morphée faisait débouler un lapin, je serais bien aise de juger de ton adresse, et, malgré mes quatre-vingts ans, très-contrarié si tu me prenais pour lui.

Petit ne répondait mot. Une sueur froide baignait son front; la respiration lui manquait; il entendait distinctement les palpitations de son cœur; dix fois il avait été tenté de s'enfuir, il n'en avait pas trouvé le courage.

Nous étions à la sablonnière.

— Ah ça! je n'ai pas la berlue, reprit mon grand-père, voilà Morphée en arrêt; en avant, mon garçon, en avant!

Et il me poussa devant lui, plus mort que vif, car je n'avais que trop reconnu ce qu'arrêtait cette canaille de Morphée. Son infernal odorat l'avait conduit tout droit sur la sépulture de ma victime, et il faisait à ses mânes les honneurs de sa plus gracieuse attitude.

L'émotion était trop forte, j'éclatai. — Je laissai choir mon escopette, je tombai les mains jointes devant mon grand-père.

Mais Morphée avait interprété à sa façon le cri de grâce qui m'avait échappé. Il avait forcé son arrêt, donné un coup de patte à la terre, et un grand bruit d'ailes s'était fait entendre. Ma poule, que le gland n'avait fait qu'étourdir, que la chaleur du sable avait ranimée, ressuscitait, et s'enfuyait avec force gloussements!

Je n'avais été meurtrier que par l'intention !

Toutefois, comme mon grand-père n'était pas homme à croire qu'il est de mode chez les poules comme chez les femmes du Malabar de s'enterrer vives après la perte d'un époux adoré, il fallut expliquer l'ensevelissement de celle-là par des aveux satisfaisants.

Mes remords furent jugés une suffisante expiation, je fus pardonné ; et voilà la seule action d'éclat que j'aie due à mon premier fusil.

LA TAUPE

Cent fois plaidée, la question de savoir si la taupe est utile ou nuisible à l'agriculture est encore pendante; elle le sera probablement longtemps encore. Les uns qualifient cet animal de fléau, les autres la plaignent comme un martyr dont la persécution déshonore l'espèce humaine.

Elle purge la terre des vers blancs, des lombrics et des courtilières, dit Jean; Dieu seul sait le compte des richesses qu'elle sauvegarde; elle draine vos prés en creusant ses galeries; si vous aviez le soin d'épandre et de distribuer des taupinières sur le gazon, vous vous apercevriez bientôt qu'elle en fortifie les racines et qu'elle en avive la pousse. Elle nous rend, en un mot, beaucoup plus de services qu'elle n'est grosse.

En théorie, je ne dis pas non, répondra Pierre, mais dans la pratique, c'est une autre affaire, et, pour mon compte, je la trouve moralement aussi noire que l'est sa robe. Que m'importe une larve de hanneton dont elle me débarrasse si, pour l'attraper, elle a coupé et détruit plus de racines que celle-ci n'en eût consommé dans son année? Et encore, est-il bien certain qu'elle tienne le ver blanc pour une friandise? Cela est contesté bel et bien, et, en attendant, voyez le bel aspect que ses croisières à fleur de terre ont donné à nos labours. Ce n'est pas tout; par pure malice, elle se fait la complice de ses compères les mulots, elle leur ménage des retraites où ils défient le châtiment que leur ont mérité leurs méfaits. Je comprends que vous la canonisiez, vous autres laboureurs en chambre, puisqu'elle respecte les petites cultures intensives auxquelles vous vous livrez sur le papier; moi qui suis payé pour la voir d'un autre œil, je commence par l'assommer, quitte après à lui faire son procès.

— Les deux contradicteurs sont d'autant moins près de s'entendre que l'un et l'autre ils ont raison. En ce bas monde, il n'y a rien d'absolu; chez les taupes, comme chez les hommes, de très-sérieuses qualités servent presque toujours de correctifs aux plus abominables défauts; c'est à notre jugement à établir la balance entre les uns et les autres, et à décider si notre intérêt nous commande la rigueur ou la clémence. C'est ainsi que le jardinier est parfaitement autorisé à traiter la taupe comme une peste, car cette infatigable fouilleuse compromet quotidiennement la belle tenue de ses plates-bandes, déracine, réduit à l'étiolement les plantes les plus précieuses par ses incessants travaux de sape et de mine; d'ailleurs, si le jardinier est laborieux, il n'a pas besoin de ce collaborateur pour détruire les insectes, objectif de ces chasses souterraines; ses labours répétés y suffisent.

Dans la grande culture, au contraire, où la terre est moins fréquemment remuée, moins minutieusement travaillée, où le voisinage des bois concentre la ponte du hanneton, la présence de la taupe n'a pas de grands inconvénients. Les prairies, enfin, peuvent gagner à sa multiplication modérée; non-seulement elle les délivre des insectes spéciaux que nous énumérions tout à l'heure, mais elle les purge des colchiques dont elle mange les bulbes, et le foin, comme l'herbe, n'a qu'à gagner à être débarrassé de cet appoint vénéneux pour certains bestiaux. En résumé, un cultivateur intelligent ne doit pas ouvrir indifféremment tous ses champs au taupier quand celui-ci se présente à la ferme pour exercer sa petite industrie; cette population de rongeurs doit être judicieusement surveillée; s'il n'y a qu'avantage à en débarrasser la plaine, il faut, au contraire, tant qu'elle n'est pas excessive, la protéger dans les prés et dans les terrains en bordure quand le ver blanc y surabonde.

LES FURETS

S'il est toujours de bon goût de n'écouter que d'une oreille les suggestions de son amour-propre, il n'est pas moins sage de réfléchir avant d'ouvrir son cœur aux appels que lui adresse notre sensibilité.

Un illustre écrivain, pour lequel je professais la plus respectueuse des admirations, rencontra dans sa promenade un lièvre poursuivi par des chiens; le spectacle de cet animal couvert de sang, ses cris déchirants excitèrent en lui une pénible émotion qui se changea bientôt en indignation; sous cette double influence il écrivit une violente philippique dans laquelle, en élevant un véritable monument à la cruelle destinée de son client, il stigmatisait l'inutile barbarie des disciples de saint Hubert et les vouait à l'exécration des âmes tendres.

Pour toute réponse, je fis passer sous ses yeux une colonne de chiffres moins harmonieux, mais plus éloquents encore que ses périodes. D'après mon petit calcul, il suffirait de laisser aux lièvres qui sont importés annuellement à Paris, le droit de vivre, de croître et de multiplier en paix, pour que, après un quart de siècle, ce fût leur espèce qui eût charge et mission d'expédier aux halles centrales des bourriches bondées de bipèdes de tous les âges et de tous les sexes !

Il ne me souvient plus du total auquel, dans de pareilles conditions, parvenait la population léporine, mais il était formidable; sa masse compacte couvrait plusieurs centaines de lieues carrées de notre territoire; notre mansuétude à son égard avait pour résultat une horrible famine et la mort de milliers de nos semblables.

L'argument fit quelque impression sur mon éminent adversaire. Deux jours après, je dînais chez lui; il découvrit une des entrées et me dit en souriant :

— Mangeons donc du lièvre, de peur que ce ne soit lui qui nous mange.

La polémique se trouvait close d'autant plus spirituellement par le grand homme que son civet était exquis.

Ce qui est exact quand il s'agit du lièvre l'est doublement lorsque le lapin est en cause : la fécondité de celui-ci est autrement menaçante que celle du premier.

Un naturaliste anglais, Wotten, a prétendu que, d'une seule paire de lapins placée dans une île, il s'en trouva six mille au bout d'un an. N'ayant pas même l'île de Barataria à ma disposition, je dois me contenter de faire pulluler mes producteurs sur le papier, et voici ce que nous obtenons. En supposant deux lapins qui seraient, eux et leur progéniture, à l'abri de toute cause de destruction; en admettant que ces lapins produisent tous les mois une portée de quatre petits, que le nombre des femelles soit à celui des mâles comme deux est à un, qu'ils engendrent tous au bout du quatrième mois de leur existence, nous arrivons, après une année, à une population totale de mille deux cent quarante-huit lapins, ce qui est déjà une bien jolie postérité.

Or, le fusil, les collets, les panneaux, c'est-à-dire la répression légale et illégale, ne suffisant pas à empêcher cette espèce de multiplier, l'Europe ne serait peut-être ni républicaine, ni cosaque ainsi que Napoléon Ier l'a prédit, mais bien transformée en une vaste garenne, si le Dieu des batailles ne nous avait pas ménagé un auxiliaire destiné dans cette lutte à faire pencher la victoire de notre côté.

Cet auxiliaire, c'est le furet, un Africain comme celui qu'il nous aide à combattre.

Je suppose que vous ne tenez pas essentiellement à trouver ici une description scientifique du furet. Vous connaissez, du reste, ce museau aigu, ce nez perpétuellement à l'évent comme celui d'un procureur flairant une cause grasse, et que flanquent deux yeux de rubis qui dans l'ombre étincellent, flamboient. La physionomie est typique. Sur des épaules humaines, elle n'annonce généralement rien de bon ; à l'extrémité d'un corps de furet, c'est une autre affaire, et vous êtes d'autant plus autorisé à entamer un petit commerce d'amitié avec son propriétaire, que, en dehors des services sérieux qu'il est appelé à vous rendre, il vous ménage encore de très-agréables distractions.

Nous avons deux variétés de furets : l'une au pelage d'un jaune de buis, l'autre à la robe fauve, tournant au brun, poussant jusqu'au noir, plus forte et plus vigoureuse que la première. Depuis quelques années, la mode s'en mêlant, les amateurs ne jurent plus que par le furet-putois, c'est le nom de la deuxième espèce. J'avoue que les préférences dont il est l'objet ne me paraissent qu'incomplètement justifiées; il en est un peu des furets comme des hommes, il ne faut pas trop s'arrêter à l'habit.

Si, comme il faut bien que je le suppose, vous êtes décidé à vous adjoindre un de ces collaborateurs, examinez votre recrue; voyez s'il est vif, alerte, s'il se rue avec une sorte de rage sur la proie que vous lui présentez, s'il se laisse enlever et suspendre à cette proie sans lâcher prise : voilà l'essentiel.

Les gardes, qui, en fait de furetage, sont nos maîtres à tous, préfèrent généralement les femelles aux mâles. Plus fines de corsage, elles pénètrent plus aisément dans les boyaux les plus étroits du labyrinthe souterrain; plus ardentes, elles sont également plus dociles, plus susceptibles d'un apprivoisement complet. Le furet qui rivalisait de fidélité avec le chien, et dont son maître ne parle qu'avec des larmes dans les yeux, était presque toujours *furette*.

Que votre élève appartienne au sexe fort ou au sexe faible, si, comme les photographes célèbres, vous tenez à opérer vous-même, ne négligez point de le familiariser avec vous. Faute de cette précaution, vous seriez exposé à des morsures désobligeantes, ou, ce qui est bien plus désobligeant encore, à servir de risée à la galerie qui, au moment critique où il s'agira pour vous de réintégrer Coco ou Cocotte dans le sac de cuir qui lui sert de cabriolet, vous verrait hésiter, avancer, retirer la main, et enfin recourir aux plus lâches expédients pour parvenir à saisir, sans être endommagé, le réfractaire au collet. Rendez tous les jours une visite de politesse au tonneau où il demeure; décidez-le par quelques paroles bien senties à quitter un instant les profondeurs de la paille sous laquelle il se gîte, le frileux; prodiguez-lui vos caresses intéressées, ce sont les plus tendres; ne dédaignez pas de lui servir de vos blanches mains la jatte de lait dont il est friand. Il est possible que vous soyez payé de vos prévenances par quelque dentée, mais vous aurez le droit de taxer votre pensionnaire d'ingratitude, ce qui est une consolation.

Il existe deux méthodes de chasse à l'aide de furets: celle où l'on emploie des bourses, celle dans laquelle on se sert du fusil, et qui, techniquement, s'intitule le « furetage à blanc ».

Je crois parfaitement inutile de vous donner ici la théorie du furetage aux bourses; d'abord parce que, sur ce point, vous en savez probablement tout autant que moi; en second lieu, parce que, si vous ignorez le gros comme le menu de cet aimable *déduict*, une heure de pratique sous les auspices du premier garde venu vous en apprendra bien plus que toutes mes leçons. J'aime bien mieux vous parler du furetage à blanc, une chasse moins cuisinière, mais autrement pittoresque et mouvementée que la première.

C'est ordinairement par quelque belle matinée de novembre que l'on s'est mis en campagne. Les branches sont dégarnies de leurs feuilles, elles font à la terre un jaune tapis que la gelée de la nuit a saupoudré d'une poussière diamantée; le bois s'enveloppe de blanches vapeurs qu'irisent les rayons du soleil. On a gagné les terriers en silence, les chasseurs se sont placés dos à dos et de façon que chacun d'eux ait, sous son fusil, le plus de gueules possible. Les furets impatients labourent de leurs griffes aiguës les parois de leur prison; le garde dénoue son sac, attention!

Ils sont partis; on entendrait une mouche voler. Bientôt un bruit sourd, mat, s'élève des entrailles de la terre. Les hôtes du logis frappent le plancher de leurs pattes de derrière pour se communiquer l'émoi que leur causent ces désagréables visiteurs. A ce bruit succède un autre bruit plus intense, plus caractéristique : ce sont comme les roulements d'un tonnerre souterrain, en réalité les trépidations du steeple-chase effréné auquel les pauvres animaux aiguillonnés par la terreur se livrent dans leurs galeries; souvent un cri d'angoisse mêle sa note aiguë à ces notes graves, le roulement s'accentue, grandit, se rapproche de la surface.

Sur le terrier, tous les cœurs palpitent à l'unisson, toutes les respirations sont suspendues, toutes les mains se crispent sur les fusils; j'en sais que ce grondement fait pâlir : le lapin va sortir, il est sorti.

Si prévenu que l'on soit, l'irruption est si violente, qu'elle vous étonne. Un lapin qui déménage devant un furet ne court pas, il vole et il rampe tout à la fois; c'est la rapidité de l'oiseau, unie aux tortillements du reptile; l'œil s'évertue à le suivre à travers les cépées, et il échappe toujours au point de mire; celui-là seul en aura raison qui saura jeter son coup non pas où il passe, mais où il passera.

La fusillade commence, les détonations se succèdent presque sans intervalles; on tire à droite, on tire à gauche, on tire devant, on tire derrière, sans compter le garde qui, du monticule où il flanque le corps d'armée, pelote bien proprement deux ou trois fuyards, histoire d'achever les blessés de monsieur ! Et, quand c'est fini, à cent pas de là on recommence.

Le furetage à blanc serait un plaisir des dieux, si

quelques petits accidents ne venaient pas en atténuer les charmes. Tantôt vous ne rencontrez que des habitations parfaitement veuves de leurs locataires; tantôt un lapin madré, ou possédant une haute opinion de votre adresse, préférera se laisser plumer vif plutôt que d'essuyer votre feu; une autre fois, le furet, ayant poussé un des habitants de la garenne dans un *accul*, sera parvenu à le saisir à la nuque, et, ayant bien bu et bien mangé, en véritable épicurien, il se décidera à faire un somme.

Dans ce dernier cas, la partie de plaisir devient une corvée assez fastidieuse pour vous mériter une indulgence plénière. On frappe avec le pied à l'orifice des terriers, on tire un coup de fusil dans une de leurs galeries; on appelle Coco avec l'accent le plus persuasif; je vous en souhaite! Coco, qui est douillettement couché sur le cadavre de sa victime, pense que tout est pour le mieux et dans le meilleur des mondes, et vous voilà condamné à battre la semelle, jusqu'à ce que ce fantasque collaborateur se décide à quitter son édredon.

LE MERLE

Le *donec eris felix* est aussi rigoureusement pratiqué par les oiseaux que par les humains : tant que le ciel nous sera clément, tant que les buissons verdoieront et fleuriront aux tièdes caresses de la brise, tant que se prolongera l'illumination des dessous de la futaie, la salle du festin, que la table sera servie sur l'arbre comme dans l'herbe, tant que les baies rougiront, se doreront à tous les rameaux, enfin tant que durera la fête, ce sera par douzaines que se nombreront nos chanteurs emplumés, fauvettes, linottes et linots, loriots, rossignols, etc., etc.; viennent les jours de deuil, avant même que nous en ayons connu l'aube, car ces aimables virtuoses ont cette prescience du malheur qui caractérise les égoïstes, ce peuple d'artistes nous aura abandonnés, et, quand sonnera l'heure cruelle, ce cera à peine si nous retrouverons autour de nous quatre ou cinq amis, le pinson, le rouge-gorge, une variété de mésanges et le merle, et ce dernier sera à peu près le seul qui protestera par des chansons contre cette tristesse qui du décor s'étend à la créature.

Oh! le brave et joyeux oiseau que le merle! Si peu que l'on se souvienne et si peu que l'on soit enclin à prévoir, comme on lui pardonne aisément les petits méfaits que, dans son ardeur à procurer à ses nourrissons la succulente nourriture exigée par la rapide croissance du premier âge, il aura commis dans les plates-bandes du jardin! Le merle, c'est la gaieté de l'ermitage, qu'il vivifie par de continuelles allées et venues; le merle, c'est le boute-en-train du travailleur: à l'heure matinale où celui-ci s'éveille, quand d'un pas incertain et encore engourdi par le sommeil il sort de la chaumière, ce sifflement alerte qui, partant du buisson, salue les premières lueurs de l'orient, rappelle à l'homme que le jour est la vraie joie, et que, en dépit du labeur, il est doux de se sentir vivre.

Comme le corbeau, le merle est vêtu de noir, mais il le porte si allègrement que la couleur de l'habit perd sa signification funèbre. Son allure sautillante est aussi vive, aussi fantaisiste que celle de l'autre est lente, mesurée, solennelle. Et puis, quelle différence dans ces deux physionomies d'oiseaux! Avec son bec grisâtre et terreux, toujours dénudé à sa base, cet iris bleuâtre qui lui donne un regard farouche, sa voix de chantre d'église et sa livrée, le corbeau rappelle ces serviteurs de la mort qui nous conduisent à la dernière demeure; le merle porte son deuil avec l'inconscience de l'enfant qui sourit encore sous les crêpes dont on encadre son frais visage; enfin, son bec et ses paupières d'un jaune franc, rompent la sombre monotonie du vêtement, et cette belle humeur dont on l'a fait l'emblème rayonne dans ses grands yeux bruns.

Laissez passer les mois, et vous apprécierez comme il le mérite votre hôte agréable d'aujourd'hui. A mesure que la saison se fera plus sévère, il se rapprochera de plus en plus du logis dont il animait les alentours; un peu en obéissant à l'instinct qui pousse tous ceux qui souffrent ou qui craignent à se serrer autour des plus forts; beaucoup comme Lazare pour recueillir les miettes que votre luxe insouciant éparpille, les baies du lierre qui font aux vieux puits un encadrement pittoresque, celles des sorbiers du jardin, des aubépines, des sureaux de la haie, de dix autres de vos arbres d'agrément. Quand la terre disparaîtra sous son linceul de neige, il s'enhardira davantage, il poursuivra sa glane jusque sous vos fenêtres, jusque sur votre seuil; il ne croit pas possible que vous profitiez du malheur commun pour l'accabler, ce en quoi, hélas! il se trompe souvent, le confiant oiseau. Puis, lorsque, succombant à la nostalgie du soleil, accablé par cette interminable succession de jours brumeux, alangui par ce continuel et morne silence des êtres et des choses, vous céderez au découragement, alors vous entendrez sortir du hallier de ronces, le seul qui ait conservé ses feuilles, une voix claire, vibrante; ce n'est point un chant, c'est une fanfare, le ralliement sonné par le clairon dans la bataille qui réconforte et qui électrise; elle vous dira, cette voix du merle : « Courage, homme de peu de foi, qui redoute, parce qu'il doute! Dans ce monde d'immortalité, rien ne nous est pris, qui ne nous soit rendu. Ce printemps, dont tu désespères, je le célèbre, sous la bise et dans la froidure, parce que déjà courent dans ma chair les frissons bienfaisants qui m'ont averti qu'il est proche! Courage, nous le reverrons tous les deux, et avec lui l'abondance et l'amour. »

Un de mes voisins possède un merle dont l'histoire vaut la peine d'être raconté. Cet oiseau appartenait à son fils, un enfant de dix ans, frais, rose et joufflu sous ses guenilles, lequel l'avait déniché et élevé, non sans peine. Quelques mois après sa capture, l'oiseau avait engagé sa patte entre les fils de fer de sa cage, et elle s'était cassée. Chez nous, on va chez le rebouteux quand la victime d'un accident de ce genre est un homme ou une bête de produit; mais s'il s'agit d'un animal de luxe, chien, chat ou merle, le seul chirurgien dont on se mette en frais, c'est la nature. Dans le cas que je cite, celle-ci fit merveille; la suppuration sépara du membre la partie brisée, la plaie se cicatrisa, et, avec son unique patte, le prisonnier ne se porta pas plus mal et n'en siffla que de plus belle. Malheureusement, à quelque temps de là, un vent de fièvre passa sur la chaumière et enleva le pauvre petit blondin.

Le père et la mère, qui n'avaient que lui, étaient désespérés, et bientôt le bonhomme déclara qu'il ne pouvait plus voir ce merle qui, à chaque instant, ravivait sa douleur en lui rappelant son enfant. Je lui proposai de le lui acheter, il refusa. Un jour il mit l'oiseau dans une manche de sa blouse, et s'en alla le lâcher dans un bois à une lieue de sa maison. Le lendemain, au petit point du jour, il était encore dans son lit quand il entendit au dehors un sifflement qui le fit frissonner. Il se leva, il ouvrit la porte, le merle boiteux était perché sur la cage restée accrochée à la muraille : « Tenez, me disait-il en me racontant ce retour au moins étrange, bien que je sois pas câlin, quand j'ai revu cet oiseau, les larmes m'ont parti des yeux comme une pluie; il me faisait honte de la lâcheté avec laquelle j'avais été perdre celui que le petit gars aimait tant; et, quand je l'ai embrassé, avant de le remettre dans sa cage, ça m'a secoué le cœur, comme s'il y avait quelque chose de mon pauvre Charles sous ses plumes. »

LE GOUJON

Ce serait, je crois, s'abuser que de confier à quelques pêcheurs à la ligne les rênes du char de l'État, comme un de nos spirituels confrères le proposait l'autre jour, sous prétexte que leur modestie, leur patience, leur modération les rendait, plus que tous autres, propres à nous conduire à la félicité par le chemin de la sagesse.

Le pêcheur est d'allures modestes, sa physionomie est douce et paisible, son extérieur traduit l'amour de la paix, j'en conviens, mais c'est le dedans qu'il faudrait voir. Les passions qui se concentrent, qui se pelotonnent sur elles-mêmes, quel que soit leur objet, entament souvent les ressorts de l'âme, et sont fort sujettes à engendrer l'égoïsme, l'envie et ses corollaires haineux; ces passions ressemblent aux locomotives, qui ne sont jamais si rassurantes que lorsqu'elles toussent et qu'elles crachent à grand bruit; si elles se taisent trop longtemps, passez au large, et gare les éclaboussures! Silencieux par nécessité professionnelle, les pêcheurs nous sauveraient probablement sans tapage, mais ils nous sauveraient, eux aussi, à la plus grande gloire, au plus large profit de leurs intérêts et convenances, soyez-en bien persuadé. Voilà une petite historiette qui vous donnera la mesure de la violence avec laquelle peut s'affirmer cet amour de la pêche sous les dehors débonnaires qui ont séduit mon confrère.

Il y a quelques années, un village des bords de la Marne possédait un sextuor de preneurs de carpes qui devaient à leurs exploits une certaine notoriété. Un d'eux, cependant, dépassait ses émules de plusieurs coudées : celui-là prit un jour, j'étais présent, une carpe de dix-neuf livres trois quarts, — je ne vous fais pas grâce d'un gramme. Un peintre qui assistait à la capture en fit le portrait séance tenante, et l'heureux pêcheur échangea l'original pour la copie. Les confrères de celui-ci, niant que l'habileté fût pour quelque chose dans tant de succès, les attribuaient uniquement à l'excellence de la place qu'il s'était choisie, et dont deux piquets, fixés à demeure dans le lit de la rivière, lui assuraient la possession. Ce carpier numéro un étant tombé malade, on annonça quelques jours après, vers les dix heures du soir, qu'il avait succombé. Le lendemain, à la petite pointe du jour, un bateau s'armait à bas bruit et se dirigeait vers le large; presque en même temps un second bateau quittait la rive; il était suivi d'un troisième, puis de deux autres; cette petite flottille, glissant à travers les vapeurs qu'un pâle reflet de l'orient nacrait à peine, convergeait silencieusement vers le même point; les cinq embarcations y arrivèrent presque simultanément; elles étaient montées par les camarades du défunt, qui, obéissant tous les cinq aux mêmes ferments ambitieux, n'avaient pas voulu attendre que le corps de leur pauvre ami fût refroidi pour prendre possession de son héritage, la fameuse place.

Autant la pêche à la ligne peut devenir insipide quand on vise aux grosses pièces, autant elle est mouvementée et peut paraître attachante quand on sait se contenter du fretin. Et le fretin que je vous propose pour objectif, c'est, après la truite, le plus fin, le plus délicat des poissons de nos rivières, c'est le goujon.

Les appétits des habitants de l'eau se traduisent aussi fidèlement que les nôtres par la physionomie; chez les rapaces, la voracité se caractérise parfaitement par l'élargissement démesuré des mâchoires et l'aplatissement du crâne; la carpe doit à sa bouche lippue un air bonasse qui n'est pas exclusif de la finesse; malgré l'exiguïté de ses proportions, l'extérieur du goujon n'en révèle pas moins ses mœurs et ses habitudes; la grosseur de sa tête, trop forte pour le corps, — elle en fait une sorte de réduction minuscule du dauphin, — sa bouche, amplement fendue, ornée, en guise de moustaches, de deux petits barbillons, ses allures calmes et paisibles indiquent un poisson bon enfant, philosophe sans le savoir, résigné au rôle que la nature lui a assigné parmi les mangés, et profitant de son mieux des heures de répit qui le séparent de l'inévitable dénouement. Elle a, du reste, pris à tâche d'en compenser le désagrément, cette nature; avec son ventre nacré et son dos couleur du ciel : le goujon est aussi beau que peut l'être un poisson; elle l'a doué de plus du solide appétit des prolétaires, de cet appétit qui ne s'assouvit pas facilement, et ignore le dédain aussi bien que les dégoûts; enfin elle lui a accordé le don de ses créatures d'élite, la sociabilité.

C'est l'hôte ordinaire des bas-fonds sablonneux; il y parque par troupes quelquefois fort nombreuses, fouillant sans trêve ce sol peu résistant, pour y chercher sans relâche sa provende, vers, insectes aquatiques, larves, frai, etc. Il connaît aussi bien que pas un de nous le parti que l'on peut, ici-bas, tirer de l'eau trouble; lorsqu'un filet boueux vient ternir le cristal des eaux où il nage, il s'y lance bravement, ses compagnons suivent à la file, tous se dirigent à l'envi vers l'endroit où un outil plus fort que celui dont ils disposent, ayant plus profondément remué le fond, leur a ménagé une ample curée.

C'est sur cette particularité de leur instinct que s'échafaude le système spécial de leur pêche. Quand on a le goujon pour objectif, la ligne n'a plus qu'un rôle accessoire; l'outil principal devient le *bouloir* ou *pilon*, comme on dit dans le bassin de la Seine. Le bouloir est une perche d'une douzaine de pieds de longueur, qui se termine par un morceau de cuir, le plus souvent un morceau de vieille semelle, — les pêcheurs ont sur ce dernier article des préférences rappelant celles des joueurs pour certains fétiches, — cloué sur l'extrémité de la perche. Quand on a trouvé une place goujonnière, on remue, à petits coups, mais assez longuement le lit de la rivière à l'aide du bouloir; on jette sa ligne, amorcée d'un ver de vase, lorsque l'eau doit être suffisamment limoneuse pour qu'il y ait beaucoup d'appelés; et lorsque l'empressement des élus vient à se ralentir, on recommence.

En se réduisant à cet objectif et en employant ce système, je doute que le lecteur ait à redouter la bredouille. Seulement, je dois le prévenir encore que, dans la Seine, dans la Marne, il ne prendra pas de goujons de cinq à six pouces de longueur; ces colosses de l'espèce sont l'apanage presque exclusif des ruisseaux; dans les petits pots les bons onguents.

UNE CHASSE D'ÉCOLIER

Les passions violentes auxquelles tant d'hommes sacrifient leur repos sont généralement transitoires et éphémères. Elles marquent plus ou moins fortement une étape de la vie; mais, si profondément qu'elles aient fouillé les cœurs et remué les âmes, elles s'effacent, elles disparaissent, comme s'effacent, comme disparaissent dans la brume de la vallée le haut clocher et les toits bleuâtres de la ville dont le voyageur s'éloigne à grands pas. Et que reste-t-il alors de ces angoisses et de ces joies, de ces transports, de ces ivresses? Un vague souvenir, souvent un regret, quelquefois un remords.

Non moins riche en émotions, non moins féconde en jouissances que les grandes agitations de l'âme humaine, la passion de la chasse a cela de particulier que le temps n'a point de prise sur elle. Elle se transforme, elle se modifie; mais, comme tous les penchants qui procèdent de la vie primitive, qui se donnent la nature pour théâtre ou pour objectif, elle nous suit, elle nous accompagne jusqu'au terme du voyage. Et qui sait si nous ne la retrouverons pas au delà? Quand le Grand-Esprit rappelle à lui l'homme rouge, on place pieusement à côté du défunt sa carabine et son tomahawk, on immole ses chiens sur sa tombe. Il faut qu'il arrive là-haut armé de pied en cap pour poursuivre les innombrables bisons des prairies sans limites et sans fin, dont les hécatombes seront sa récompense. Selon la foi indienne, la mort n'est qu'une invitation de chasse au paradis, avec garantie contre la bredouille. La croyance n'est pas précisément orthodoxe, et néanmoins nombre de nos confrères la trouveraient, j'en suis sûr, passablement consolante.

Je n'étais encore qu'un bambin lorsque les instincts qui devaient avoir sur ma vie une influence fâcheuse selon les uns, et prodigieusement heureuse selon moi, se révélèrent pour la première fois. La capture qui signala mes débuts appartenait à la catégorie du gibier plume. Non-seulement elle me valut quelques-unes de ces délicieuses émotions que l'on oublie bien rarement, mais les conséquences désastreuses qu'elle eut pour moi devaient en graver très-profondément le souvenir dans ma mémoire.

C'était au lycée de Caen, où j'avais été placé de fort bonne heure. J'apportai dans la classe de septième, dans laquelle j'étais entré, un esprit absolument réfractaire aux beautés de l'*Epitome*, mais en revanche une vocation déclarée pour l'éducation des bêtes en général et des insectes en particulier. Malheureusement le pion qui avait charge de nous gouverner, — lourde charge, — n'appréciait pas du tout ce qu'à la rigueur il eût pu accepter comme d'heureuses dispositions vers l'histoire naturelle. Mes tentatives pour fonder dans mon pupitre de petits jardins d'acclimatation que je peuplais de hannetons, de cerfs-volants, de sauterelles et autre menu gibier, me valaient régulièrement sept jours de piquet par semaine, sans compter les pensums. Plus je m'obstinais à frayer les voies utilitaires dans lesquelles M. Geoffroy Saint-Hilaire devait me suivre, et plus M. Sanson, c'était le nom du maître d'études, s'acharnait à la destruction de mes jeunes établissements. Vainement je les avais transportés de mon pupitre au dortoir, dans mon coffre, de mon coffre à mes poches, de mes poches à ma casquette, le maudit homme découvrait mes plus secrets repaires avec le flair d'un agent de la sûreté. Il me souvient d'avoir été réduit à cacher une petite boîte représentant la cage du dernier hôte de ma dernière ménagerie, un charmant coléoptère aux ailes d'émeraude et d'or bruni, dans un trou de la muraille de certain cabinet, où, hélas! malgré mes affirmations les plus énergiques, mes revendications les plus légitimes, je ne parvenais guère à lui rendre plus de trois ou quatre visites, qui ne suffisaient pas du tout aux ardeurs qui me consumaient.

Pendant un court séjour que je fis à la maison paternelle aux fêtes de la Pentecôte, mes ambitions se développèrent. Le hasard me fournissait en même temps un asile dans lequel mes futurs pensionnaires me paraissaient en mesure de braver les investigations de Vidocq, un aimable sobriquet que notre bande de démons avait décerné à M. Sanson.

J'avais découvert un gros volume, parfaitement relié, aux tranches enluminées de rouge, de jaune et de bleu, portant sur son dos le titre respectable de dictionnaire latin-français, et qui, cependant, n'avait du livre que l'apparence. C'était, en réalité, une boîte de bois résistant et léger, fort habilement confectionnée. Son honnête physionomie la destinait probablement à cacher de l'or ou des bijoux sur les rayons de la bibliothèque ; en effet, il est si rare de rencontrer un voleur en humeur d'élucider quelque passage d'Horace et de Virgile, que jamais trésor ne se trouva mieux en sûreté.

J'emportai ma trouvaille au collège.

Il ne s'agissait plus que de donner un locataire à mon dictionnaire.

Mes convoitises étaient à l'essor, je ne vous l'ai pas dissimulé. J'étais décidé à passer de l'entomologie à l'ornithologie, le moineau franc était devenu mon idéal.

Le vaste préau, planté de tilleuls, qui servait à nos ébats, ne manquait pas précisément de ces intéressants conirostres. Soit attraction sympathique pour les petits humains dans lesquels ils retrouvaient tous les défauts de leur espèce, soit que tout simplement, grâce aux procédés d'émiettage qui caractérisent les repas des écoliers, le glanage fût plantureux, il semblait que tous les pierrots de la Normandie se fussent donné rendez-vous dans la vieille abbaye de Guillaume le Conquérant.

La vue de ces centaines de moineaux surexcitait ma démangeaison d'en posséder au moins un, tout petit, pour vivifier mon fameux dictionnaire, dont j'étais d'autant plus entiché qu'il était devenu l'objet des admirations permanentes de mes copains. Malheureusement, dans les conditions où je me trouvais, cette conquête se hérissait de difficultés de toutes sortes. Je n'ai pas besoin de vous dire que le grain de sel sous la queue me faisait sourire. C'est là un de ces préjugés puérils comme on en secoue beaucoup en endossant la robe prétexte, c'est-à-dire l'habit à queue de morue. — On était à la queue de morue de mon temps. — Devenu positiviste, sous ce rapport, je n'avais foi que dans le *quatre de chiffre*.

Avec trois éclats de sapin que j'enlevai discrètement à l'un des bancs de la classe, j'en fabriquai un assez propre. Le dessous de mon coffre à habits, que je parvins à briser sans aucune espèce de souci pour ce qu'il avait mission de protéger, me fournit une trappe irréprochable. J'avais les engins, mais ce n'était rien; il fallait les mettre à l'œuvre sous l'œil vigilant du terrible Sanson, et voilà où la besogne devenait scabreuse. Je ne sais trop si la cueillette d'une demi-douzaine de faisans, dans ce jardin des Hespérides qu'on appelle le parc de Ferrières, est grosse de plus de périls que je n'en avais à surmonter.

Sous la double influence d'une gastralgie et certainement du tintouin chronique dont nous étions le prétexte, le maître d'études était devenu de plus en plus grincheux. Toujours en sentinelle à l'extrémité du quadrilatère réservé à notre division, il ne perdait aucun détail des jeux de ses cinquante petits garnements, et, si peu que ces jeux prissent une tournure plus ou moins prohibée, le rappel à l'ordre était immédiat. Il était clair que, s'il surprenait l'acte de braconnage que j'avais médité, il devinerait aussi quel devait en être le but. N'attraper que quatre ou cinq jours de piquet avec un si beau piège, vous avouerez que ce n'eût pas été la peine de le tendre.

Je commençai par endormir la soupçonneuse surveillance de notre Argus. Abdiquant mes anciennes tendances, j'affichai un irrésistible penchant pour l'agriculture. Je m'établis à dix pas de son poste; là, à l'aide de mon couteau je labourai un pied carré de terre, je l'ornai d'une palissade de bûchettes qui devait le préserver de l'invasion des bêtes féroces, j'y semai du chènevis qu'un externe m'avait vendu au poids de l'or. Quand ce fut terminé, je recommençai laborieusement un peu plus loin ma besogne de pionnier. Cette fois M. Sanson, qui avait suivi ma première expérience avec la physionomie d'un chat guettant une souris, daigna me visiter. Il me complimenta sur la belle tenue de mes terres, en ajoutant d'un air narquois que mes nouvelles distractions auraient du moins l'avantage de ne pas m'empêcher de savoir mes leçons. S'il était satisfait, je ne l'étais pas moins, me doutant que son approbation aurait pour conséquence une certaine indifférence de mes faits et gestes. Je poursuivis ma tâche avec une indicible ardeur, et de défrichement en défrichement, après avoir enrichi la cour de sept ou huit champs cultivés, je parvins à m'établir à l'extrémité du préau, où mes débuts de trappeur me paraissaient moins difficiles à opérer. J'enlevai patiemment une dalle de gazon au pied du dernier arbre, je creusai une fossette sur son emplacement, je sortis mes instruments de la cachette, le cabinet que vous savez, où ils attendaient le grand jour. Vers la fin de la récréation, je dressai mon piège en plaçant sur la planchette la dalle de gazon que j'avais réservée, et qui devait non-seulement l'alourdir convenablement, mais encore masquer cette machine de guerre au regard inquisitorial de M. Sanson.

Si j'eus quelques distractions pendant l'étude et la classe qui suivirent, je n'ai pas besoin de vous le dire. Hélas! elles allèrent même beaucoup trop loin, puisque mes soupirs, ma perpétuelle agitation sur mon banc me méritèrent une punition affreusement intempestive qui allait peut-être m'empêcher de recueillir le fruit de tant de peines et de tant de travaux.

Au commandement de « Rompez les rangs ! » j'étais parti comme un trait. A trente pas de mon arbre je crus voir que ma trappe était tombée; mon cœur battait à se rompre, je n'en croyais pas mes yeux; cependant ce n'était point une illusion, le piège avait joué. Il restait à savoir s'il avait manqué sa proie, ou s'il contenait son prisonnier, et une certaine anxiété altérait encore les joies de mon triomphe. Malheureusement, il ne fallait pas songer à s'en assurer. J'étais au piquet, condamné à l'immobilité, à l'impassibilité de la statue sur le théâtre même de mes exploits! Un bruit très-perceptible vint adoucir les amertumes de cette situation, j'entendis le trémoussement des ailes de l'oiseau se débattant dans sa prison. J'exécutai immédiatement une pointe dans le septième ciel, je ne marchais plus, je planais, je me frottais les mains, je riais tout seul et tout haut; je crois que dans mes transports j'aurais embrassé M. Sanson, s'il s'était présenté à ma portée.

Il me réservait une épreuve autrement cruelle que les précédentes, le maudit homme! Il avait la manie de vouloir être entouré de sa chiourme; les élèves punis du piquet devaient se placer au pied des arbres les plus rapprochés de l'endroit où il stationnait méthodiquement, invariablement, pendant toutes nos récréations. Je n'avais pas fini de m'enivrer des grouillements de bon augure qui partaient de la fossette qu'un geste impérieux me désignait un autre poste. Je m'y rendis avec la mort dans l'âme et des larmes plein les yeux. Qu'allait-il se passer, grand Dieu? Un camarade ne pouvait-il pas soulever inconsidérément la trappe? Les efforts de l'oiseau pour recouvrer sa liberté ne pouvaient-ils pas être couronnés de succès? L'étude m'avait semblé longue, la récréation prit des proportions véritablement séculaires. Chaque fois qu'un enfant se dirigeait du côté de mon piège, sur lequel mes yeux restaient braqués, un frisson d'angoisse passait dans mes cheveux, je ne respirais plus. Heureusement, comme je l'ai dit, il était à l'écart, en dehors du théâtre ordinaire de nos jeux.

Le roulement du tambour mit enfin un terme à cette situation palpitante. Mon parti était pris. Je ne sais pas trop ce que je n'étais pas décidé à subir plutôt que de laisser mon butin à la merci du premier chat venu pendant la nuit. Je m'administrai héroïquement dans le nez un coup de poing assez solide pour y occasionner de sérieuses avaries. Au moment où la colonne défilait devant M. Sanson, sous le péristyle, je sortis des rangs, je montrai au maître d'études mon visage ensanglanté, en sollicitant la permission de rester en arrière, et il ne trouva rien à opposer à mon argument.

Bien entendu le flux de mon appendice nasal était ce dont je me souciais le moins. En une cinquantaine de bonds j'étais à mon piège; à l'aide de mon mouchoir que je passai entre la trappe et la fossette, je parvins à saisir le captif, je fourrai contenant et contenu dans ma poche, et, cinq minutes après, je rentrais à l'étude avec un visage effroyablement barbouillé, mais un cœur radieux et un habitant pour mon dictionnaire.

Mon moineau était un mâle, un père, un coq, comme nous disions. Il était si beau qu'il ne me fit pas moins d'envieux que ne m'en avait fait son ingénieuse habitation, dans laquelle je l'avais immédiatement installé, après avoir eu soin d'y ménager quelques trous afin qu'il pût respirer. Tout marcha à souhait pendant les quatre premiers jours. La cage-dictionnaire était placée dans mon pupitre, que nécessairement j'explorais plus que de raison. Mis à l'éveil par mes attitudes, me soupçonnant d'être revenu à mes anciens errements, M. Sanson pratiqua quelques visites domiciliaires; elles tournèrent à sa confusion. Sa main se promena plusieurs fois sur la couverture en veau du Levant de mon volume, quand il le repoussait pour fureter dans tous les coins; il ne fit jamais à un aussi vénérable bouquin l'injure de le supposer mon complice. Toute l'étude, parfaitement au courant des mystères du grand in-quarto, triomphait de mon triomphe. Quand le maître regagnait sa chaise curule en déguisant sa déconvenue sous la majesté de son attitude, on se tordait sur nos bancs; les éclats de rire n'étaient jamais assez étouffés pour n'être pas suivis d'une large distribution de pensums, pain sec, etc., dont, du reste, Vidocq était avec nous d'une prodigalité sans égale.

C'était trop beau pour durer.

Bien qu'il fût nourri comme un prébendaire, il me semblait que mon pierrot s'ennuyait dans son palais : l'insuccès des explorations de M. Sanson me garantissant contre leur trop prochain retour, je me décidai à élargir le cercle des pérégrinations du pauvre captif. Après m'être garanti contre ses velléités de désertion en lui attachant un fil à la patte, je le laissai libre de vaquer à sa fantaisie dans l'intérieur du pupitre.

Un samedi, je vis M. Sanson se disposer à quitter son estrade; et, comme en pareille occasion j'en avais l'habitude, je me hâtai de réintégrer mon moineau dans son asile.

Il était temps : le maître se dirigeait vers la place que j'occupais. Cependant ses intentions étaient pures, car il se contenta de me réclamer un pensum à la fabrication duquel il m'avait condamné quelques jours auparavant. J'étais en règle; je plongeai le bras dans le bureau, j'y pris le cahier et je le présentai à M. Sanson avec quelque précipitation. Il n'eut pas plutôt jeté les yeux sur le papier que je vis son visage s'empourprer; il m'enveloppa du plus flamboyant des regards, et me montrant le pensum :

— Qu'est-ce que cela? » me demanda-t-il en m'indiquant une large tache d'un blanc jaunâtre, dont la date s'accusait par son incontestable fraîcheur, et qui s'étalait irrévérencieusement au milieu de la première page.

Ce que c'était? Je ne l'avais que trop reconnu. J'ai dit plus haut que je gorgeais mon pierrot de friandises; méconnaissant les devoirs que lui imposaient mes bienfaits, l'ingrat avait déposé sur mon pensum un irrécusable témoignage de la munificence avec laquelle il était nourri.

— Qu'est-ce que cela? répéta M. Sanson, avec l'accent d'un Jupiter tonitruant.

— Je ne sais pas, Monsieur, répondis-je en balbutiant..., c'est..., ce n'est pas moi, je vous le jure!

Les rires imparfaitement étouffés que cette réponse

souleva dans l'assistance portèrent l'exaspération de M. Sanson à son paroxysme.

— Vous avez un oiseau dans votre pupitre! s'écria-t-il d'une voix stridente; vous allez me le livrer sur-le-champ, après cela nous réglerons nos comptes! Et sans attendre que j'exécutasse ses ordres, renversant la large tablette qui forme ce meuble de l'écolier, il exécuta une fouille dans les règles, faisant voltiger mes paperasses, envoyant toupies, balles, billes, cordes, mon butin le plus précieux se promener à travers la pièce, mais tout cela sans plus de succès qu'à ses visites précédentes, par l'excellente raison que dès le début, j'avais négligemment enlevé la pièce essentielle, et l'avais posée sur les livres de mon plus proche voisin.

Pour le coup, M. Sanson était aux prises avec une véritable fureur; il me saisit par le collet de mon habit, et me jetant, plutôt qu'il ne me poussait devant son bureau :

— A genoux! me cria-t-il; recommencez-moi de suite le pensum que vous m'avez livré dans un état si dégoûtant; j'en référerai tantôt à M. le proviseur, qui aura peut-être raison de votre obstination!

Je courbai la tête; je me trouvais trop heureux de sauver mon oiseau à si bon marché. Un excès de précaution précipita le dénouement. J'avais préparé un petit billet que je voulais glisser à mon copain, et dans lequel je le priais de remettre ma pseudo-cage en sûreté.

— Où allez-vous, me demanda le maître, qui se promenait à travers la salle.

— Chercher mon dictionnaire dont j'ai besoin, monsieur, répondis-je.

— Restez à genoux! En m'adressant cette injonction, M. Sanson avait pris le volume désigné sur le bureau de mon voisin, afin de me le passer; mais, frappé de la légèreté de l'énorme bouquin, il n'acheva pas son geste, examina le volume, l'ouvrit, et le moineau, lui effleurant le visage, s'envola dans l'étude, avec des piaillements d'allégresse. Cet hymne de la délivrance fut le signal d'un effroyable tumulte : la plupart des élèves, montés sur les tables et sur les bancs, riant et criant, gambadant comme des possédés, s'évertuaient à attraper le fuyard; d'autres, qui se seraient pendus plutôt que de laisser échapper l'occasion d'augmenter le tapage, jappaient, miaulaient, imitaient le chant du coq, le bruit de la scie. Jupiter-Sanson essayait en vain de dominer le charivari, il n'y mit un terme qu'en ouvrant la croisée par laquelle le moineau disparut, ayant encore mon fil à la patte. L'étude tout entière fut mise en retenue. Quant à l'éditeur responsable de ce désordre, M. Sanson appela le garçon de salle, qui le conduisit immédiatement en cellule.

Ce fut ainsi que ma première victoire cynégétique me fit faire pour la première fois connaissance avec la paille humide des cachots. Mais ce sont précisément les persécutions qui affirment et développent la foi profonde et sincère. Ces tribulations de mon début n'ont peut-être pas été étrangères à la solidité, à la persévérance de mon goût pour la chasse.

A l'heure où j'écris, le feu sacré est encore intact; en revanche, le coup d'œil a perdu de son acuité, le jarret n'a plus l'élasticité ni la vigueur dont j'étais si fier, mes cheveux ont commencé à se nuancer de fils d'argent : me voici sur le chemin de la vieillesse.

Combien le ciel m'accordera-t-il encore de ces joyeuses saisons d'automne que l'on ne voit s'écouler que pour soupirer après septembre qui les ramène, sans se soucier de l'année de plus qui s'accumulera sur notre tête ? Je l'ignore, mais ce dont je suis certain, c'est que, s'il faut devenir impotent et podagre, fallût-il chasser sur un âne, je demanderai aux illusions de me rendre pour quelques instants les beaux jours éteints et les joies évanouies.

LA CAILLE

La caille est un gibier dont la désertion s'accuse, hélas! de plus en plus à la fête du 1ᵉʳ septembre, au grand désespoir des admirateurs, peu désintéressés, qu'elle compte dans les clans de la chasse et de la gastronomie.

Sa voix grêle, mais nette, distincte, accentuée, son cri strident, presque aussi monotone que celui du grillon, vous l'avez, pour la première fois, entendu par une soirée du mois de mai, alors que les tiges du seigle commencent à se dégager de leurs gaînes enrubannées, que les prés se diaprent de marguerites, que les longs quadrilatères des sainfoins et des trèfles se nuancent de rose et d'incarnat, lorsque vous suivez le sentier qui serpente à travers la plaine, ou le chemin bordé de saules qui longe la rivière.

Ce salut de la voyageuse, je ne l'ai jamais écouté sans une certaine émotion, dans laquelle l'espoir d'entamer un jour ou l'autre une plus intime connaissance avec la chanteuse et sa lignée entrait peut-être pour quelque chose, mais qui procédait aussi de l'admiration qui, malgré moi, m'envahissait, en songeant au miracle que venait d'accomplir le pauvre oiseau auquel la nature a si parcimonieusement mesuré la puissance de l'aile, en lui imposant d'annuelles pérégrinations dont la grandeur confond notre imagination. Singulier mystère que celui de ces migrations, mystère que nous avons sondé, mais dans lequel, par-dessus tous les calculs, toutes les suppositions, toutes les probabilités, toutes les déductions, apparaît la volonté providentielle d'assurer la conservation des espèces.

Le vol de la caille n'a rien de la légèreté et des audaces du vol de l'hirondelle, son émule en longues traversées; il est bas et lourd. Elle n'a pas franchi deux cents mètres qu'elle se repose; si on la poursuit, si, à plusieurs reprises on la lève, elle paraît tellement accablée par la fatigue, que l'on a presque honte de se servir pour l'abattre de ce diminutif du tonnerre qu'on appelle un fusil. Ses ardeurs amoureuses, son humeur batailleuse qui l'incitent à donner dans tous les pièges, sont encore pour elle autant de causes de destruction. Oiseau purement indigène, malgré sa fécondité, la caille aurait depuis longtemps disparu des pays civilisés.

C'est afin de prévenir l'anéantissement d'une espèce à la fois faible et utile que la prévoyante nature la pousse chaque année dans les solitudes africaines ou asiatiques, où sa population se retrempe, où elle puise de nouveaux éléments de survie; c'est pour cela qu'elle a compris la caille dans les nombreux courants d'oiseaux et de poissons qui vont et viennent les uns d'un pôle à l'autre, les autres des hautes mers aux bas-fonds, véritables fleuves d'abondance vivifiant les terres, les océans qu'ils traversent, et qui s'alimentent eux-mêmes dans ces mouvements.

On relève trois moyens principaux à l'aide desquels la nature détermine les cailles à ces migrations si peu proportionnées à la faiblesse de leur envergure ; ce sont les nécessités de l'alimentation, la prescience des révolutions atmosphériques, les ardeurs de la propagation ; mais il nous paraît infiniment probable qu'il existe dans l'instinct qui décide ces oiseaux à changer de milieu à l'heure dite un ferment à nous inconnu, qui doit procéder de cette loi générale de conservation ; en effet, des cailles élevées en cage depuis leur enfance, accouplées dans un parquet, largement nourries, tenues à l'abri de toutes les variations de la température du dehors, n'en éprouvent pas moins, qu'elles soient mâles ou qu'elles soient femelles, lorsque le moment du départ est arrivé, une fièvre de voyage assez intense pour compromettre leur existence ; c'est vers le coucher du soleil qu'elles commencent par manifester leur inquiétude, qui se prolonge pendant environ un mois ; leurs nuits se passent dans une perpétuelle agitation, et pendant le jour elles paraissent tristes, fatiguées, endormies.

Physionomiquement, la caille se présente comme un type d'oiseau sédentaire ; elle est courte, trapue, ramassée, presque ronde, la queue lui manque et le col est peu allongé. Elle est montée sur deux pattes assez grêles, ce qui ne l'empêche pas d'être bonne marcheuse, comme elle est bonne volière. Son plumage est sans éclat et teint de façon qu'elle puisse se confondre avec les mottes de terre entre lesquelles elle se rase ; cependant les rayures qui le relèvent lui prêtent une certaine élégance sobre et rustique. On pourrait la comparer à la robuste ménagère des champs, un peu fruste dans ses formes, mais piquante sous ses grossiers atours, infatigable dans l'œuvre de nourricerie ; cependant, quoique excellente mère de famille, la caille se détache de cet estimable modèle par son tempérament qui la rapproche bien avantage des femmes de l'Orient comme elle enclines à l'engraissement précoce; elle en a la parfaite indifférence en matière de sentiment, la soumission aux arrêts du destin et de la force brutale.

Le mâle tient à la fois de Lovelace et du capitaine Fracasse; ses velléités batailleuses sont si sincères que rarement il laisse échapper l'occasion de dégainer. On l'attire en imitant le cri de la femelle, mais bien plus sûrement encore si l'appelant parodie la voix d'un concurrent. S'il rencontre réellement un rival, il lui livre un combat acharné ; la belle qui en est le prix s'enfuit avec le vainqueur, sans accorder un regard de commisération consolatrice au battu.

Malgré les précautions prises par la nature pour sa conservation, la caille s'en va ; tous les ans nous entendons des lamentations sur ce thème, et il est impossible de se dissimuler que, si le dépit d'être sevré de cet aimable gibier les exagère, elles sont néanmoins fondées dans une certaine mesure ; l'espèce diminue. Dans le chapitre XXV de son *Traité de fauconnerie*, d'Esparron raconte que dans la Provence on volait la caille à l'aide de l'épervier : « Ce qui est, dit-il, principalement au pays de Toullon et villages d'alentours, où elles passent en si grande quantité, qu'il se trouvera homme à Sifours, une lieue de Toullon, qui avec un espervier, une gaule à la main et sans chien, prendra six douzaines de cailles par jour. » Ils ont beau être chasseurs et Provençaux, c'est-à-dire doublement doués du don d'amplification, je doute que nos compatriotes du Sud se refusent à reconnaître qu'il y a quelque différence entre autrefois et aujourd'hui.

Peut-on s'étonner qu'il en soit ainsi, quand on considère l'impuissance de la protection dont la loi la couvre dans les pays peu nombreux où elle a jugé à propos de sauvegarder sa multiplication, et le nombre infini de procédés et d'engins que l'homme invente et utilise pour concourir à sa destruction déjà ébauchée par les accidents de ses traversées? Son histoire, sur ce point, ressemble à celle de mon voisin Jean-Pierre, auquel on avait volé son argent caché entre deux draps, dans son armoire :

— Combien aviez-vous?

— Une somme énorme, pardi! puisque d'abord j'y avais mis cent francs, et que tous les soirs, depuis cinq mois j'y ajoutais trente-cinq bons sols de ma journée! »

— Diable! Et jamais vous n'en avez pris?

— Ah! que si ben, dà! j'en ôtais vingt francs tous les dimanches!

Et, fort de ses épargnes quotidiennes, Jean-Pierre s'étonnait qu'elles n'eussent pas davantage fructifié.

LA PERCHE

Les gens que possède la manie de chercher dans tous les ordres de la nature des équivalents représentant tels ou tels types d'un autre ordre ont appelé le brochet le tigre des eaux douces. En lui décernant ce surnom ou ce titre, d'abord on oublie un peu trop que, à bien peu d'exceptions près, le monde des poissons se compose de mangeurs et de mangés, et qu'il n'est pas jusqu'à la peu innocente ablette qui ne soit tigre par ses appétits d'insectes ; en second lieu, s'il fallait absolument, à ces amateurs de reproductions qui prennent la nature pour un photographe, un exemplaire aquatique du tyran des jungles, pourquoi n'avoir pas choisi la perche, qui l'emporte de beaucoup sur le brochet par la scélératesse de ses mœurs, qui s'en rapproche encore par la netteté de ses éclatantes zébrures et par sa physionomie féroce ?

Le brochet a ses heures pour le carnage, ses repas reviennent avec une régularité monacale ; leurs intervalles, il les consacre à digérer dans l'immobilité, le calme, la quiétude qui favorisent cet important fonctionnement de l'organisme. Toujours affamée, jamais assouvie, la perche est en quête à toute heure du jour et de la nuit ; elle chasse avant l'aube, et le soleil à son coucher la retrouve, comme le lion de l'Écriture, cherchant quelque chose à dévorer. Sa voracité tient beaucoup plus à sa construction qu'à l'âpreté de ses facultés stomacales; vouée au métier de corsaire, elle a été bâtie en forme de gabarre; n'étant pas taillée en forme de flèche comme le brochet, elle n'en a pas l'irrésistible élan, elle est lourde dans ses allures, lente aux virages, d'où de fréquents mécomptes dans ses croisières et nécessité de les poursuivre sans trêve et sans relâche. Affligée d'une gibbosité caractérisée, elle a du bossu l'astuce et la malice; elle se plaît à dresser des embûches aux innocents dans la forêt des herbes flottantes; et puis elle fait bon marché de la délicatesse; ayant déjeuné d'un goujon savoureux, elle acceptera parfaitement pour dessert un humble ver de terre. On la prend à toutes les amorces.

Le peu d'élégance de ses formes a sa compensation; aucun de nos poissons de rivières et d'étangs n'est paré d'aussi riches couleurs; on les retrouve toutes sur son habit, depuis le vert émeraude le plus intense jusqu'au vermillon éclatant. Il n'est pas jusqu'à sa tête hideuse par la saillie exagérée de la mâchoire inférieure et rappelant beaucoup une tête de bouledogue qui ne soit magnifiquement coloriée. Les bleus les plus fins, les tons les plus chatoyants de l'opale ne sont pas plus étincelants que la splendide palette qui s'étale sur ce prosaïque museau, si vous l'observez au moment où vous la tirez de l'eau. Les vices de structure de la perche se compliquent d'une énorme nageoire dorsale hérissée d'autant de dards qu'elle compte de membranes; elle est supplémentairement armée de deux paires de stylets à pointe triangulaire rendus très-dangereux par leur peu d'apparence, les petits cachés qu'ils sont sous l'épiderme, les grands fort peu visibles, bien qu'ils terminent l'angle supérieur de la joue qui recouvre les branchies.

Ce poisson disgracieux et si peu recommandable par ses mœurs a cependant un mérite qui peut nous décider à l'amnistier de tous les méfaits dont il est coupable : il a peu de rivaux pour la délicatesse de sa chair blanche, ferme, fine et médiocrement rembourrée d'arêtes. Les gourmets ne sont pas d'accord pour décider qui l'emporte d'une truite ou d'une perche de rivière. C'est un procès dont il est si agréable de revoir les pièces qu'on est autorisé à ne point se prononcer.

En revanche, et malgré l'aubaine que tôt ou tard elle leur réserve, la perche a pour contempteurs tous les disciples de saint Pierre, à peu près. Il n'est guère de pêcheur qui ne l'ait vouée aux dieux infernaux, un jour, où, ayant paisiblement et laborieusement déployé ses engins, un de ces poissons maudits s'installant dans ces mêmes eaux pour lui faire concurrence en a chassé tout le peuple écaillé, depuis le goujon jusqu'à la carpe et ne lui a laissé d'autre ressource que de plier bagage et d'aller plus loin. Il y aurait mieux à faire, à notre gré, que de subir cette humiliation ; attachez par les reins un petit poisson à une ligne assez forte. Placez dans les branches, à portée de votre main, la canne à laquelle est attachée cette ligne. Ne laissez descendre votre amorce qu'à une vingtaine de centimètres de profondeur; maintenez-la à une médiocre distance de la berge; il y a gros à parier qu'une demi-heure ne se sera pas écoulée, sans que vous ayez fait payer bien cher à la perturbatrice son intrusion dans vos petites affaires, qu'alors vous serez libre de continuer tranquillement.

Quelques vieux praticiens de la Marne ont un procédé de pêche spécial à la perche, qu'ils nomment la pêche au bilboquet; nous ne croyons pas qu'il soit pratiqué sur d'autres rivières, mais il est assez ingénieux et surtout assez productif pour mériter d'être décrit. Ils coupent une fourchette de noisetier ou de tout autre bois à écorce lisse, au corps flexible et nerveux; ses deux branches, un peu moins grosses que le petit doigt, ont une douzaine de centimètres de longueur, de leur extrémité jusqu'à la fourche formant elle-même un angle de 45 à 50 degrés; le manche de cette fourchette a environ 10 centimètres; au moyen d'une ficelle fixée dans une entaille de la tige, ils l'attachent le plus solidement possible à une branche longue et flexible qui pend sur l'eau dans un endroit où il se ne trouve ni herbes ni courant.

L'emplacement choisi et la fourchette posée, ils nouent au-dessus de la jonction des deux branches une corde de 5 à 6 mètres de longueur; cette corde, qui formera la ligne, s'enroule autour de ces branches en forme de 8 et de façon qu'aucun tour ne recouvre l'autre; son extrémité est passée dans une entaille pratiquée à chacune des extrémités de la fourchette; ils y ajustent un hameçon du numéro 5 monté sur fil de guitare, de façon que l'amorce ne puisse pas prendre plus de 5 à 10 centimètres d'eau. Une demi-douzaine de bilboquets surveillés et relevés matin et soir donne d'assez beaux résultats pour qu'un pêcheur ne néglige pas cette méthode à laquelle nous avons dû de pouvoir constater que la perche de 2 kilogrammes n'était pas un mythe.

LE LORIOT

Vers la fin d'avril, lorsque, pour la première fois, vous aurez entendu les deux notes monotones du coucou, — une bonne fortune qu'il ne faut pas dédaigner; si ce jour-là vous avez de l'argent dans votre poche, vous en aurez toute l'année, — un cri aigre, court, aigu, cadencé, une sorte de trille qui exprime le défi, la bravade, une voix *haultaine*, dit Belon, ne tardera guère à se mêler au premier et viendra le plus souvent des masses verdoyantes qui entourent les vergers et les habitations.

Les paysans, pour lesquels la langue des oiseaux n'a point de secrets, ont nécessairement traduit ce chant du renouveau. Malheureusement, comme les savants déchiffreurs d'inscriptions grecques, syriaques, égyptiennes, etc., leurs versions ne sont pas trop d'accord. Suivant les uns, cette espèce de miaulement signifierait *Louisot bonnes merises!* — Pourquoi Louisot? Probablement parce que le mot fournit une rime à Loriot! D'autres polyglottes ont entendu : *C'est le compère loriot qui mange les cerises et laisse les noyaux!* et pour rien au monde ils ne renonceraient à une seule syllabe de leur traduction. D'aucuns enfin, plus stricts dans le compte des notes, prétendent que celles-là signifient tout simplement : *Nous en mangerons;* les merises sous-entendues, vu que le loriot ne nous croit pas assez naïfs pour ignorer que c'est d'elles qu'il est question.

Plus la saison avance, et plus ces cris se répètent; ils dominent toutes les voix du peuple ailé; ils se produisent, pour ainsi dire, à l'état de jet continu, et, si indifférent que l'on soit à la destinée du fruit favori de Jean-Jacques, ils finissent par devenir singulièrement agaçants. Cependant, si multipliés qu'ils soient autour de vous, ce ne sera jamais que très-rarement que vous parviendrez à apercevoir ce chanteur importun. Avec beaucoup de peines et de précautions, on arrive à entrevoir sur les tons d'émeraude du feuillage un oiseau de taille moyenne, dont le plumage est teinté d'or; c'est le loriot. Quelquefois il se montre volontairement, lorsqu'il traverse une clairière; alors son vol précipité, ses couleurs fulgurantes le font ressembler à un météore filant dans l'espace.

Cette méfiance exagérée qui caractérise le loriot est assez rare chez ceux des oiseaux qui se rallient volontiers à nos habitations. Un observateur humoristique prétendrait qu'elle témoigne d'une exacte appréciation de notre sottise : il est rare, en effet, que nous résistions à la tentation de tuer pour admirer de plus près, et, même pour un loriot, c'est payer un peu cher son succès. J'ai cherché ailleurs les raisons de cette prudence.

Il y a des degrés dans la sauvagerie des oiseaux; elle est raisonnée chez beaucoup d'entre eux, inconsciente chez d'autres et particulièrement chez les migrateurs.

Dans ces derniers, le développement excessif de l'instinct amoindrit nécessairement les facultés discernantes. Automatiquement garantie, leur conservation n'est que médiocrement sauvegardée par l'observation et la comparaison qui, chez l'animal, constituent la finesse individuelle en contribuant à sa préservation. Excepté chez l'hirondelle, que son alimentation spéciale parque dans les milieux où nous vivons, vous retrouverez presque toujours chez les migrateurs, ou bien une humeur farouche jusqu'à l'aveuglement, ou bien une crédulité qui touche à la niaiserie. Tendez à l'intention du vulgaire moineau le piège dans lequel vient si naïvement donner le pauvre rossignol, il en rira comme un fou. Comparez maintenant les allures revêches du loriot avec la sage réserve de la plupart de nos oiseaux sédentaires, de la pie par exemple. Les premières traduisent une terreur presque mécanique, les autres démontrent un calcul sagace.

Pendant l'hiver désarmé que nous ont ménagé les Allemands, j'ai pu apprécier l'admirable pénétration de dame Margot. L'occupation durait depuis quinze jours à peine dans notre malheureux pays, qu'elle avait déjà connaissance de la suspension d'armes qui en résultait pour elle. Elle narguait nos misères avec une effronterie que pouvait seul lui donner le sentiment de notre impuissance. C'était par douzaines que les pies et les corbeaux s'ébattaient sur la prairie qui est devant mes fenêtres; ils poussaient le sans-gêne jusqu'à venir manger avec les pigeons, devant la porte de la cuisine, et dans la gamelle des chiens; si cet état de choses se fût prolongé six mois de plus, les pies se fussent probablement invitées à ma table. Mais, après une familiarité si grosse de promesses, il a suffi, hélas! d'un seul coup de fusil pour les rendre à leurs manœuvres réfractaires du passé. Quoique, en les dévalisant, je ne leur aie jamais trouvé de montre, les pies règlent méthodiquement leurs démarches d'après les heures. Encore aujourd'hui elles picorent tous les matins sous mes fenêtres; aussitôt qu'une seule persienne de la maison a été entre-bâillée, elles s'envolent à tire d'ailes, et jamais dans la journée, quelles que soient les tentations, elles ne hasarderont une démarche aussi compromettante.

Vous attendriez vainement du loriot une tactique aussi savamment combinée pour la satisfaction simultanée de ses appétits et de ses appréhensions. Il se cache, il nous fuit parce que son instinct lui montre en nous un ennemi; il ignore jusqu'aux éléments de l'art de primer la force par la ruse.

Les causes extérieures de la migration ne sont pas les mêmes chez tous les oiseaux qui s'y décident. Quelques-uns d'entre eux, tels que l'hirondelle, les grues, les cigognes, etc., semblent attendre, pour se déterminer, les menaces de la température rigoureuse. On dirait que d'autres obéissent à des suggestions d'un ordre moins matériel. La manne que le Créateur a attribuée au loriot est loin d'être tarie; insectivore et fructivore, il trouverait encore, lorsqu'il s'éloigne, une ample provende sur nos coteaux. Il semble donc, en prenant son vol, écouter moins ses besoins que le désir d'aller renouveler là-bas l'œuvre de la propagation qu'il vient d'accomplir dans nos climats. Il ne voyage pas non plus en nombreux voliers comme beaucoup de migrateurs, mais par bandes peu compactes, composées de la famille, peut-être des amis, des voisins.

Oiseau d'instinct, le loriot est presque sans égal dans un des arts qui en dérivent, celui de la construction. Il est un maître architecte, son nid une merveille de combinaison et d'agencement. Ce nid, il le dissimule avec un entêtement encore plus grand que celui qu'il apporte à nous cacher sa personne, et franchement, sous ce rapport, je ne puis trouver qu'il ait tort, le pauvre oisillon!

Jaloux jusqu'au délire de la plus hideuse des baraques lorsqu'elle constitue notre demeure, nous n'avons pas un atome de respect pour le chef-d'œuvre qu'on appelle un nid et dont le moindre a coûté des prodiges d'adresse patiente et d'opiniâtreté laborieuse. C'est là un des nombreux contre-sens par lesquels nous affirmons notre supériorité sur l'animal.

Je visitais, il y a un mois, un de mes voisins qui est superlativement affligé de cette infirmité; je le trouvai perché au haut d'une échelle et fouillant le feuillage d'un marronnier à l'aide d'un sécateur à long manche.

— Dans un instant, je suis à vous, s'écria-t-il.

J'entendis le craquement du bois sous l'acier, et presque en même temps un nid assez volumineux tomba à mes pieds avec la branche bifurquée à laquelle de forts ligaments l'attachaient.

C'était un nid de loriot, il contenait cinq petits déjà couverts de leurs plumes. Je les ramassai sur le gazon où ils s'étaient éparpillés, je les replaçai dans leur berceau dont je ne me lassais pas d'admirer l'industrieux capitonnage. Pendant ce temps, mon homme descendait des hauteurs où il avait plané.

— Eh bien, que dites-vous de cela? s'écria-t-il en essuyant triomphalement son front baigné de sueur, j'espère que voilà une opération bien conduite? Croyez-vous qu'il m'a fallu deux jours pour découvrir ce misérable nid?

— Peste! vous êtes difficile, lui répondis-je; si je savais en faire un comme celui-là, je vous jure que, tout de suite, je m'établirais tapissier. Je vais plus loin: je trouve qu'il faut un cœur blindé comme un *monitor* pour détruire un si charmant ouvrage, et, sans être trop curieux, je vous demanderai, mon voisin, les causes de la haine dont le vôtre me paraît cuirassé à l'endroit d'un oiseau inoffensif ou peu s'en faut.

— Comment donc! reprit mon voisin, dont le visage, de rouge qu'il était ordinairement, passa au plus beau violet, mais vous ne les entendez donc pas? Moi aussi, morbleu! j'en veux manger; c'est bien assez des brèches que ces maudits Prussiens auront faites à ma récolte cette année.

— Les Prussiens! mais il me semblait que vous n'en aviez pas eu chez vous?

— Sans doute; mais, en crénelant le mur de la rue, ces sauvages ne m'ont-ils pas abîmé le plus beau de mes pêchers? Il faut que je me rattrape sur les cerises. Avec cinq gosiers comme celui-là à remplir, ces satanés loriots ne m'en laisseraient seulement pas les queues. »

J'essayai de lui démontrer que, sous ce rapport, la voracité *cérasivore* du loriot avait été surfaite par la malignité publique, de lui faire entendre que les légers préjudices que cet oiseau nous causait étaient largement compensés par les services qu'il nous rendait en détruisant des quantités considérables de larves et d'insectes. Ce fut en vain. Rien n'est plus dédaigné que les sciences naturelles en France. L'éducation fallacieuse que l'on y donne aux enfants se concentre presque exclusivement sur les inutilités. Le plus célèbre des préfets de la Seine justifiait la préférence et la priorité qu'il accordait aux travaux de luxe, au superflu, en disant que le nécessaire était sûr de venir tout seul. Si ce calcul a été celui de nos éducateurs, il faut avouer qu'ils se sont trompés : nous oublions très-volontiers ce qu'ils nous ont enseigné, mais nous nous gardons très-rigoureusement d'apprendre ce qu'ils ont supposé que nous ne voudrions pas ignorer. Et en cela peut-être n'avons-nous pas tort, puisque, de toutes les infirmités, celle de la sottise n'a jamais, chez nous, nui à la considération de personne.

Plus j'apportais de chaleur dans le plaidoyer que j'avais entamé en faveur de la misérable nichée, plus je voyais mon voisin s'entêter dans son réquisitoire contre leur espèce. L'ignorance est essentiellement vaniteuse et susceptible, l'affaire des loriots dégénérait en question personnelle, peu s'en fallait que je ne fusse accusé de complicité ou de recel. Froissé dans son amour-propre, irrité de mon opposition, décidé à me démontrer par un argument irréfragable toute la supériorité de ses convictions sur les miennes, le voisin me déclara que, dût-il attraper un torticolis, il allait immédiatement consacrer cinq à six jours à la recherche des autres nids, afin de leur faire subir le sort de celui-là.

Je songeais en moi-même que, quoi qu'il en semblât, tous les sauvages n'étaient pas nés dans la Prusse; mais l'idée m'était venue de tenter l'éducation des petits loriots; il fallait les obtenir de leur maître et seigneur, et je me gardai bien de communiquer à celui-ci une réflexion bien moins flatteuse que judicieuse. La charité de mes intentions peut, à la rigueur, servir d'excuse à ma platitude. Il se prêta, du reste, d'assez bonne grâce à mon petit projet en abdiquant en ma faveur les droits qu'il tenait de la conquête. En cela, du moins, je dois le reconnaître, mon voisin n'était pas Prussien.

Pendant notre discussion, je n'avais pas cessé d'entendre les piaillements des loriots dans le feuillage, cris de colère ou de douleur qui ne ressemblaient plus aux défis provocateurs qu'ils nous jetaient naguère. Deux ou trois fois, un crépitement d'ailes m'avait fait lever les yeux; j'avais aperçu les deux oiseaux, le père et la mère, celle-ci à la livrée grisâtre, l'autre au plumage bariolé d'or et d'ébène qui tournoyaient autour de nos têtes et qui, abdiquant leurs habitudes méfiantes et craintives, paraissaient complètement insoucieux des dangers auxquels ils s'exposaient. Le spectacle de leur désespoir ne laissait pas que de m'émouvoir; mais je n'avais pas de raisons de croire qu'il y eût de deuils plus éternels pour les loriots que pour les humains, et je franchis le ruisseau qui sépare la propriété du voisin de la mienne en emportant mon butin.

M'étant mis en quête d'un domicile pour mes nouveaux pensionnaires, je découvris une vieille cage d'osier qui me parut assez vaste pour les contenir tous les cinq, si, comme je l'espérais, je parvenais à les conserver, et, à l'aide de la branche qui faisait pour ainsi dire corps avec le nid, je parvins à assujettir solidement celui-ci dans un des angles de l'établissement.

Leur nourriture était ce qui m'embarrassait le moins. J'avais, il est vrai, essayé d'atténuer les appétits frugivores du loriot; mais au fond je n'allais pas du tout jusqu'à l'amnistier du doux péché de gourmandise à l'endroit des cerises. Or, comme la maturité de ces fruits concordait à peu près avec la période de ces obligations nourricières, j'en concluais que leur pulpe sucrée devait faire les principaux frais du sevrage.

L'expérience ne tarda pas à me démontrer que j'avais raisonné à faux, pour avoir raisonné légèrement.

J'exécutai une cueillette en règle des cerises du jardin, en choisissant non-seulement les plus belles, mais les plus mûres. — Je savais le loriot aussi délicat sur ce point que Sa Majesté Louis XVIII, qui retarda un jour son dîner d'une heure pour donner à un brugnon qui devait y figurer le loisir d'acquérir une maturité satisfaisante. — Bigarreaux, griottes, cerises anglaises, il y avait dans ma récolte un échantillon de toutes les variétés. — Je les écrasai délicatement et j'en *gavai* mes jeunes oiseaux.

Ils se prêtaient de fort bonne grâce à la manœuvre, ouvrant un bec aussi large que celui d'un engoulevent ; cependant, l'espèce d'impatience avec laquelle ils secouaient leur grosse tête après chaque ingurgitation, les piaillements dont ils ne cessaient pas de m'assourdir, lorsqu'il me semblait qu'un dindon à leur place se fût déclaré rassasié, eussent dû me faire entrer en méfiance.

Le lendemain, mon domestique me réveilla par une désagréable nouvelle. Deux de mes petits loriots étaient morts dans la nuit.

La cage était déposée dans une pièce située elle-même au-dessous de mon appartement.

Avant de descendre au secours de mes élèves, j'ouvris ma fenêtre et à ce bruit j'aperçus deux oiseaux, dans lesquels je reconnus le père et la mère des loriots, qui s'envolaient de dessus un grand oranger, placé précisément devant la prison de leur progéniture.

Ils m'avaient suivi, ils avaient abandonné le clos du voisin pour le mien, et, entendant probablement dans l'intérieur les cris de leurs enfants affamés, ils s'en étaient rapprochés, autant qu'il dépendait d'eux, afin de témoigner de leur bonne volonté à leur venir en aide.

La généreuse audace de ces pauvres parents prenait des proportions véritablement intéressantes ; mais, avant de vérifier jusqu'où elle pourrait aller, je courus au plus pressé. Le plus pressé était d'empêcher le reste de la nichée d'aller ravager les vergers de M. Pluton. La réflexion me fournissait la mesure de ma bévue. L'instinct des bêtes n'a point de tâtonnements comme notre raison ; il est primesautier et va droit au mieux. Le loriot est, nous l'avons dit, frugivore et insectivore à la fois. Mais il est clair que la plus substantielle de ces nourritures est la seule qui convienne à la période de son accroissement rapide. Donc, tant qu'il est dans cette période, ses parents sont trop soucieux de sa santé pour lui donner à manger autre chose que des insectes. Je retournai au jardin, mais mon voisin n'eût pas été jaloux de la provision que j'en rapportai cette fois : chenilles, papillons, scarabées, vermisseaux, un garde-manger complet en ce genre. Il fut du goût de mes oisillons, et j'eus enfin la satisfaction de les voir repus.

J'attachai leur cage à l'espagnolette de la fenêtre que je maintins fermée ; je remontai dans ma chambre et je me postai en observation derrière mes fenêtres. Je n'attendis pas cinq minutes sans voir les vieux loriots revenir à leur oranger. A travers la vitre, ils apercevaient les prisonniers : la mère, le col allongé, les plumes hérissées, les ailes battantes, les appelait à grands cris, probablement par les noms les plus tendres pour les décider à venir à elle. Plus violent dans ses angoisses paternelles, le mâle s'élança sur le carreau, d'un choc si brusque, si puissant, que je crus que le fragile rempart allait voler en éclats. Cette transparence déroutait, sans doute, toute sa sagacité de loriot : il ne se rendait aucun compte de cet obstacle qu'il rencontrait lorsqu'il voulait aller aux petits qu'il voyait, qu'il touchait presque. Il revint dix fois à la charge avec une sorte de rage, fouettant le verre de ses ailes, essayant à grand renfort de coups de bec d'y pratiquer une brèche, ne se laissant point rebuter par l'inutilité de ses efforts, et, je vous l'assure, bien plus superbe en ce moment par l'énergie de son désespoir paternel que par l'éclat de son habit.

Je sais trop le peu de place que tient sur la terre toute créature, fût-elle humaine : j'ai trop la conscience des lois impitoyables qui régissent la création, pour faire de la sensiblerie à froid, à propos des douleurs intimes d'un loriot. Je confesserai cependant que des scènes bien autrement dramatiques m'ont moins profondément remué que celle-là. J'admirais la générosité avec laquelle la nature a voulu que les sentiments dont nous sommes le plus justement fiers nous fussent communs avec les plus frêles, les plus humbles de ses créatures. Je m'attendrissais sur le sort de ces êtres secondaires sur lesquels nous régnons si mal et que nous gouvernons si peu. Ne serait-ce pas assez pour eux d'avoir leur rôle de victimes dans la réfection générale, d'être mangés à leur tour après en avoir mangé d'autres? Pourquoi faut-il que cette sottise, qui est le plus clair apanage de notre soi-disante royauté et qui consiste à tuer sans profit, pour le plaisir, vienne encore assombrir leurs destinées?

Ces réflexions philosophiques m'inspirèrent une pensée assez généreuse, celle de rendre mes captifs à la liberté et à leurs parents. Il était clair qu'en attachant le nid dans le tilleul que le père et la mère avaient choisi comme station d'observation, ils s'inquiéteraient peu que le berceau eût changé de place, pourvu qu'ils y trouvassent leurs intéressants rejetons et qu'ils continuassent de les nourrir.

Malheureusement, depuis que je l'avais caressée, l'idée de voir ma volière s'enrichir d'un de ces oiseaux aux plumes d'or, aussi beaux que tous les oiseaux-fleurs que nous expédient les tropiques, avait pris chez moi les proportions de la manie. Les manies sont aussi incompatibles avec la pitié qu'avec la raison. Je me décidai pour ce qu'il y a de plus stérile et de plus sot, une demi-mesure. Je fixai un clou dans la muraille extérieure, sous ma fenêtre, j'y accrochai ma cage, croyant faire beaucoup pour mes prisonniers, parce que je ne leur refusais pas ce qu'on accorde aux criminels les plus endurcis, la faculté de communiquer avec leur famille.

La première vertu d'un geôlier étant l'humilité, je dois encore avouer que ma grandeur d'âme n'était pas même exempte de calcul. J'avais apprécié la sollicitude des pauvres oiseaux; je l'escomptais, bien convaincu qu'elle m'épargnerait le soin de nourrir leur progéniture.

Ils n'y manquèrent pas plus l'un que l'autre. Pendant cinq jours, ce furent d'incessants voyages du bois à la cage; le père et la mère se succédant pour ainsi dire sans relâche. Cramponnés aux barreaux, ils dégorgeaient la proie qu'ils apportaient et que les trois oisillons, se bousculant les uns les autres, s'évertuaient à saisir, puis immédiatement ils retournaient à la chasse. Les soucis paternels et maternels les absorbaient si complètement que même lorsque je me montrais ostensiblement à la fenêtre, au-dessus de la prison, ils persévéraient dans leur besogne; or, c'est ainsi que je pus me convaincre que je ne m'étais pas trompé, que l'alimentation de leurs petits est exclusivement insectivore.

Le mâle avait conquis mes sympathies; je me mis en frais de bassesses pour devenir son ami. Je plaçai sur un clayon, à côté de la cage, à sa portée, des insectes de toute espèce, des fruits et jusqu'à des branches garnies de leurs cerises. Peines perdues : il fut toujours aussi dédaigneux des unes que des autres et ne donnait pas même un regard à mes présents, soit qu'il comprît qu'ils lui venaient d'un ennemi, soit qu'il fût assez jaloux des soins qu'il donnait à sa postérité, pour ne vouloir les partager, même indirectement, avec personne.

Mes jeunes loriots poussaient comme des champignons, lorsque le matin du sixième jour, tandis que j'écrivais à mon bureau, mon oreille fut frappée par des cris de détresse qui me rappelaient ceux que poussaient les oiseaux lorsque mon voisin renversa leur nid; je me précipitai vers la fenêtre : un triste spectacle m'y attendait.

Un horrible chat avait escaladé la cage devenue le théâtre d'un combat acharné.

Mettant à profit un instant où les nourriciers étaient

absents tous les deux, le bandit, glissant sa patte à travers les barreaux, était parvenu à atteindre un des petits et le tenait enserré entre le dôme de la cage et l'étreinte de ses griffes aiguës. Revenue la première, la mère éplorée voletait au-dessus de lui en poussant les cris dont je viens de parler.

Le mâle arrivait au moment même où je me mettais à la fenêtre. Probablement il avait de fort loin reconnu combien la situation était critique, car son plumage était tellement gonflé que le volume de son corps me semblait doublé. Il jeta un cri aigu, strident, comme un coup de sifflet de locomotive affaibli, et, sans hésiter, par une impulsion immédiate, spontanée, les ailes frémissantes, le bec en avant, il se précipita sur l'aggresseur. Le chat effrayé lâcha sa proie qui tomba pantelante au fond de la cage; mais, par une de ces terribles ripostes dans lesquelles excelle l'espèce féline, le chat avait atteint le courageux assaillant, au-dessous de la tête; il oscilla dans l'air, je crus qu'il allait tomber; quelques gouttes de sang marbraient son plastron d'or, la blessure était profonde. Mais mon pauvre petit héros ne cédait pas plus à la douleur qu'à la crainte; il ne se décida pas à fuir, il dédaigna de prendre un peu de répit; il se cramponna lui-même aux barreaux, et, le corps renversé en arrière, les ailes battantes, le bec en arrêt, haletant, respirant à peine, mais les yeux enfiévrés d'ardeur, il restait intrépidement campé à quelques pouces de son ennemi, et toujours fier, toujours menaçant.

Tout ceci s'était passé en bien moins de temps que je n'en emploie pour le décrire. Au bruit de ma voix le chat s'était décidé à détaler, et je descendis à la hâte.

Lorsque j'arrivai sur le théâtre de l'action, la tête alanguie du pauvre loriot était agitée d'un mouvement spasmodique; ses pattes crispées ne pouvaient déjà plus soutenir le poids de son corps; son iris de corail rouge avait perdu tout son éclat. A deux ou trois reprises, je crus qu'il allait tomber; par un effort suprême, il se retenait à son barreau; il voulait évidemment mourir le plus près possible des enfants qu'il avait tant aimés.

Enfin une espèce de hoquet souleva sa gorge; une goutte de sang parut à l'extrémité de son bec, qui s'ouvrait convulsivement; en même temps ses muscles se distendirent, une de ses pattes devint inerte, l'autre lâcha à son tour le brin d'osier, il tomba sur le sable où il s'agita encore.

Je le ramassai; je le pris dans ma main. Son corps se raidit, ses yeux éclatants devinrent ternes; il était mort, et je le considérais encore avec une émotion mêlée de respect.

Je restai consterné. Mon désir de grossir d'un loriot la population de ma volière était bien loin. Je pris le nid et les deux petits qui restaient et j'allai les placer dans le grand tilleul avec l'espoir que la mère poursuivrait seule l'œuvre laborieuse dans laquelle l'aidait le pauvre oiseau mort.

Et, en redescendant de mon échelle, je me disais que, au lieu de récriminer contre les travers de mon voisin, j'aurais bien mieux fait de commencer comme je venais de finir.

L'ÉCREVISSE

La fleur des dîners fins, l'écrevisse, a reçu de la Providence une mission des plus utiles et des plus considérables. Chargée de la police des eaux, concurremment avec les mollusques et un petit nombre de poissons, elle a été préposée à leur entretien en état de pureté, de limpidité, et, par conséquent, de salubrité pour les autres êtres.

Remarquons, en passant, l'admirable prévoyance du Créateur, qui, d'une main, chassait les astres dans l'espace, et, de l'autre, pourvoyait aux détails les plus infimes, les plus minutieux de son œuvre sublime; elle ressort de la sagesse qui a présidé à la distribution des assainisseurs par excellence, c'est-à-dire des crustacés. Dans l'Océan, le grand foyer de la décomposition du globe, ils sont innombrables, ils sont partout, et le sable des grèves est, pour ainsi dire, une matière vivante et absorbante. Ils n'existent, au contraire, qu'en nombre proportionnellement assez réduit dans les fleuves, les grandes rivières que la force de leur courant débarrasse aisément des immondices qui les souillent. Restent les ruisseaux dont la moindre carcasse suffirait à embarrasser le lit resserré, dont quelques détritus auraient rapidement empoisonné le mince filet : ils sont le séjour de prédilection des écrevisses, c'est entre leurs rives qu'elles pullulent. On peut me répondre sans doute que ce sont leur organisation et ces instincts qui leur dictent ces préférences : cela ne me sera qu'une raison de plus pour m'incliner et pour remercier celui qui leur a donné une organisation, un instinct qui servent si judicieusement l'intérêt général.

Vous connaissez la définition célèbre qui fut, à tort ou à raison, je n'en sais rien, attribuée à l'Académie : « Écrevisse, petit poisson rouge, qui marche à reculons » ; ce qui lui valut cette boutade humouristique d'Alphonse Karr : « L'écrevisse n'est pas un poisson; elle n'est pas rouge, elle ne marche pas à reculons; à cela près, la définition est d'une exactitude rigoureuse. »

Je me souviens que nous avions à cette époque un ami que la bévue avait mis en si belle humeur, qu'il prodiguait l'épithète d'académicien à certains pensionnaires de la basse-cour qui, certainement, ne l'avaient jamais ambitionnée. Un jour nous plaçâmes dans quelques verveux une cinquantaine d'écrevisses dont nous avions préalablement badigeonné la carapace avec de l'acide sulfurique étendu d'eau, ce qui a pour résultat, comme la cuisson, de lui donner une belle couleur d'écarlate, et nous l'envoyâmes relever les engins. Il revint tout penaud.

— Parbleu! disait-il avec contrition, c'eût été bien étonnant que tant de gens d'esprit fussent devenus bêtes par cela seul qu'ils étaient réunis !

Maintenant il est juste de reconnaître que le portrait académique ne pèche pas toujours, au moins en ce qui concerne la couleur. Le test d'un vert brunâtre de l'écrevisse devient quelquefois rouge, accidentellement et sans aucune intervention humaine. Nous en avons pris, nous en avons vu qui se promenaient dans le lit de la rivière, et dont la nuance était aussi vive que si elles étaient sorties de la casserole pour vaquer à leurs petites affaires. Il est probable que cette coloration anormale est le résultat d'une maladie analogue à l'albinisme des autres êtres; les animaux qui en sont affectés abandonnent leurs repaires, se recèlent dans la vase et paraissent affaiblis. Si les crustacés de l'océan y sont sujets comme ceux des eaux douces, voilà Jules Janin justifié. Lui aussi, il a, poétiquement, appelé le homard le Cardinal des mers.

Les petits, en venant au monde, sont transparents, extrêmement mous; les petites écrevisses continuent de considérer la queue de leur mère comme la plus sûre des retraites. Rien n'est plus curieux que de les voir ramper, s'essayer à la marche, à la nage autour d'elle, et revenir à leur asile lorsque le plus petit bruit, un caillou que vous laissez tomber dans l'eau, les épouvante. Malgré leur prudence et leur bouclier, les poissons voraces en détruisent alors un grand nombre.

Une curieuse particularité de l'organisation de l'écrevisse, c'est l'étrange faculté qu'elle possède de reproduire celui de ses membres dont un accident l'a privée : blessée, elle n'hésite pas à en pratiquer elle-même l'amputation. Deux jours après, la plaie est recouverte d'une membrane rougeâtre à laquelle il faut moins d'une semaine pour acquérir une surface convexe assez semblable à un segment de sphère. Bientôt celui-ci devient conique, s'allonge de plus en plus, se déchire et livre passage à la pince ou à la jambe qui est molle, mais que peu de jours suffisent pour couvrir d'une écaille; il ne lui manque que la grosseur et la longueur qu'elle acquiert à chaque changement de test.

Le changement de test est la seconde des curiosités organiques de l'écrevisse. Il représente une véritable mue, bien autrement curieuse que celle de l'oiseau, et marque les phases du développement progressif de l'animal, en taille et en grosseur; il se produit tous les ans au commencement de l'été. Réaumur l'a étudié avec la patience et l'esprit investigateur qui le caractérisaient.

L'écrevisse qui sent le moment venu de quitter son habit étriqué pour en prendre un plus large, frotte ses pattes l'une contre l'autre, et se donne de grands mouvements; son corps se gonfle; le premier segment de la queue se détache du corselet; la membrane qui les unit se brise et le corps se montre. — Un instant de repos suit ce travail préliminaire. — Elle recommence à s'agiter, soulève son corselet, qui s'éloigne de l'origine des jambes et se décolle; les ligaments qui retiennent cette carapace sont brisés, il ne lui reste plus qu'un point d'attache vers sa bouche. On voit son bord s'éloigner de plus en plus de la première paire de pattes; l'écrevisse alors, rejetant sa tête en arrière, dégage les yeux de leurs étuis. Lorsque le vêtement ne tient plus, avant de le rejeter, elle commence par ôter ses bottes. Elle se dépouille de l'une de ses pinces, de toutes les pattes d'un côté, ou seulement de quelques-unes; cette partie de l'opération n'est jamais uniforme. Quant tous les membres sont sortis de leurs fourreaux, elle fait tomber sa cuirasse, étend la queue, la débarrasse à son tour et le tour de force est accompli. C'en est un, bien que la structure particulière des pattes le facilite, leurs articulations étant partagées par une suture qui leur permet de se rompre lorsque l'heure de la transformation annuelle est arrivée.

Après le grand œuvre, l'écrevisse est dans une faiblesse extrême : elle reste assez longtemps sans mouvement, puis se retire dans ses retraites et y demeure jusqu'à ce que sa peau, alors molle, et cédant à la pression du doigt, ait recouvré sa consistance caractéristique, ce qui a lieu en quelques jours.

On a calculé qu'elle augmentait d'un cinquième environ à chaque mue, mais il est évident que la progression n'est pas la même à tous les âges; considérable dans les premiers temps de l'existence de ces crustacés, elle devient d'année en année moins importante. Leur croissance est très-lente; une écrevisse de sept à huit ans est à peine digne de figurer sur une table, et cette considération devrait décider les administrations à appliquer rigoureusement la loi qui interdit la mise en vente d'écrevisses qui n'ont pas atteint une grosseur déterminée.

Comme nous l'avons indiqué, l'écrevisse habite les ruisseaux plutôt que les rivières ; elle aime ceux dont les eaux courantes et limpides serpentent à travers les prairies, où les bas-fonds sont multipliés et dont les crues ont raviné les rives; c'est dans leurs anfractuosités, dans leurs trous qu'elle établit son domicile; elle n'en sort guère que pendant la nuit, à moins que quelque proie voisine ne la sollicite; sa nourriture consiste en débris d'animaux auxquels leur état de putridité semble ajouter un charme de plus; elle fait sa proie de quelques insectes et mollusques, et des petits poissons qui s'aventurent à sa portée.

La pêche aux écrevisses est une des plus agréables distractions de la vie champêtre, la joie des enfants et le désespoir des mamans épouvantées des dangers auquel ce sport aquatique expose leur progéniture. Elle se pratique de bien des façons.

La première méthode, la plus employée et qui n'est pas la moins productive, consiste à se promener dans le lit du ruisseau, à sonder le dessous de ses berges, à plonger sa main, à enfoncer son bras dans les trous et à y saisir les locataires qui les habitent. Cette manière primitive a pour inconvénients de se compliquer d'un bain de jambes peu hygiénique, et d'exposer le pêcheur à d'assez désagréables surprises, lorsque, par exemple, au lieu du crustacé qu'il croit rencontrer sous ses doigts, il saisit un rat d'eau justement courroucé de cette violation de son domicile.

On échappe à cet inconvénient en pêchant de nuit avec une lanterne. On surprend alors les écrevisses en flagrant délit de promenade; on les cueille les unes après les autres et d'autant plus aisément qu'étonnées des clartés qui les enveloppent, elles ne songent pas à fuir.

Les *pêchettes* ou *balances* sont un engin très-commode et très-sûr : elles consistent en petits filets ronds et cerclés de fer, qui affectent la forme de l'instrument de pesage dont elles ont reçu le nom; on les place le long des rives, après les avoir préalablement amorcées d'un morceau de foie de bœuf légèrement avancé, ou d'une grenouille exposée pendant un ou deux jours au soleil. On les relève tous les quarts d'heure à peu près, et il est rare, surtout si on pêche la nuit, que chacune d'elles ne vous fournisse pas quelque prise. Quelques personnes arrosent l'appât d'essence de térébenthine ou d'*assa-fœtida,* mais ce procédé communique au butin un parfum qui survit à la cuisson et qui ne saurait plaire qu'aux gens qui aiment l'essence de térébenthine et le reste.

Le verveux est encore un outil de la pêche aux écrevisses ; il est proportionné à la taille de l'objectif, long de 40 centimètres environ. On le tend, comme les pêchettes, le long du bord, dans le voisinage des trous habités, après l'avoir appâté soit de viande, soit d'une ou deux ablettes. Ce verveux est très-*pêchant*, comme disent les initiés ; mais dans les ruisseaux qui ne portent pas bateau, il faut encore se mettre à l'eau pour le placer, et c'est pourquoi je vous engage à donner la préférence aux balances.

LE CHIEN DU UHLAN

La presse s'est fort égayée sur le tendre penchant que nos conquérants manifestaient pour nos pendules. Peut-être y a-t-il quelque injustice à spécialiser ainsi des prédilections qui étaient bien plus générales et se sont véritablement étendues à tout ce qui valait la peine d'être emporté.

Où les appétits allemands se sont nettement élevés au-dessus de la vulgarité, où, en revanche, ils ont légèrement manqué du discernement subtil qui les distinguait sous d'autres rapports, c'est en ce qui concerne notre race canine. Dans les villages que traversaient leurs colonnes, on trouvait encore, par-ci par-là, après le passage de celles-ci, un coucou pour apprendre l'heure; vous y auriez vainement cherché un caniche. Je n'exagérerai point en affirmant que les quatre ou cinq cent mille hommes que nous avons vu défiler pendant ces tristes mois traînaient en remorque une trentaine de mille chiens de toutes les paroisses et que les neuf dixièmes de ces chiens étaient français.

Je ne pense pas qu'il y eût dans toute l'armée envahissante un corps plus affligé de cette *caninomanie* que ne l'était un régiment de uhlans qui séjourna trois jours dans mon village vers le milieu de décembre. En marche, celui-là avait l'air de convoyer une meute. Un simple capitaine n'avait pas collectionné moins de sept chiens d'arrêt, et je gagerais que la fin de la campagne aura permis à cet amateur de ne pas rester sur ce chiffre boiteux.

La Providence me traita avec une prédilection particulière ; dans toute la bande il n'y avait probablement qu'un seul chien qui n'eût pas été volé et elle me donna celui-là en partage. J'eus à le loger avec quatre sous-officiers, quatorze soldats et dix-huit chevaux.

Son signalement était un certificat de la légalité de sa provenance. C'était un de ces braques gigantesques et décousus, à la tête massive, au fouet énorme, au poil blanc tiqueté de marron comme il n'en fleurit que de l'autre côté du Rhin. Sa situation exceptionnellement honorable lui concilia mes sympathies, dont le trop-plein eût bien pu aller au sous-officier auquel il appartenait. Malheureusement, il savait tout juste autant de français que je savais d'allemand, et la pantomime jouait un si grand rôle dans nos causeries qu'elle nous donnait des courbatures. Un peu plus fort sur le langage de la race canine, je me dédommageais avec le braque. Nous jasions comme deux pies borgnes, et cela avec tant d'épanchements réciproques qu'il n'a pas tenu à lui, j'en suis sûr, que le capitaine de son maître ne m'ait réquisitionné comme le huitième échantillon de nos espèces.

Je vous ai dit que le braque était un chien : son nom vous semblera donc aussi bizarre qu'il me le parut à moi-même, car il est ordinairement chez nous réservé au beau sexe de sa race : son maître l'appelait Diane. J'avais vainement essayé de faire comprendre à celui-ci le contre-sens de ce baptême, il me répondait invariablement :

— Ya! Tiane, la téesse de la chasse ; lui le tieu.

Et, contemplant son animal avec une émotion véritable, les yeux brillants, la parole vibrante il ajoutait :

— O! suplime, suplime, mon Tiane!

Trois semaines après le départ des uhlans, mon devoir me conduisait sur un champ de bataille encore tiède. J'avais parcouru les deux tiers du théâtre de cette lutte de deux jours lorsque le hurlement d'un chien attira mon attention. Je franchis un mamelon qui me cachait un tertre de terre fraîchement remuée, et sur cette éminence significative j'aperçus un animal dans lequel, quoique prodigieusement amaigri et efflanqué, je reconnus tout de suite le camarade du sous-officier de uhlans, Tiane le sublime et mon ami.

Sa présence en ce lieu funèbre était un récit : il avait creusé avec ses ongles pour se rapprocher du maître qui gisait là avec ses compagnons, et, couché dans sa fosse la tête élevée, il jetait à l'air ses notes les plus lugubres.

La vieille légende du chien du soldat a quelque chose de si touchant qu'elle vous empoigne même quand le regretté est un ennemi. J'allai droit à Diane, qui me prouva en agitant sa queue écourtée qu'il m'avait reconnu; je le caressai, j'attachai une corde à son collier, et après quelque résistance je parvins à l'entraîner. Lui ayant donné l'hospitalité avec un appoint de dix-huit chevaux et de dix-huit hommes, je pouvais bien la lui offrir maintenant qu'il était seul. Deux heures après, nous roulions sur la route de Chartres, Diane, mon domestique et moi.

Malheureusement, la voiture n'avait pas été construite pour des chiens du calibre d'un veau de trois mois ; au bout d'une demi-heure, les crampes nous rendaient la présence du troisième voyageur intolérable. Je voulus voir s'il nous suivrait; effectivement Diane, qui n'avait pas l'habitude de cheminer en portemanteau derrière son maître, Diane, qui avait probablement réfléchi qu'il n'est point de regrets éternels ni d'ami qui ne se remplace, se casa de lui-même sous l'américaine et commença de trotter comme s'il n'avait fait que cela toute sa vie. Sa bonne volonté m'avait inspiré tant de confiance que je fus dix minutes à m'apercevoir qu'il avait disparu. Je n'avais pas de temps à perdre, et, si contrarié que je fusse de n'avoir pu arracher la pauvre bête à la misérable destinée qui l'attendait, je poursuivis ma route. Au bout de quelque temps, un cri du domestique m'arrachait à ma rêverie :

— Le chien, monsieur, regardez-donc le chien !

Diane était, en effet, revenu à son poste, mais avec des bagages : il tenait dans sa gueule une oie du plus gros format. Cette oie, il était évident qu'il l'avait capturée dans une ferme devant laquelle nous venions de passer. Je lui enlevai son butin. Au premier village que nous rencontrâmes je descendis, afin de renvoyer la victime à son propriétaire. Pendant que j'expliquais ce qui s'était passé à mon commissionnaire, je sentis quelque chose qui se frottait à mes jambes ; je me retournai, c'était Diane nanti cette fois d'une paire de bottes presque neuves et me regardant d'un air qui exprimait un vif désir de me voir sensible à cette attention.

Je comprenais maintenant la qualification de sublime que le sous-officier des uhlans accolait au nom de son chien. Diane pouvait être un chasseur médiocre, mais c'était à coup sûr un maraudeur de premier ordre. Comme ce n'était pas précisément pour cet emploi que je l'avais engagé, je l'attachai sous la voiture et nous arrivâmes sans encombre à une auberge isolée où nous devions passer la nuit. Le cheval fut mis dans une écurie, où se trouvait déjà une vache, et Diane attaché entre ces deux animaux; moi, je gagnai ma chambre, où, comme j'étais très-fatigué, je ne tardai pas à m'endormir.

Dans la nuit je fus réveillé par un bruit étrange au milieu duquel il me sembla distinguer les gémissements d'un chien; mais, comme le bruit cessa tout à coup, je repris mon somme. Au jour, quand je descendis, je crus m'apercevoir que ma présence causait quelque embarras aux gens de l'auberge et à mon domestique lui-même. Je ne vis plus Diane dans l'écurie, et comme je demandais où il était, l'aubergiste me fit un signe et m'emmena dans sa chambre.

— Je suis désolé de ce qui s'est passé, monsieur, me dit-il, mais ce n'est pas ma faute. D'ailleurs, pour vous dédommager de la perte de votre chien, nous sommes prêts à vous faire une part dans la vache.

— Une part dans la vache? dis-je fort étonné.

— Oui, monsieur. Hier au soir nous avons vu arriver ici un Prussien écloppé, sans fusil, qui conduisait une vache à leur camp sous Nogent et avait perdu son chemin. Vous comprenez, monsieur, qu'on ne pouvait pas laisser aller une si belle occasion de lui faire son affaire; c'était commandé par le devoir, le patriotisme...

— Et la vache? Continuez, répondis-je avec un certain dégoût.

— Eh bien, donc! monsieur, quand Jean-Claude a

voulu serrer la vis du Prussien qui dormait dans l'écurie, votre chien endiablé a brisé son attache, a défendu le brigand, s'est jeté sur Jean-Claude, l'a si bien enserré à la gorge qu'un peu plus c'était lui qui était étranglé. Tout ça ne s'était pas fait sans bruit, les patrouilles prussiennes passent sans cesse devant notre porte, la vie de dix personnes était en péril pour un chien; ma foi! nous l'avons tué à coups de fourche. Mais, je vous le répète, vous aurez votre morceau de la vache, comme la justice le commande, et elle vaut au moins cent écus.

— Je vous remercie, lui dis-je, le cœur serré, ce chien ne m'appartenait pas; mais vous allez m'aider à lui creuser une fosse dans quelque coin de votre jardin : car il a le droit à la sépulture honorable de ceux qui sont morts en défendant leur drapeau.

LES PLUVIERS

Il faut croire que les proverbes exercent vraiment une influence sur le sentiment public, puisqu'un mauvais dicton a suffi pour conquérir à la chair du vanneau une renommée qu'elle n'a jamais justifiée, tandis qu'un oiseau de son espèce, dont la sagesse des nations a négligé de s'occuper, mais qui, lui, possède réellement une valeur gastronomique sérieuse, le pluvier, est dédaigné ou peu s'en faut.

La notoriété des mérites de ce gibier date cependant de fort loin ; Belon écrivait en 1555 : « Et d'autant qu'il est délicat et de bon manger, encore qu'il ne soit de corpulence que de pigeon, quelquefois est vendu au prix d'un chapon. » Et, cependant, à l'époque où parle l'auteur de la *Nature des oiseaux*, les pluviers se montraient en France dans une telle abondance qu'il a pu ajouter : « L'on en apporte souvent des contrées de la Beausse en si grande quantité, comme aussi des autres lieux labourables, que qui l'entreprendroit, en trouveroit au marché à charger charrettes. » Ces jours de gloire du pluvier sont loin de nous ; non-seulement il ne se montre à la halle qu'à l'état d'échantillons, mais son prix n'atteint jamais à celui du plus étique des poulets.

Les pluviers sont des passagers qui nous arrivent dans les mois de septembre et d'octobre, lorsque les hôtes emplumés de l'été nous ont définitivement abandonnés; ils ont les ailes aiguës des voiliers et les pieds légers des batteurs d'estrade.

Nuls ne représentent mieux dans la famille ornithologique ces bohèmes dont la patrie est partout et nulle part, dont l'existence est un perpétuel transit et qui ne s'arrêtent que pour mourir.

Les nécessités d'une nourriture spéciale les condamnent à des migrations quotidiennes. Ils vivent de vers de terre; mais, n'étant pas dotés de cet organisme de noctambule qui permet à la bécasse de les ramasser aux heures où ils quittent leurs retraites, les pluviers sont réduits à user d'industrie pour conquérir leur provende; ils piétinent le sol aux endroits où le sol est percé de petits trous; aussitôt que le ver met le nez à sa lucarne, il est enlevé d'un coup de bec.

Comme ces oiseaux essentiellement sociables se tiennent toujours en bandes nombreuses, on comprend que leurs terrains de chasse soient promptement épuisés. Ils ne négligent point les bénéfices de l'instinct qui les pousse à s'agréger; une troupe de pluviers a toujours des sentinelles qui veillent au salut des convives et qui, au moindre danger, poussent un cri aigu qui devient le signal de la retraite. Ils volent de front en lignes étroites, qui forment dans les airs des bandes transversales s'étendant souvent sur une très-grande largeur.

Les pluviers se retrouvent sous toutes les latitudes, on en compte plus de quarante variétés; les deux seules qui nous intéressent sont le pluvier commun ou pluvier doré, celui dont nous avons vanté l'excellence comme rôti, et le pluvier guignard. Malheureusement ce dernier, qui l'emportait encore sur son cousin germain au point de vue de la cuisine, a presque totalement disparu des plaines de la Beauce qui furent si longtemps son étape favorite. Ce fut primitivement aux guignards que le pâté de Chartres dut sa fortune et sa gloire. Quand l'élément primitif commença à manquer, la perdrix, la caille, l'alouette prirent son rôle, sans le remplacer; puis l'oubli des bonnes traditions, l'avidité des fabricants compléta peu à peu la décadence.

Le sentiment de la fraternité est développé chez les pluviers comme chez la plupart des oiseaux d'eau qui vivent en bandes : mouettes, sarcelles, chevaliers. Quand l'un d'eux tombe sous le plomb d'un chasseur, s'il crie, tout le vol revient sur lui, passe et repasse sur son corps, comme pour venir à son aide, et l'homme n'a point négligé de mettre la circonstance à profit. Les sceptiques n'admettent point cette grandeur d'âme; ils font les honneurs de ce beau mouvement de générosité à la naïveté de l'échassier. Cette naïveté serait telle qu'il suffirait, on l'affirme du moins, d'imiter la démarche titubante d'un ivrogne pour approcher facilement d'une troupe de pluviers.

N'ayant point usé de la recette, nous ne saurions décider si elle est bonne ou mauvaise; mais son efficacité serait incontestable qu'elle ne prouverait pas grand'chose; ce ne serait pas la première fois que la bonté du cœur se trouverait alliée à une certaine simplicité. Qui sait si la compassion ne jouerait pas encore un certain rôle dans la confiance que les pluviers manifesteraient pour les ivrognes?

Dans l'ancienne médecine, on guérissait la jaunisse

en contemplant les yeux d'or du pluvier à collier. Il suffisait au malade de regarder fixement l'oiseau pour se débarrasser de son mal en sa faveur. La mode a changé : elle a substitué le jus de carotte aux yeux de pluvier.

LA GRENOUILLE

Il est toujours fâcheux de ressembler à un gredin, et quelquefois à un honnête homme. En 1852, le nez d'un de mes amis lui fit faire connaissance avec la paille humide des cachots; il pastichait outrageusement, paraît-il, le développement et l'altitude de l'appendice nasal d'un très-honorable homme d'État dont l'incarcération était indispensable au rétablissement de l'ordre. Au bout de quelques heures, la méprise ayant été reconnue, on le mit à la porte avec les formes courtoises qui tenaient alors le haut du pavé, et en l'engageant à rejeter le désagrément de son aventure sur les tendances subversives de sa physionomie.

La grenouille est une autre victime d'un accident du même genre; elle aussi, elle a la maladresse de ressembler à une brave et honnête bête, aussi inoffensive, aussi vertueuse qu'elle est peu séduisante, mais que ses disgrâces physiques et de sots préjugés nous ont décidés à proscrire : au crapaud.

Cette similitude nuit à la considération que devraient assurer à la grenouille ses formes élégantes, la vivalité de son coloris, des mœurs paisibles et une utilité relative. Il est impossible de refuser quelque admiration à cette reine du marécage, quand elle glisse, quand elle manœuvre sur les eaux sans en rider la surface, lorsque, posée sur une feuille de nénuphar, la tête dressée, elle promène autour d'elle ses yeux bruns cerclés d'or qui suivent les moucherons dans leur vol capricieux. Sans doute sa bouche est un peu grande, mais qu'Antinoüs lui jette la première pierre, et n'en parlons plus.

Je ne connais en vérité qu'une ombre au portrait que je viens d'esquisser. Je dois avouer même que, sur le point dont je signale la faiblesse, l'autre batracien, le crapaud, l'emporte de beaucoup sur sa cousine germaine ; il est incontestablement moins bavard. Après cela, puisque nous avons classé la grenouille dans le genre féminin, nous nous sommes nous-mêmes chargés de justifier l'intempérance de sa langue.

La loquacité de la grenouille a été probablement pour quelque chose dans les terribles évènements qui agitèrent le monde en 1789. Il convient peut-être qu'elle porte une part de leur responsabilité avec Voltaire et Rousseau. Il existait au bon vieux temps un droit féodal qui la concernait. Lorsque la femme du seigneur était en couches, les manants du fief étaient tenus de battre jour et nuit les fossés du donjon, afin de contraindre leurs coassantes pensionnaires à respecter le repos de la haute et puissante dame. Cette corvée a tenu sa place parmi les griefs des novateurs ; elle était assez humiliante pour les décider à faire table rase de l'état de choses qui l'avait imaginée.

N'en déplaise à l'art musical, le cri ordinaire de la grenouille est un chant ni plus ni moins que les mélodieuses roulades de Mmes Patti et Nilson. Il n'exprime ni un besoin, ni une sensation ; l'animal se livre à ces vocalises caractéristiques pour le plaisir, je ne dirai pas de ses auditeurs, mais bien pour celui qu'il y trouve lui-même. L'amour, la frayeur, la colère, les trois impressions pivotantes du langage des bêtes, ont chez la grenouille des modulations spéciales qui ne ressemblent en rien à leur coassement. La première se traduit par une note sourde et plaintive, les autres par un sifflement bref et aigu. Ce dernier cri, la grenouille le jette quelquefois lorsqu'on la saisit.

Le chant des grenouilles est un apanage du sexe fort; il est produit par un appareil particulier et remarquable. Les mâles ont de chaque côté du cou des membranes susceptibles de dilatation et devenant sonores quand elles sont tendues. Lorsque la grenouille aspire l'air et le retient, ces membranes se dilatent en même temps que la gorge se gonfle; elles résonnent quand l'animal chasse lentement l'air par un trou qu'il ménage à la commissure de ses lèvres.

Nous avons dit plus haut que la grenouille nous était d'une utilité relative; non-seulement elle est comestible et constitue, comme nous le verrons plus loin, un mets fort délicat, mais elle nous rend encore de sérieux services en détruisant des quantités considérables de ces moucheroles que l'on appelle des cousins, et qui méritent la qualification de fléau dans les pays marécageux. Ces insectes, les larves aquatiques et les vermisseaux forment le fond de sa nourriture.

Elle hiverne comme les marmottes. Aux premiers froids, elle s'enfonce dans la vase des eaux profondes, dans les trous des fontaines, s'y rassemble quelquefois en bancs considérables; elle y séjourne jusqu'à ce que le soleil, en réchauffant les eaux, ait sonné l'heure de sa réapparition.

Les œufs sont au nombre de six cents à douze cents ; ce sont des globules noirs d'un côté, blanchâtres de l'autre, qui se trouvent placés au centre d'autres globules gélatineux et transparents ; deux enveloppes membraneuses représentent la coquille.

Après quatre ou huit jours selon la chaleur atmosphérique, ces œufs donnent naissance à un singulier animal qu'on appelle le *têtard*. Il a la figure d'un ovoïde terminé par une queue, comprimée latéralement ; sa bouche est placée sous la poitrine comme chez le requin ; comme celui-ci, il est forcé de se retourner pour saisir ses aliments. Après quinze jours, des rudiments de pattes apparaissent chez ce petit être ; au bout de deux ou trois mois l'heure de la métamorphose est venue : la peau du têtard se fend sur le dos, il se débarrasse de ses langes et il en sort habillé en grenouille.

Ce qu'il y a de plus curieux, c'est que le changement s'étend de la forme à l'organisme : les têtards ont des branchies, ils respirent par elles comme les poissons ; la grenouille a des poumons ; le diaphragme lui manque, mais la fermeture hermétique de la bouche y supplée ; elle est un amphibie dans toute la force du terme.

Au temps où l'Angleterre était gallophobe, une des injures les plus sanglantes que nous adressaient nos excellents voisins était celle de mangeurs de grenouilles. Le peuple de Londres était, paraît-il, élevé dans la croyance des saintes Écritures et dans la conviction que le *French-dog* ne connaissait pas d'autre nourriture que ces batraciens ; ce qui n'empêchait nullement les lords de nous emprunter nos cuisiniers.

Si j'eusse vécu dans ces temps-là, loin de m'offenser de l'épithète, je l'eusse revendiquée comme un titre de gloire, puisqu'elle démontre que, plus avisés que les insulaires, nous tirons d'excellents plats d'un animal qu'ils dédaignent. C'est surtout en fait d'alimentation qu'il faut dire : Rien de trop, pas même les grenouilles. Brillat-Savarin a avancé que l'homme de génie qui inventait un nouveau mets rendait à l'humanité un plus sérieux service que le général qui gagnait une bataille, et Brillat-Savarin a dit vrai.

Ce n'est pas que je vous propose de faire de la grenouille la pierre angulaire de notre cuisine et de justifier le sarcasme britannique ; mais je tiens qu'elle peut apporter une agréable variété dans nos menus, et, cette variété en étant le plus grand charme et se trouvant du même coup essentiellement hygiénique, je ne saurais trop vous engager à ne pas vous laisser arrêter par la répugnance que l'air de famille de ma cliente des eaux pourrait bien vous inspirer.

En 1775, un Auvergnat nommé Simon, qui avait découvert l'art d'engraisser les grenouilles, lui dut une fortune rapide et considérable. Depuis lors, leur vogue a baissé ; cependant la halle en est toujours fournie : on y vend leurs cuisses dépouillées et nettoyées par petits lots fort appétissants. Si attrayante que soit cette physionomie, la marchandise paraît suspecte à beaucoup de gens, et, il faut bien l'avouer, la cupidité des jeunes drôles parmi lesquels les chasseurs de grenouilles se recrutent, autorise un peu la méfiance.

Le plus cher de mes amis, un célèbre mangeur, qui était un écrivain autrement illustre, Alexandre Dumas père, était très-friand de grenouilles. Un jour, à la Varenne-Saint-Hilaire où nous habitions, il venait d'en attaquer un plat assez copieux qu'il avait acheté lui-même à la halle. Comme il me trouvait tiède à leur endroit, je lui avouai que je craignais que les crapauds n'eussent été assez intrigants pour se fourvoyer dans cette brillante compagnie.

— Bah! s'écria Dumas, c'est un bruit que les brochets font courir pour se débarrasser de notre concurrence; mangeons, mangeons, le ventre reconnaîtra les siens.

Et il versa ce qu'il en restait dans son assiette,

Si vous êtes affecté de cet excès de délicatesse, n'achetez jamais de grenouilles au printemps. A cette époque et pendant un mois environ, leurs compères, en œuvre de propagation comme elles, les ont rejointes dans les eaux qu'elles habitent; les deux clans des batraciens y vivent dans une promiscuité qui autorise un peu trop nos fournisseurs à les confondre. Ce temps passé, dégustez d'assurance; la cueillette des crapauds serait plus laborieuse et moins productive que la pêche des grenouilles.

Vous avez du reste à votre disposition un moyen de vous assurer de la parfaite catholicité de l'aliment: il consiste à capturer vous-même votre gibier. La jouissance gastronomique aura d'autant plus de charmes qu'elle aura été précédée d'une distraction fort agréable.

La pêche de la grenouille est simple et peu compliquée. Ceux qui s'y livrent pour en tirer profit les prennent à l'aide de la truble en été; en hiver, en promenant un râteau à dents serrées sur les fonds vaseux où elles se sont réfugiées. Ceci rentre dans la catégorie des travaux.

La pêche à la ligne, au contraire, s'élève à la hauteur d'un *sport* : elle en reproduit les péripéties et les émotions ; elle exige à la fois de l'expérience et une certaine adresse.

Lorsque vous voudrez vous y livrer, choisissez une matinée où le soleil resplendisse, où de brillants rayons fassent miroiter les nappes que vous allez explorer. Non-seulement le beau temps et la chaleur auront mis votre objectif en appétit, mais l'éclat et la réverbération de la lumière l'empêchent de distinguer l'hameçon caché sous l'amorce. Munissez-vous d'une ligne de crin aussi fin, aussi transparent que possible, mais néanmoins très-résistant ; la grenouille est une personne éminemment nerveuse, dont les convulsions sont puissantes. Cette ligne doit être garnie d'un hameçon moyen sur lequel vous fixerez une mouche, une petite sauterelle, un vermisseau, au besoin un petit morceau d'étoffe rouge, et même un pétale d'une fleur de géranium de cette couleur. Ainsi armé, et en vous avançant le moins possible près de la rive, faites voltiger votre appât sur les bords de la pièce d'eau, dans les joncs, sur les touffes de nénuphar. Bientôt une grenouille s'élancera d'un bond vers la proie qui la convie, ouvrira une large bouche, et, si vous avez piqué avec à-propos, vous aurez la satisfaction de la voir gambader, suspendue à votre hameçon.

J'ai connu un sportsman qui, fanatique du tir, dédaignant les procédés vulgaires, chassait la grenouille comme le sanglier, le lion et *tutti quanti*, non pas à balle, mais à flèche franche.

Ce gentleman avait inventé une arbalète dont le vireton barbelé était muni d'une cordelette qui permettait de ramener à soi l'objectif que l'on avait atteint. Doué d'une adresse peu commune, si peu que l'amphibie montrât de sa tête entre les feuilles de nénuphar, il le manquait rarement; et il lui arrivait bien souvent de rapporter de beaux poissons qu'il avait tués de la même manière.

L'automne est la saison la plus favorable à la pêche de la grenouille; elles sont très en chair et presque grasses à ce moment de l'année.

UN PREMIER ASSASSINAT

J'ai déjà raconté à mes lecteurs l'histoire de mon premier fusil ; je leur demande la permission de leur exposer, aujourd'hui, les circonstances assez originales qui accompagnèrent mon premier assassinat d'un quadrupède.

Destiné par mes parents et par une irrésistible vocation à l'état militaire, j'avais pris au sérieux l'aphorisme légèrement boiteux qui affirme que la chasse est l'image de la guerre, et, sous prétexte de m'instruire dans l'art de démolir mes semblables, j'apportais des ardeurs aussi féroces que solennelles dans l'extermination des seuls ennemis qui fussent dévolus à ma rage.

En disant extermination, je prends comme je le faisais alors mes désirs pour des réalités ; car, je suis bien forcé de l'avouer, après mes poursuites les plus implacables, les susdits ennemis ne s'en portaient jamais plus mal.

Si, comme tant de vocations fortement dessinées, la mienne n'avait pas abouti au rôle de simple *fruit sec*, peut-être serais-je devenu un émule de Turenne ou de Masséna ! Je n'en sais rien. Mais ce qu'il faut confesser, c'est que les préludes cynégétiques étaient loin d'annoncer d'aussi glorieuses destinées et que, dans mes débuts de simple soldat, je faisais preuve d'une maladresse et d'une malchance qui me faisait frissonner pour ma patrie, au cas où, dans l'avenir, elle eût remis ses destinées entre mes mains.

Le radieux flingot dont je vous ai entretenu avait été échangé contre un fusil double à piston; je possédais tout le fourniment, la poire à poudre, les sacs à plomb assortis, une carnassière que j'avais modestement choisie aussi vaste qu'une poche à blé. Hélas! j'avais beau me livrer à une dépense effrénée de munitions, trimer d'un soleil à l'autre à travers les bois et la plaine, ce dernier meuble restait aussi immaculé que l'aile du cygne. Si son lustre était quelque peu terni, c'était parce qu'avec la foi naïve et violente du néophyte je me croyais tenu à défaut du gibier... absent, de le bonder de pierres afin de m'endurcir à la fatigue.

Si multipliées que fussent mes déceptions, elles ne parvenaient point à altérer mon enthousiasme. Je rentrais humilié, rageur, le cœur plein de larmes; mais jamais mon abattement n'allait jusqu'au découragement. Je débarbouillais mon fusil, bien avant de songer à ma propre toilette; je le graissais, je l'astiquais avec une tendresse qu'il ne méritait guère, l'ingrat! La nuit me fournissait de suffisantes revanches; elle se peuplait de songes, dans lesquels tout ce que j'apercevais, fût-ce à 1,000 mètres, était occis, où j'entassais des hécatombes de perdrix, de lièvres et de lapins à rendre jaloux un empereur, et le matin, dès l'aube, je me réveillais plus enflammé que la veille, plus pénétré de cette conviction que le jour était venu où j'allais m'affirmer un foudre de chasse en attendant que je devinsse un foudre de guerre.

Cet acharnement avait quelque mérite, car mes déboires se poursuivirent durant deux années, pendant lesquelles je ne tirai pas moins d'un millier de coups de fusil en pure perte. Je le répète, le guignon s'en mêlait; un aveugle eût certainement mieux réussi.

Pendant ces deux ans, une terre que nous possédions dans le Perche avait été l'unique théâtre de mes soi-disant exploits; l'année suivante je devais quitter l'école préparatoire pour entrer à Saint-Cyr. Mon père daigna me traiter en homme; il m'écrivit de venir le rejoindre dans une ferme qu'il avait dans la Beauce et où il allait ordinairement ouvrir la chasse avec quelques amis.

Cette ferme, je n'y avais jamais mis le pied, mais j'avais entendu faire des peintures si attrayantes de ses richesses giboyeuses, qu'elle avait pris pour moi la perspective du Paradis des Nemrods; rien que d'en parler mon imagination entrait en danse, et Dieu sait les sarabandes auxquelles elle se livrait! J'en rêvais aussi souvent, je crois, que de mes futures épaulettes.

Si je quittai allègrement le *bahut* de M. Buron où j'avais subi mes examens, si je dormis une seconde dans la nuit qui précéda ce beau jour, pas n'est besoin de le dire. Tous mes confrères en saint Hubert ont éprouvé ces émotions préalables; tous, ils s'en souviennent. Temps heureux des vingt ans, où le plus innocent des plaisirs fait si aisément, si doucement palpiter le cœur, rétif aujourd'hui lorsque les ambitions les plus âpres le secouent!

J'avais, du reste, des raisons fort plausibles pour me figurer que l'heure de ma réhabilitation comme tireur allait enfin sonner. Dans le Perche, les perdrix étaient peu abondantes, elles se remisaient facilement et partaient le plus souvent isolées. Pour un chasseur quelque peu adroit, c'est l'idéal ; moi, je me figurais, avec une simplicité que j'admire encore, que mes infortunes tenaient uniquement à cette unité de l'objectif. J'avais entendu raconter qu'en Beauce, à l'ouverture, les compagnies se levaient compactes, qu'elles partaient presque sous les pieds ; il me semblait infiniment plus facile de tirer dans le tas ; j'étais persuadé que, pourvu qu'une telle occasion se présentât seulement trois à quatre fois dans la journée, il était impossible que je ne parvinsse pas à réunir une douzaine de perdreaux dans la fameuse carnassière dont l'inutilité me pesait si lourdement.

Avec les facultés d'illusion dont j'étais doué, je me croyais si sûr de mon fait, que je fredonnai, pendant toute la nuit : « *Le jour de gloire est arrivé!* » paroles et musique de Rouget de l'Isle.

Suivant les indications paternelles, j'avais été coucher dans la petite ville d'Ablis. Une heure avant la pointe du jour, je me mettais en route afin de franchir les deux lieues qui me séparaient de Chauvilliers.

En homme prudent et expérimenté, mon père m'avait dit de ne pas quitter la route, et recommandé de me renseigner sur le chemin à suivre, de me rendre droit à la ferme, où je devais le trouver ; en ennemi juré du braconnage, il m'avait intimé l'ordre de ne pas me hasarder à tirer un seul coup de fusil sur des terres que je ne connaissais pas et qui pouvaient être gardées.

Mais j'avais d'énormes prétentions à la science de la topographie. Il avait été si souvent question de Chauvilliers dans nos conversations que j'aurais parié m'y rendre les yeux bandés. Je me contentai des indications fort sommaires que me donna le garçon d'écurie en bâillant et en maugréant probablement contre son hôte matinal, et je partis le cœur plein d'une ardeur que jamais je ne m'étais connue.

Au début tout alla bien. Malgré la lueur nacrée qui teintait le ciel du côté de l'orient, je cheminais dans les ténèbres au milieu desquelles la route se dessinait comme un pâle ruban. Mais bientôt quelques raies de feu empourprèrent l'éclaircie du levant; la clarté devint de plus en plus intense; je distinguai les silhouettes des rares pommiers qui jalonnaient les steppes de la fertilité; des lignes noirâtres m'indiquaient les bois du voisinage, et en même temps à droite, à gauche, de tous les côtés, j'entendis les cris aigres et stridents des perdrix qui, peut-être pour la dernière fois, les pauvrettes! saluaient le lever de l'aurore.

J'en demande humblement pardon aux rossignols et à Mme Adeline Patti, mais jamais les trilles de ceux-ci, jamais la voix enchanteresse de celle-là, n'ont produit sur mon système nerveux le quart de l'émotion que j'éprouvai alors. Il était heureux que le ciel m'eût doté d'une poitrine solide comme un coffre-fort : j'étouffais; il me fallait des efforts inouïs pour arracher ma respiration.

Des conseils, des recommandations paternelles, je ne m'en souciais guère désormais. Je ne songeais plus qu'à ce que serait mon triomphe, si je surprenais mes futurs compagnons au saut du lit, en étalant à leurs yeux ébahis deux ou trois couples des musiciennes dont le chant me remuait si violemment.

Comme la réflexion n'a jamais été mon fort, cette

idée ne s'était pas plutôt présentée à mon esprit, que le fossé était enjambé et que j'arpentais les guérets.

Avec un peu moins de présomption, j'eusse reconnu bien vite qu'il y avait du bon dans les avis que je dédaignais. Mouillées de rosée, les chanteuses se levèrent à 200 ou 300 mètres de moi; je les saluai aussi consciencieusement qu'inutilement de mes deux coups de feu; je perdis dix bonnes minutes à chercher mes prétendues victimes; mais, convaincu que je ne tarderais guère à être plus heureux, je repris ma course échevelée.

Cette tentative se renouvela une dizaine de fois, sans que j'obtinsse plus de succès qu'à la première.

Quelques-unes des compagnies dont je m'étais fait le réveille-matin se levaient certainement à des portées moins fallacieuses; mais, comme je persévérais dans les traditions que j'avais rapportées du Perche, comme au crépitement de leurs ailes, bouleversant mon système nerveux, je jetais mon coup de fusil au hasard et le plus souvent en fermant les yeux, je n'étais pas plus heureux avec les tas, que je ne l'avais été jusqu'alors avec des perdrix isolées.

Il va sans dire que j'en blessais toujours un nombre infini, qu'après chaque engagement je me jurais à moi-même en avoir vu tomber au moins une demi-douzaine. Ah! si j'avais eu un chien! Mais cet utile auxiliaire, je ne le possédais pas encore, et je maudissais ma mauvaise fortune.

Et plus j'en manquais, plus je devenais en fièvre. Sous l'influence de l'ivresse de la poudre, j'étais en proie à une sorte de rage. Je franchissais les guérets, les trèfles, les luzernes ruisselantes de rosée, avec les allures d'un cheval de course; la sueur avait collé ma veste sur mon dos. Quant au vêtement qu'on ne nomme point, il était dans un état indescriptible. J'en avais laissé un morceau des plus utiles dans un buisson imprudemment traversé. Ce qu'il en restait, aussi bien que ce qu'il était chargé de recouvrir, trempés par ces ablutions répétées, avaient ramassé et conservé toute la poussière que soulevaient mes enjambées à travers les terres labourées : elle faisait corps avec eux; j'étais pourvu de jambards et de cuissards comme un chevalier de moyen âge, seulement ils étaient de boue.

Mais, dans le feu de la bataille, on ne s'arrête guère à ces détails; j'arrivai ainsi à l'angle d'une remise en pente qui dominait le champ qui la bordait. Au moment où je prenais mon élan pour franchir le talus et pénétrer dans ce bois, j'aperçus quelque chose de fauve, qui se glissait à travers les bruyères du fossé.

Comment j'épaulai, comment je tirai, je n'en sais rien ; ce que je puis vous garantir, c'est que je ne visai pas plus que je n'en avais l'habitude. Mais il faut croire que le ciel, touché de l'abnégation que j'apportais dans mon métier de chasseur, m'avait enfin pris en pitié.

A travers la fumée de la poudre, j'avais cru apercevoir quelque chose de blanc; un nuage passa sur mes yeux, un cri sortit de ma poitrine haletante; ce cri, on dut l'entendre à une demi-lieue.

— Il y est! il y est!

Alors, jetant mon fusil pour aller plus vite, je m'élançai; une vingtaine de bonds frénétiques me transportèrent à l'endroit où j'avais vu passer l'éclair blanchâtre : là un étourdissant spectacle m'attendait.

Un lièvre, un vrai lièvre, un superbe lièvre dont la cuisse était brisée, se débattait entre les touffes de bruyères.

Ma surexcitation était si violente que j'étais en vérité aussi malade que lui; je le contemplais d'un œil fixe, hagard, me demandant si je n'étais pas le jouet d'une illusion.

Si mortelle que fût la blessure, ma vue avait ranimé l'instinct de la conservation chez la pauvre bête. Malgré sa jambe traînante, il parvint à mettre une touffe de genêts entre nous deux et disparut dessous une cépée.

La pensée qu'il pouvait m'échapper me rappela à moi-même. Je perdis quelques secondes à chercher le fusil dont, dans mon effarement, je ne me souvenais plus de m'être débarrassé; enfin je partis comme un trait à sa poursuite, bien convaincu que mes jambes me suffiraient pour compléter la victoire et arrimer ma conquête.

J'avais sur le malheureux animal l'avantage de la vitesse, et il se traînait plutôt qu'il ne courait; cependant, à l'aide de ses crochets multipliés, il m'échappa à plusieurs reprises; j'étais animé jusqu'à la fureur, et, à défaut d'autres projectiles, je lui lançai tour à tour la poire à poudre, les sacs à plomb, que d'une main tremblante je tirais des profondeurs de la carnassière, et dont aucun, hélas! n'atteignit l'objectif que je me proposais d'assommer.

Enfin, dans un nouveau crochet moins habilement exécuté que les premiers, je parvins à poser le pied sur sa patte blessée; le lièvre poussa un cri aigu, cri étrange qui a tant de ressemblance avec la voix humaine, qu'un frisson passa sur mon corps, que je

6

sentis mes cheveux se dresser sur ma tête. Décidé à en finir, je me laissai tomber sur lui, je le saisis et je l'accablai en même temps de coups de poing et d'injurieuses épithètes, dont, canaille, brigand, scélérat, étaient les plus bienveillantes.

Le ciel heureusement avait épargné au misérable la douleur de s'entendre insulter à ses derniers moments; le poids de mon corps avait suffi à l'étouffer, il ne bougeait plus.

Il était temps : si notre steeple-chase avait duré quelques minutes de plus, je succombais à l'apoplexie; je tremblais comme la feuille lorsque le vent l'agite; le sang bourdonnait à mes oreilles. Dans le court trajet que je fis pour gagner la lisière du bois, je trébuchais comme un homme ivre; je me hâtai de m'asseoir sur le revers du fossé; puis, après avoir respiré bruyamment, je m'extasiai dans la contemplation de ma conquête.

Si dans ce moment-là vous m'eussiez demandé mon opinion sur les mérites de mon animal, je vous eusse certainement répondu que jamais on n'avait vu, que jamais on ne verra plus de lièvre comme celui-là. Quelle bête! mes amis, quelle bête! Je le pesais, je tâtais l'épaisseur de son râble; je mesurais la longueur de ses oreilles, je lustrais son poil, j'effaçais soigneusement le sang qui maculait son pelage fauve, et, plus je le regardais, plus j'étais convaincu que jamais le bon Dieu n'avait créé de lièvre aussi accompli que celui-là, et aussi qu'il l'avait envoyé sur la terre tout exprès pour que je le tuasse.

Je n'étais pas encore saturé d'admiration, lorsqu'une préoccupation se présenta à mon esprit.

Devais-je mettre mon lièvre dans le filet de ma carnassière, ou bien fallait-il l'ensacher dans la poche de toile qui lui servait de doublure et qui est spécialement destinée aux victimes de son espèce?

L'alternative m'embarrassait. En le mettant dans l'intérieur, je pouvais espérer pour ce compartiment de mon meuble un de ces *culottages* réussis que je n'avais jamais admirés dans les gibecières de mes confrères sans pousser un soupir gros d'envie. Mais aussi les passants ne verraient pas mon lièvre, ce à quoi je ne tenais pas moins qu'aux honorables stigmates qui font si bien voir que l'on n'est pas une mazette.

Comme dans toutes les circonstances délicates je tranchai la question par un compromis. Mon lièvre sera dans le catafalque à lui destiné, mais je l'y accommoderai avec assez de machiavélisme pour que sa tête tout entière se trouve en dehors du cercueil. Avec la paire d'oreilles que possédait le drôle, à cinquante pas de distance, on devait le reconnaître.

Satisfait de ma combinaison diplomatique, je procédais soigneusement à l'installation du défunt dans son dernier gîte, lorsque le bruit du gravier, criant sous la pression de gros souliers, me fit relever la tête.

J'eusse aperçu la tête de Méduse, qu'il ne se fût certainement pas opéré une révolution plus radicale dans ma physionomie.

Le sourire de béatitude qui courait sur mes lèvres devint une horrible grimace, mes yeux humides de jubilation restèrent fixes et béants, tous mes traits se crispèrent dans l'expression de l'angoisse.

J'avais devant moi un homme dont la plaque indiquait clairement les fonctions, un garde, l'archange qui du paradis allait me faire passer dans le purgatoire; j'étais trop interdit pour trouver une parole.

— Ah! ah! me dit cet homme sans me laisser le temps de me reconnaître, tu t'y prends de bonne heure pour faire ton vilain métier, mon jeune gars; heureusement les puces m'ont empêché ce matin de dormir. Te voilà pris et bien pris, j'ai déjà ramassé ton fusil là-bas, maintenant il me faut...

— Mon lièvre? balbutiai-je en serrant instinctivement l'animal contre ma poitrine.

— Ton lièvre, canaille que tu es, s'écria mon interlocuteur; tu as l'effronterie d'appeler ton lièvre une bête que tu viens de me voler? Eh bien! tu vas me le donner tout de suite, ton lièvre, et me suivre chez monsieur le maire itérativement et sans désemparer.

Pendant qu'il parlait, je l'avais examiné. En outre de mon fusil qu'il avait jeté sur son épaule, cet homme portait un vieux sabre sous son bras. A cet attribut, aussi bien qu'à la forme, à la grossièreté de sa plaque, je soupçonnais que j'avais affaire à un simple garde champêtre. J'avais entendu dire qu'une pièce de cinq francs, placée avec à-propos dans l'arcade sourcilière en guise de lorgnon, dispose ordinairement les fonctionnaires de cet ordre à vous considérer d'un bon œil; je portai la main à ma poche avec vivacité et je tirai ma bourse.

Mais, loin d'apaiser l'archange, ce geste avait porté sa fureur à son comble.

— J'ai vu bien des scélérats, me dit-il, les yeux injectés, la bouche écumante, mais jamais, je m'en flatte, je n'en avais rencontré de pourvus d'autant *de toupet* que ce petit-là. On ne fait pas la queue aux vieux de la vieille, tu sauras ça, mon bonhomme, et on ne les décide pas davantage à trahir le maître qui les paye pour une méchante pièce de cent sols. Allons, rengaîne ta médaille, rends-moi mon lièvre, et en avant arche! chez le magistrat.

Cet homme avait dit : « Mon lièvre, » et ce pronom possessif avait fouetté le sang qui courait dans mes artères. Je l'ai déjà dit, mon père exagérait l'horreur du braconnage; je songeais trop à ce que seraient ses reproches, pour ne pas être vivement affecté de la situation dans laquelle mon étourderie m'avait placé. Pour y échapper j'eusse sans hésiter donné tout l'argent que j'avais sur moi; mais mon lièvre! Autant valait me demander le sacrifice de ma vie.

En un clin d'œil mon parti était pris, j'avais rejeté derrière mon dos la carnassière et son contenu; d'un seul bond j'étais sur mes jambes et, tournant les talons, je détalais à travers le taillis.

Le bruit des broussailles, les cris du garde, m'indiquèrent que mon adversaire ne renonçait pas à ma capture, et qu'il me poursuivait, au contraire, avec autant d'acharnement que j'en avais déployé naguère sur le même théâtre.

J'avais espéré le distancer suffisamment pour avoir le temps de me cacher dans le bois; malheureusement, tout vieux qu'il était, le garde avait conservé une bonne dose d'élasticité dans les jambes, la remise n'était pas d'une grande étendue, j'étais à sa lisière avant d'avoir pu mettre plus d'une cinquantaine de pas entre mon persécuteur et moi. Essayer d'un retour sous le couvert n'eût pas été prudent, je pris bravement mon parti et je me lançai à travers la plaine.

Là je déployai tous les avantages que ma jeunesse et une vigueur exceptionnelle me donnaient sur lui;

en moins d'un quart d'heure je l'avais laissé en arrière d'un demi-kilomètre, et les cris : « Arrêtez, arrêtez ! » qu'il ne cessait pas d'envoyer aux échos, n'arrivaient plus que confusément à mes oreilles. Je quittai les allures rapides pour me mettre à un pas gymnastique accéléré, et je gravis une de ces faibles ondulations de terrain qui sont les collines de la Beauce pour me rendre compte de l'endroit où je me trouvais.

Sur le plateau, j'apercevais à ma droite une grande ferme, à gauche le clocher et quelques maisons d'un village. La ferme n'était qu'à une demi-lieue, elle me paraissait entourée de quelques remises; j'avais au moins une lieue à franchir pour arriver au village. J'eus beau promener mes regards dans toutes les directions, mon adversaire avait disparu.

Je crus prudent de me diriger sur la ferme, où je pouvais trouver les renseignements qui m'étaient nécessaires pour arriver à Chauvilliers, et où il me sembla que je risquais moins de rencontrer le terrible garde; un chemin qui serpentait au travers de la plaine semblait y conduire, je m'engageai sur ce chemin.

Je marchais d'un pas rapide, me retournant de temps en temps afin de m'assurer que je n'avais plus personne sur les talons, et, de plus en plus convaincu que mon persécuteur avait renoncé à me donner la chasse, je commençais à voir ma situation sous des couleurs moins sombres. J'avais bien le cœur encore gros lorsque je songeais à mon pauvre fusil que ce maudit homme m'avait enlevé, à mes ustensiles éparpillés dans le bois, mais il suffisait alors que, passant ma main derrière mon dos, je caressasse les flancs rebondis de ma carnassière, pour que je me trouvasse à peu près rasséréné. Je ne sais pas de quoi ne m'eût pas consolé cette conviction que j'avais sauvé ma précieuse conquête d'un naufrage où tout mon fourniment avait sombré.

J'étais à 300 ou 400 mètres des bâtiments et je longeais une haie d'épines rabougries qui bordait le chemin en cet endroit, lorsque, tout à coup, ce buisson s'entr'ouvrant livra passage à mon persécuteur qui, les mains étendues, essaya de saisir le collet de ma veste.

Le bourreau avait profité de l'ondulation de terrain dont j'ai parlé pour me tourner sans être aperçu, pour se poster à l'affût sur mon passage.

Sans la violence du mouvement par lequel je me rejetai en arrière, la tactique du grognard avait tout le succès qu'il pouvait souhaiter, j'étais pincé.

Je repris ma course du côté d'où je venais; mais, hélas! je n'avais pas fait cinquante pas, que ma carnassière, se détachant de mes épaules, roulait derrière moi dans la poussière.

Si vierge qu'elle fût de gibier, les innombrables cailloux dont, ainsi que je l'ai raconté plus haut, je me plaisais à la bourrer pour m'apprendre à la porter pleine, avaient fini par détraquer son porte-mousqueton, que les secousses et le poids du lièvre avaient achevé de briser.

Je m'élançai pour ressaisir mon chargement; mais, lancé comme je l'étais, je ne pus m'arrêter assez tôt, et, quand j'arrivai à l'endroit où il gisait, j'eus la douleur de le voir sous le pied du garde.

Je n'étais pas dans des dispositions à parlementer:

— Je vous suivrai, dis-je à cet homme, mais je vous défends de toucher à ce carnier; vous m'entendez?

Le garde lut probablement dans mes yeux la résolution de vaincre ou de mourir qui inspirait Léonidas aux Thermopyles, peut-être avait-il tout simplement réfléchi qu'il n'avait pas plus le droit de me prendre mon gibier que celui de me désarmer; il se montra accommodant.

— Soit, mon garçon, me dit-il, pourvu que tu me suives chez mon bourgeois, dont, du reste, nous ne sommes qu'à deux pas, je n'en demande pas davantage; nous verrons bien si tu feras le malin devant lui.

— Vous saurez cela tout à l'heure, quand j'aurai raccommodé cette courroie.

— Bah! bah! tu peux bien porter ta carnassière à la main, nous n'avons pas si loin à aller.

— Je vous dis, moi, que je la porterai sur mon dos et pas autrement.

Comme cela arrive presque toujours, la condescendance du garde m'avait rendu un peu d'aplomb et je ne perdais pas encore l'espoir de lui échapper. Tout en parlant, je m'étais assis, j'avais coupé un bout du lacet de ma bottine.

— Vous ne refuserez pas de me tenir cela? dis-je à mon adversaire en lui présentant le carnier et le porte-mousqueton rompu.

Il s'accroupit à côté de moi.

— Comment donc? me répondit-il avec un sourire goguenard; du moment où tu renonces à te rebeller, je suis trop heureux de t'être agréable; passe encore une fois ton cuir dans ta boucle, mon garçon; un second nœud, serre ferme et ça y est. Tiens, je serai complaisant jusqu'au bout; tu ne me parais pas bien maniant, je t'aiderai encore à recharger Azor sur ton dos.

Le brave homme le fit comme il le disait; mais je

n'eus pas plutôt senti le bienheureux fardeau sur mes épaules, que d'un premier bond je me relevai et qu'un second me portait à trois mètres de mon interlocuteur.

— Grand merci, camarade, lui criai-je; le bonjour chez vous et portez-vous donc bien !

Et, aussi enthousiasmé de ma gaminerie que du succès de ma ruse, je pris la fuite pour la troisième fois.

Mais j'étais décidément dans un jour de malheur. J'échappais aux griffes de Charybde, et, si je n'eusse pas levé le nez, j'allais buter dans Scylla qui venait sur mon chemin sous la forme de deux chapeaux galonnés de blanc. L'armée, la magistrature civile, j'avais tout cela à mes trousses, et je n'étais pas au bout.

Je me jetai dans les champs sur ma droite.

J'ai dit que j'étais à une courte distance de la ferme, que cette ferme était entourée d'un bois assez étendu; grâce à mes jambes de cerf, et aussi à la peur qui me talonnait, je pus gagner ce bois avant que la meute qui était sur mes talons fût parvenue à me rejoindre.

Ce bois me parut le plus sûr asile que pût souhaiter un proscrit. Il était épais et feuillu; dans la partie qui avoisinait les murs de la ferme, j'avisai un fourré d'épines noires, à peu près impénétrable. Cependant, en rampant sur mes mains, je parvins à me glisser sous ce couvert; ce ne fut pas sans de nouveaux et notables dommages pour mon pantalon; mais ces aiguillons acérés avaient beau entamer la doublure, je les bénissais, tant ces chevaux de frise me semblaient ajouter à la solidité de ma forteresse végétale.

Une fois installé dans mon abri, j'écoutai. J'avais d'abord entendu un grand bruit de voix qui venait du côté de la ferme; un profond silence succéda à ce tapage. Il me semblait d'un heureux augure, mais je ne tardai point à être désabusé. Ces mêmes voix retentirent dans une autre direction; j'entendis distinctement des gens qui s'appelaient, puis, en même temps, ce bruit de branches cassées que produit la marche d'un assez grand nombre de personnes à travers le bois.

Si grande que fût mon inexpérience des choses de la chasse, le doute n'était pas possible. On me traitait comme un loup; j'étais devenu l'objectif d'une battue pour laquelle on avait probablement raccolé tous les habitants de la ferme.

Mon repaire ne me sembla plus aussi sûr; je le quittai, comme j'y étais entré, et, longeant le mur, j'essayai de gagner la lisière du bois, afin de reconnaître la tactique de mes ennemis et d'exécuter une trouée dans leurs rangs si faire se pouvait.

O bonheur! ô Providence! Dans une clairière, je rencontrai une de ces mares forestières dont l'onde ne saurait jamais lutter de limpidité avec le cristal de roche, mais dans lesquelles, en revanche, les joncs, les roseaux poussent avec une puissance digne de la flore tropicale.

On ne devait jamais, selon moi, s'aviser de me chercher là : avec la spontanéité qui caractérisa toutes mes opérations dans cette mémorable journée, je me mis à l'eau immédiatement.

J'écris à l'eau et c'est à la vase qu'il faudrait lire. En effet, le liquide que contenait la mare n'eût probablement pas suffi à engloutir un moineau, mais elle était bien plus largement pourvue de bourbe. Au premier pas que je fis dans son périmètre, j'en avais jusqu'au genou; un peu plus loin, j'en avais par-dessus la ceinture. Cela ne m'empêcha pas de gagner le plus épais des roseaux, où je me tins coi, ne sachant trop si j'étais assis ou si j'étais debout, mais tenant pieusement l'objet qui me valait tant de tribulations au-dessus du lit dans lequel j'étais à moitié englouti, afin de le soustraire au désagréable contact que je subissais moi-même avec une si superbe indifférence.

Il était encore dit qu'elle me serait inutile.

— Volcelet! Nous le tenons, dit une voix que je ne reconnaissais que trop bien; voici sa trace toute fraîche; je viens de voir grouiller les roseaux! Il est là, mes amis, il est là! Toi, le Grêlé, cours prévenir Monsieur que nous avons mon délinquant. Dis en même temps à monsieur Labiche de m'envoyer un bon croc pour l'amener à terre, s'il continue à faire le récalcitrant.

Le nom que le garde venait de prononcer fit passer devant mes yeux mille bluettes; c'était celui du fermier de Chauvilliers. Quant au monsieur qu'on envoyait prévenir, il était clair que ce devait être mon père. J'avais braconné sur nos terres; c'était le garde champêtre, chargé de les surveiller, mais qui ne me connaissait pas plus que je ne le connaissais, qui m'avait livré une poursuite si acharnée.

Mon fameux lièvre était sauvé. Mais devais-je me réjouir, devais-je me désespérer de l'issue inattendue qu'avait prise mon aventure? Je ne le savais trop, mais je songeai tout de suite à me soustraire aux brocards qui ne pouvaient manquer de m'assaillir, lorsque je me montrerais dans un aussi piteux état.

— Père Bisson, m'écriai-je en me dégageant des roseaux, il y a vingt francs pour vous, si vous m'aidez à rentrer dans la ferme sans qu'on me voie.

— Tiens! il connaît mon nom, dit le père Bisson, qui s'était assis au bord de la mare et qui battait flegmatiquement le briquet; mais tu connais aussi le cas que je fais de tes présents.

— Allons, dépêchez-vous de me donner la main, père Bisson; quand vous saurez qui je suis à votre tour, vous regretterez fièrement ce que vous avez fait! Je suis M. Georges.

Le père Bisson, ébahi, avait laissé échapper son briquet.

— M. Georges! s'écria-t-il avec un geste désespéré, M. Georges! Ah! mille bombardes! Qu'est-ce que j'ai fait là! Mais aussi pourquoi ne me l'avoir pas dit là-bas? Et Monsieur, quand il saura que c'est son garçon que je traque depuis ce matin? Il y a de quoi me faire perdre ma place! Et mes cinq enfants, que deviendront-ils? Bonté de Dieu!

Voyant le père Bisson beaucoup trop occupé de ses chances d'infortunes personnelles pour songer aux miennes, je me décidai à me passer de son aide.

Mais il était trop tard : au moment juste où je touchais la terre ferme, mon père, ses amis, le fermier et ses gens débouchaient dans la clairière.

L'état dans lequel je me trouvais ne se décrit pas. M. Labiche, qui comptait faire curer cette mare pour fumer un de ses prés, déclara que je lui avais fait tort d'un tombereau au moins de cette précieuse marchandise.

Heureusement le lièvre était immaculé, comme jadis ma carnassière.

LE CHEVENNE

La nature a varié la forme des êtres qui vivifient les divers ordres qu'elle instituait, mais les rôles qu'ils ont à y remplir se répètent invariablement. Chez les poissons, c'est le chevenne qui se trouve pourvu du rôle d'assainisseur-voyer tenu par le porc chez les quadrupèdes, et par les canards et les corbeaux chez les oiseaux; sa voracité, la puissance de ses facultés digestives lui facilitent comme à eux les fonctions de préposé à la salubrité publique; omnivore comme eux, il s'accommode de la plupart des détritus dont l'accumulation finirait par compromettre la pureté des eaux; il est un poisson utile, d'abord en raison de ces attributions spéciales, et secondairement, parce que, bien que sa chair ne puisse pas être citée pour sa délicatesse, qu'elle contienne un peu trop d'arêtes pour être savourée sans préoccupation, elle est saine et de bon goût; il fait, cuit sur le plat ou bien à la matelote, assez bonne figure pour qu'il n'y ait pas lieu de regretter qu'il se trouve répandu avec quelque profusion dans les rivières et dans les fleuves de l'Europe et de l'Asie septentrionale.

Ce cyprin est presque aussi riche qu'un hidalgo en appellations plus ou moins typiques, plus ou moins dérivées de sa physionomie et de ses habitudes; ici de chevenne on a fait *chevanne*, plus loin on le nomme *meunier*, en raison de ses prédilections pour les courants qui caractérisent la chute des moulins; *testard*, parce que sa tête est un peu forte en proportion de son corps, puis *vilain, garbotin, barboteau, chaboiseau*, etc. Il marque encore la transition entre les mangés et les mangeurs du peuple aquatique; il a des premiers un certain instinct de sociabilité, ne fait pas le vide autour de lui pour mieux assurer sa subsistance; au contraire, étant éclectique en matière d'alimentation, il est de cet avis que, lorsqu'il y en a pour un, il y en a pour dix; il se met volontiers en petites troupes pour remonter la rivière, quitte à se montrer plus leste que ses compagnons, lorsque le bruit de la chute d'un insecte, d'un fruit, lui indique que la table est servie, car, vous le verrez quand nous parlerons de sa pêche, tout lui est bon, tout, même le fretin des eaux, même ses semblables. Plus civilisés que les loups, n'ayant pas grand'chose à envier à l'espèce humaine, les chevennes se mangent entre eux quand la taille du sujet se prête à l'expérience. Ayant un jour placé, sur une ligne à brochet, un de ces poissons de 25 centimètres environ de longueur, le lendemain, à ma grande surprise, je trouvai un chevenne de cinq livres à mon hameçon.

Du reste, ces appétits de cannibale s'accusent dans sa forme; le corps de ce cyprin s'allonge et s'arrondit de façon à le rendre apte à la chasse; l'organe propulseur, la queue est large et fourchue, fabriquée pour le pousser rapidement en avant et faciliter les virages; la mâchoire est encore faiblement armée, mais les deux rangées de dents qui la garnissent suffisent à retenir un petit poisson ; le pirate commence à pointer dans cette espèce.

La pêche à la ligne du chevenne est amusante et productive ; avec un convive aussi complaisant que celui-là, on a le choix dans les amorces à lui servir ; son avidité n'est, cependant, pas exempte d'un certain discernement ; des fruits qui se présenteraient avant ou après leur saison naturelle éveilleraient sa méfiance. Il n'est pas à la hauteur de notre goût pour les primeurs.

Un gentleman anglais, qui est le plus grand preneur de truites que j'aie rencontré, n'utilisait presque jamais les mouches artificielles que l'industrie de son pays a portées à une telle perfection. Il étudiait quel était le genre d'insectes qui se montraient avec le plus d'abondance sur les joncs, les saules des rives qu'il comptait explorer, et il en amorçait ses lignes ; la tradition est bonne à reprendre avec le chevenne pour objectif. Au premier printemps il mordra volontiers sur les coléoptères petits et gros de la saison ; un peu plus tard il donnera sur les cerises ; pendant l'été vous pourrez lui offrir des sauterelles, plus tard des grains de raisin noir, en tout temps vous pourrez en capturer avec des lombrics et même des asticots ; puis avec les appâts spéciaux à la carpe, fèves, pois et blé cuit ; enfin, vous en prendrez encore avec les écrevisses, les goujons dont on esche les lignes de fond à l'intention des anguilles.

Le chevenne a, cependant, une amorce qui ne réussit qu'avec lui et qui est celle qui fournit les résultats les plus constants, comme les plus belles prises. Malheureusement, et dans le cas même où un commerce continu avec le nauséabond ver de viande vous a blindé contre la délicatesse, on n'affronte pas sans hésitation les traces répugnantes que laisse sur les mains, sur les vêtements du pêcheur, cet autre appât plus répugnant encore qui n'est autre que du sang coagulé. Quand on est décidé à piétiner sur les préjugés comme sur ses dégoûts personnels, il faut commencer par choisir dans la rivière un endroit où le courant ait une certaine rapidité et dont le fond dégarni d'herbe soit à peu près uni; on y amarre son bateau par l'avant et par l'arrière; puis, on s'occupe de provoquer le remontage du chevenne, sur ce que l'argot de pêcheurs appelle le coup. A cet effet, on descend au fond de l'eau quelque vieux panier à salade, calé de pierres, et dans lequel on a placé une certaine quantité de sang, haché menu, et que l'on enveloppe de paille, pour que le courant n'en entraîne les parcelles que peu à peu. L'hameçon se garnit d'un caillot de sang taillé en forme de dé. Il faut à cette pêche avoir l'œil subtil et la main leste à ferrer au premier mouvement de la flotte, car cet appât fragile se détache aussitôt que le poisson l'a attaqué.

C'est à la pêche au sang que l'on prend les chevennes du plus gros format; j'ai connu un brave monsieur qui eut la chance de tirer de la Marne un de ces poissons lequel pesait quatre kilogrammes. Ce monstre a sa légende. Sa capture avait produit sur son vainqueur une telle impression, qu'elle était devenue l'évènement important de son existence; il avait institué l'ère du gros chevenne pour son usage personnel, il en datait avec un enthousiasme qui, après vingt ans, n'était pas affaibli. En 1871, une fantaisie du destin fit du pêcheur un candidat à la députation; en cette qualité, il eut à se présenter dans une réunion publique; un ami, qui se méfiait de sa petite faiblesse, lui avait préalablement fait jurer que le mot de chevenne ne sortirait pas de sa bouche.

Au début, tout alla bien; mais un électeur indiscret ayant interrogé l'orateur sur d'anciennes attaches à la monarchie de Juillet, celui-ci, après avoir noblement confessé le fait, ajouta avec véhémence : « Mais le souffle populaire ayant justement balayé le trône, en l'année mémorable... où je pris un si gros poisson! » Il n'est pas besoin d'ajouter que la candidature sombra au milieu des rires et que personne n'essaya de la repêcher.

LIÈVRES ET LAPINS

Si les animaux avaient été classés en raison de la supériorité de leurs instincts, le lapin occuperait un rang assez élevé dans la hiérarchie des quadrupèdes.

Le lièvre est au-dessus de lui par la combinaison de ses défenses. Lorsque les chiens s'acharnent à sa poursuite, il déploie pour les dérouter une tactique presque savante; mais il faut la pression du danger pour qu'un effort de son cerveau enfante ces ressources intelligentes : lorsque rien ne le menace, il se contente pour toute sauvegarde d'un insignifiant *hourvari*, se borne à égratigner de ses ongles la surface du sol, afin que son corps n'en dépasse point le niveau, et gîte en plein champ, en proie à l'effroyable maladie qu'on appelle la peur.

Moins heureusement partagé sous le rapport de la fécondité d'invention, le lapin l'emporte sur le lièvre par un sentiment du premier ordre, la prévoyance.

Il a la prescience du péril longtemps avant qu'il se révèle; il n'a pas attendu les jours de malheur pour se ménager une sûre retraite : il l'a creusée à loisir, il a travaillé depuis qu'il existe à la rendre plus spacieuse et plus commode; il sait si bien que, mieux que toutes les ruses, elle assurera son salut, qu'à la moindre alerte il s'y réfugie au plus vite.

Sans doute, c'est un instinct qui le commande; mais ici l'instinct l'emporte sur la faculté de conception raisonnée, et d'autant mieux que cet instinct développe en lui certaines affinités pour la vie sociale, qui, quel que soit son point de départ, doit être considérée comme la plus haute manifestation de l'intelligence de la bête.

Les tendances des lapins à la vie commune me semblent d'autant plus dignes d'intérêt, qu'elles ne leur sont point imposées par quelque appétit ou par quelque nécessité supérieure. Les chiens sauvages s'attroupent pour assurer la curée; dans le même but, le renard accepte quelquefois un collaborateur; les hamsters, certains oiseaux migrateurs, se réunissent pour opposer la puissance de leur multitude aux dangers d'une traversée, les corbeaux afin de bénéficier de la mutualité de la vigilance; je ne vois pas trop à quelle loi primordiale obéiraient les lapins en acceptant un communisme mitigé. Ce n'est pas à coup sûr le désir d'avoir chaud pendant l'hiver en se serrant les uns contre les autres; peut-être est-ce un peu l'avantage qu'ils trouvent à assembler leurs forces pour se creuser des souterrains convenables; mais il convient avant tout de faire les honneurs de ce penchant à l'agrégation, à l'humeur enjouée, à l'aimable caractère qui les distingue.

Il en résulte que ces associations restent soumises à l'indépendance de chacune des individualités qui les composent; la demeure est à tous, rien de plus; pour le reste chacun ne relève que de sa fantaisie :

c'est elle qui forme la société, c'est elle aussi qui la dissout.

Je viens de parler de l'humeur enjouée du lapin : ce n'est pas seulement dans ses rapports avec ses semblables qu'elle se révèle, elle perce dans tous les actes de sa vie; ceux-ci témoignent d'une philosophie pratique qu'il est impossible de ne pas lui envier.

Après une de ces redoutables épreuves qui les ont mis aux prises avec l'homme, tous les animaux, les carnassiers eux-mêmes, restent inquiets. Chez le lièvre par exemple, l'angoisse survit au danger : lorsqu'il est parvenu à se forlonger, il est si peu rassuré qu'il songe à peine à reprendre haleine; il va, il vient, il fait le chandelier, il penche ses merveilleux cornets acoustiques dans la direction du vent, il écoute longuement, avidement. Il se remet sur ses pattes, il marche encore, puis s'arrête, semble réfléchir et se flâtre, ses flancs battent, il respire. Mais, presque aussitôt, sans qu'un murmure, sans qu'une feuille qui roule soit un prétexte à sa panique, il fait un bond et part comme un trait. A vingt pas, il s'arrêtera de nouveau, se dressera encore, et recommencera à interroger la brise. L'horizon est muet; ces menaçants hurlements qui, comme des tonnerres, roulaient de vallons en vallons sont bien éteints; la meute est là-bas, distancée, honteuse de son impuissance à démêler l'enchevêtrement de la voie; mais, pour le malheureux lièvre, l'effet subsiste après la cause, ces abois furieux, même quand ils ne sont plus, ils continuent de marteler le cerveau du misérable : au lieu de la dent des chiens, c'est la terreur, non moins âpre, qui entre dans ses chairs et les tenaille.

Sans doute le lapin n'est pas plus brave; mais il est

doué d'une insouciance qui lui prête un semblant de vaillance. Du péril de tout à l'heure, non-seulement il ne se soucie pas plus que des neiges d'antan, mais il sait le prix d'une minute de bonheur que l'on arrache au parcimonieux destin, et, tant que le volcan ne mugit pas, il se croit autorisé à danser sur son cratère en disant : « Vive la joie ! » dans la mimique des lapins.

Quelques abois étranglés, de rauques gémissements d'impatience, attestent que son ennemi Ravageot est à cent pas de lui; mais ils démontrent aussi à un lapin expérimenté que Ravageot est empêtré; Ravageot s'appesantit sur un retour, il ânonne; il ânonnera quelque temps encore avant d'avoir redressé le fil de son écheveau. Jean lapin touche à son terrier; bah! qu'irait-il faire dans son terrier lorsque l'air est tiède, lorsque le soleil luit si joliment entre les branches grisâtres des bouleaux, lorsque ses fauves reflets font un tapis d'or de la jonchée des feuilles mortes, et que l'on a encore quelques moments devant soi? Jean lapin fait halte : il n'oublie pas tout à fait l'importun; il lui accorde une oreille, et c'est bien de l'honneur pour lui. Bien entendu il met le répit à profit; il bâille, il se détire, il muse, il façonne de l'ivoire sur un brin de saule; *intrepidus* en face de la mort qui plane sur lui, il songe à sa toilette, promène sa patte sur son habit de petit-gris, dont tout à l'heure, en traversant une ornière dans un moment d'émoi, la fange a quelque peu terni l'étoffe soyeuse et lustrée; il lisse sa moustache, sans doute à l'intention de Jeannette. Et tout cela sous la gueule du fusil qui va cracher la mitraille! Parlez donc de stoïcisme, ô grands aligneurs de phrases sonores! Vantez donc votre joyeux scepticisme, ô fabricateurs de chansons à boire! Les uns et les autres, croyez-moi, allez à l'école de Jean lapin.

Mais c'est assez nous étendre sur des *vertus* que quelques-uns de nos lecteurs pourraient bien qualifier d'imaginaires ; je crois sage de revenir à des mérites d'un ordre plus positif : Dieu merci! ils ne manquent pas à mon héros d'aujourd'hui.

Le lapin, le plus humble peut-être de nos gibiers, est probablement de tous le plus précieux. Il est la pierre angulaire des tirés de la grande propriété, le pain quotidien des chasses du petit monde ; en vérité, nous nous passerions de tout plutôt que de lui, et, pour mon compte, si on venait m'annoncer que tous les lapins de ce monde ont été détruits par un cataclysme, je crois que je renoncerais à demander un port d'armes l'année prochaine.

Si sous certains rapports moraux il l'emporte sur le lièvre, il conserve son avantage lorsque l'on compare sa chasse à tir à celle de ce dernier, et le parallèle tourne encore en sa faveur lorsque l'on met la valeur gastronomique de l'un et de l'autre en présence.

Ce dernier point, des faits le démontreront mieux que tout mon verbiage.

J'habitais les Ardennes. J'avais à remplacer le domestique qui me suivait à la chasse ; un homme se présenta, grand, bien découplé, convenant sous tous les rapports à l'emploi que je lui destinais. L'affaire fut d'autant plus prompte à se conclure qu'il se montra fort coulant sur les gages. J'avais achevé de lui poser mes conditions, lorsqu'il me dit, non sans un certain embarras : « J'accepte tout ce que voudra monsieur, je voudrais seulement savoir si monsieur laisse manger du lièvre à la cuisine. »

J'avais d'excellentes raisons pour lui répondre affirmativement, et l'épanouissement de sa physionomie me prouva que la place devenait de son goût. Je n'étais pas moins satisfait que lui; avec un piqueur aussi ardent à la curée, il me semblait que mes briquets allaient faire merveille. En effet, pendant une quinzaine, tout alla à souhait. Mais bientôt, hélas! le buisson creux, la retraite manquée, ou enfin, pour parler le langage de la petite vénerie, la bredouille, devinrent le dénouement ordinaire de toutes mes sorties.

L'étendue des bois était considérable; des champs cultivés les entouraient dans la vallée; vers les crêtes de la montagne ils étaient bordés par d'immenses bruyères marécageuses : c'est vous dire que les débûchers dans cette dernière direction étaient fréquents, que les animaux prenaient presque toujours de grands partis; mais, comme les retours étaient certains, les taillis admirablement percés, je suivais rarement mes chiens, que l'homme susdit avait mission d'appuyer. A dater du jour où ce vent néfaste commença de souffler sur mes expéditions, ces retours, je les attendais vainement, et, pendant des heures, je me morfondais aux passages sûrs que j'avais choisis pour me poster. Puis, après une de ces attentes agaçantes je voyais revenir mon domestique, tantôt seul, tantôt ramenant la petite meute, mais toujours pourvu d'excellentes raisons pour justifier l'insuccès. Une fois ses chiens avaient pris change sur un lièvre qui l'avait conduit à deux lieues de là; une autre fois, ils avaient mis bas dans un défaut, etc., etc. Je ne savais que penser, mais je hochais instinctivement la tête. Un jour, cependant, que je m'étais rapproché de la menée, après un balancer, j'entendis des coups de fouet qui me parurent assez étranges; un long silence leur succéda, enfin les sons du cornet à l'aide duquel mon piqueur rassemblait sa meute. J'étais d'autant plus intrigué que ces appels partaient de la même place, ce qui semblait démontrer que le corneur courait après ses chiens sans bouger d'où il se trouvait. Je m'acheminai de ce côté, guidé par la trompette; lorsque j'en fus à deux cents pas, je me glissai sournoisement d'arbre en arbre, et je dus à ma prudence d'être témoin d'un singulier spectacle. Assis à l'ombre d'un hêtre, *sub tegmine fagi*, le nouveau Tityre fumait sa pipe; entre deux bouffées, il prenait sa corne, soufflait un coup, et recommençait à s'entourer de nuages de fumée. Quant aux chiens, couplés et hardés, ils étaient attachés à dix pas de là, dans diverses attitudes, et cela probablement depuis le moment où j'avais entendu les coups de fouet. Je ne saurais vous dissimuler que mon abord fut un peu brusque : mon homme comprit tout de suite que j'avais surpris le secret de sa tactique, se jeta à genoux, et joignant les mains : « Ah! monsieur, s'écria-t-il, il y a trois semaines que je ne mange que du lièvre; regardez-moi, un lièvre de plus, j'en ferais une maladie! »

Il était si jaune, en effet, que je lui pardonnai les extrémités auxquelles il avait été réduit par un régime imprudemment sollicité. Nous fîmes la paix; il fut convenu qu'il ne romprait plus mes chiens sous prétexte de les appuyer, et à cette condition je voulus bien consentir à ce qu'on lui servît du lièvre deux fois par semaine seulement.

L'appréciation du mérite culinaire du lapin est tout entière dans un aphorisme : *Le lapin est la meilleure légume des gardes,* disent ceux-ci; il n'est pas de chasseur qui ne soit de cet avis. C'est *une légume* agréable à toutes les sauces, et qui se combine avec une trentaine d'entre elles, y compris celle du pot au feu; — mettez moi un vieux lapin dans la marmite (avec bœuf et légumes bien entendu, comme dans la soupe au caillou), et vous m'en direz de bonnes nouvelles; — *une légume* dont on mange tous les jours sans prendre la nuance d'un vieux citron, et dont, cependant, on n'est jamais assez rassasié pour n'avoir pas envie de continuer à la cultiver.

Le lapin se chasse spécialement avec les bassets; mais on le tue également devant les chiens d'arrêt, et ce mode de le poursuivre n'est pas le moins agréable. Son tir, lorsqu'il déboule dans un bois, offre des difficultés assez sérieuses pour exiger autant de justesse dans le coup d'œil que de vivacité et de décision; c'est pour le débutant la meilleure des écoles.

Cherchez les lapins dans les taillis de deux à cinq ans, dans les haies, dans les murgets couverts de ronces, les broussailles qui avoisinent les bois; battez avec soin les endroits abrités du vent et exposés au soleil, ce sont ceux qu'il préfère pour établir son gîte; les coulées, les *jouettes* et le repaire vous révéleront sa présence dans le canton que vous explorerez.

Vous devez donner le vent à votre chien aussi rigoureusement que dans la chasse en plaine. Gîté depuis le matin, le lapin n'a pas laissé d'émanations qui puissent vous conduire à sa demeure. C'est pour cela aussi que vous devez croiser vos voies en marchant, et ne pas laisser une cépée, une touffe d'herbes, sans que vous ou votre chien l'ayez sondée.

Ce chien doit être dressé à ne jamais abandonner

son arrêt avant le commandement « *Apporte!* » ou du moins avant le coup de fusil. Au bois, un chien qui court empêche non-seulement son maître de tirer, la plupart du temps, mais l'expose à voir une partie de plaisir se terminer par un drame toujours douloureux.

Lorsque le chien tombe en arrêt, approchez-vous sans précipitation, et choisissez rapidement pour vous placer une position telle qu'il y ait des chances pour que l'animal déboule dans la direction où le bois est le plus clair. Le succès dépend beaucoup de la vivacité et de la sagacité que vous apporterez dans cette manœuvre. Ce faisant, ayez toujours l'œil au guet et le fusil prêt à être jeté à l'épaule. Le lapin tient ordinairement à l'arrêt, mais souvent aussi il n'attend pas les sommations pour déguerpir, sans compter que dans certaines conditions atmosphériques, lorsque le vent est bas, le temps humide, il *coule* comme on dit, longtemps avant que votre chien arrive à son établissement.

Quand il part, figurez-vous une fusée qui serpente entre les broussailles et les touffes de bruyère, se jette à droite lorsque le point de mire la cherche à gauche, à gauche lorsqu'on vient de la viser à droite, qui ne paraît que pour disparaître, décrit entre les cépées des arabesques aussi capricieuses qu'un papillon dans son vol, et vous aurez une idée de la course du lapin lorsqu'il quitte son gîte.

Chercher à le suivre, à le conserver au bout de son fusil, dans les sinuosités de cette trajectoire, serait toujours difficile, quelquefois impossible; ne songez donc pas à le laisser filer, n'essayez pas davantage de l'attendre à cette éclaircie qui s'ouvre devant vous;

neuf fois sur dix vous l'attendriez sous l'orme. Qu'il soit à dix pas, qu'il soit à trente, lâchez la détente aussitôt que vous le découvrez, en relevant légèrement votre arme, afin que le fuyard se jette dans le coup. Si des herbes, si des broussailles vous le dérobent, tirez dans la direction présumée, c'est-à-dire au juger. *Pas de mire, juge et tire*, a dit Deyeux, *le vieux chasseur*.

LA LOTTE

Si nous avons fait leur procès à quelques proverbes, cela ne saurait nous empêcher de reconnaître l'à-propos de quelques autres de ces dictons plus ou moins richement rimés; nous allons vous en citer un qui n'est guère connu en dehors des populations des bords de quelque fleuve ou rivière :

> Pour manger foie de lotte,
> Femme vendrait sa cotte!

Si cette femme est encline à la gourmandise, et quoique ce soit rarement ce péché qui pousse le beau sexe à de pareilles extrémités, l'enthousiasme n'aurait rien d'invraisemblable; si c'était un gastronome qui fût en scène, nous répondrions qu'il serait disposé à acheter ce régal au prix de son pantalon. Il aurait à ses yeux d'autant plus de valeur qu'il est moins ordinaire. Quoique assez largement représentée dans les eaux parisiennes, la lotte, ailleurs on dit barbotte, figure assez rarement sur les dalles de marbre de mesdames du marché au poisson. Les pêcheurs de profession qui la capturent, en trouvent presque toujours un placement avantageux chez quelques bourgeois de la localité qu'ils habitent; quant aux amateurs qui ont la chance peu fréquente d'en prendre une, ils taisent ordinairement la bonne fortune dont ils ont été l'objet, se réservant de déguster le poisson qui la représente dans le tête-à-tête recueilli dont il est digne. A la chasse, cette tactique diplomatique s'applique quelquefois à la bécasse. Dans une battue officielle, je venais de tuer un de ces oiseaux et je l'avais consciencieusement apporté au fourgon chargé de recueillir les victimes ; un haut fonctionnaire qui présidait à cette chasse, la reprit avec vivacité et, me la rendant :

— Une bécasse, me dit-il, cela se met dans la poche, côté de l'épée, et cela ne se partage qu'avec sa femme ; d'abord, parce que seule elle est digne d'un pareil sacrifice, et surtout, parce qu'elle vous abandonne ordinairement la rôtie !

Je ne saurais donc vous dissimuler qu'à moins de vous enrégimenter parmi les disciples de saint Pierre, vous avez peu de chances de goûter aux foies de lottes, et vraiment c'est dommage, car leur réputation n'est point surfaite. Si vous ne dédaignez pas les joies modestes du filet et de la ligne, si vous êtes de ceux qui bravent le froid et les brouillards en exploitant la rivière pendant l'hiver, vous relèverez quelques lottes, tantôt dans vos nasses, tantôt dans vos verveux, plus souvent accrochées à vos lignes de fond.

Comme toutes sortes de bonnes choses et pas mal de bonnes gens, la lotte ne paye pas de mine. La ressemblance de l'anguille avec le serpent jette sur elle une certaine défaveur ; mais, quand elle se meut dans son élément, elle reste un poisson d'une incontestable élégance ; la lotte, dont le corps conique ressemble à un tronçon de celle-ci, dont la grosseur est disproportionnée, sur laquelle l'enduit visqueux surabonde est à la fois difforme et d'un aspect repoussant. Si, par sa forme, elle se rapproche des blennies et des anguilles, si elle a beaucoup des habitudes de ces dernières, elle n'appartient pas moins au genre des gades, dont elle représente un sous-genre caractérisé par deux nageoires dorsales, une anale et des barbillons.

La lotte est un poisson des eaux courantes et rapides; c'est là que, pendant le jour, tapie sous une pierre du fond, dans une anfractuosité de la berge, elle attend les vermisseaux, les petits poissons que leur malechance amène à la portée de ses vigoureuses mâchoires armées de sept rangées de dents. On prétend que les barbillons qui ornent ses lèvres et qui, en ondulant au courant, peuvent ressembler à des vers, lui servent à attirer le fretin; peut-être ce fretin n'est-il pas aussi naïf qu'on le représente. Elle chasse pendant la nuit comme tous les autres poissons carnassiers. Elle se prend à peu près à tous les engins, comme nous l'indiquions tout à l'heure; mais, même en hiver où le frai en a ramené un certain nombre dans nos rivières, elle y est trop peu multipliée pour devenir l'objectif du pêcheur. C'est un accident agréable qu'il faut accueillir avec reconnaissance en lui faisant, à elle et à son foie, les honneurs d'une matelote marinière savamment élaborée.

LES CORBEAUX

Je ne sais trop s'il existe beaucoup de chasseurs qui résistent à la tentation de saluer d'un coup de fusil le corbeau assez étourdi pour passer à leur portée.

Quand on entreprend de prêcher son voisin sur la paille qu'il a dans son œil, il est décent de commencer par débarrasser le sien de la poutre qui en gêne quelque peu les fonctions; je me prendrai donc pour exemple en confessant qu'il n'y a pas bien longtemps que je suis guéri de cette espèce de rage qui vous jette le fusil à l'épaule, que, pendant des années, je me suis comporté dans la circonstance que je signale avec la vivacité d'apostrophe qui caractérise le gros de nos confrères.

En agissant ainsi, obéissons-nous aux généreuses ambitions de poursuivre, d'un peu loin, les travaux du grand Hercule en purgeant la terre des monstres qui l'infestent? Lorsque nous prenons l'oiseau pour objectif, songeons-nous un petit peu à diminuer d'une unité le noir bataillon des rapaces?

Hum! hum! les plus francs demanderaient à se taire. Pour mon compte personnel et avec la même sincérité que tout à l'heure, je vous dirai encore que les idées de ce dernier ordre se présentent, il est vrai, à mon esprit, mais toujours lorsqu'elles sont devenues absolument superflues.

— Tu voles, tu grouilles, donc tu vis. Pan! vlan! te voilà mort! Maintenant, entamons ton procès, je le veux bien.

Voilà exactement comme les choses se passent. — Remarquez qu'il ne s'agit que de moi. Lorsque tout à l'heure, si cela vous plaît, cher lecteur, vous passerez, à votre tour, au tribunal de la pénitence, vous nous direz si votre manière diffère de ce qu'était la mienne. Je poursuis, et j'avoue encore que, neuf fois sur dix, ces justices préliminaires étaient suivies d'un acte de contrition et de solennelles réhabilitations qui devaient faire palpiter de jalousie les mânes de ce pauvre Lesurques.

Quand on est homme, qu'il ne vous reste pas beaucoup plus d'une dizaine d'années d'existence sur la planche, on peut, à la rigueur, se consoler d'une petite erreur judiciaire avec cette flatteuse et posthume amende honorable; mais lorsque, né corbeau, on avait le droit de compter sur cent ans de belle et bonne vie, si éloquent, si pathétique que soit le correctif de la gaminerie mortuaire, je crois qu'on ne trouve jamais la compensation suffisamment équilibrée.

Il faut bien vous le déclarer, nous tuons trop, nous tuons beaucoup trop, mes frères. Nous nous croyons toujours à ce beau temps où notre terre de France gardait un pâle reflet de l'âge d'or, où les espèces croissaient et multipliaient suivant la consigne du Très-Haut, sans qu'il fût en la puissance de l'homme de paralyser leur bonne volonté, où les représentants de toutes ces espèces se nombraient par millions, où la vie était partout, dans le grand chêne et dans le buisson, dans les joncs de l'étang et dans le sillon.

Cherchez-la donc aujourd'hui. Vide et morne, la

plaine est silencieuse comme un sépulcre; le buisson lui-même, désert comme la forêt, ne parle plus que par les frissons de ses feuilles, que par les *toc-toc* des perles de rosée qui tombent sur le fauve tapis, tristes comme des larmes; l'étang a disparu, l'immense tribu qu'il hébergeait est morte ou a pris son vol vers d'autres climats, le sillon conserve encore quelques hôtes, mais toujours poursuivis, toujours harcelés, tués sans merci, traqués sans discernement, ils sont la frappante image de ces misérables débris des anciennes nations américaines : dans quelques années ils auront passé.

Voilà la situation non amplifiée, croyez-le bien. Vous en doutez : comptons un peu. Il n'y a rien de tel que les chiffres pour élucider une question.

Où est le grand tétras, fort commun du temps de Belon? Réduit à quelques échantillons dans les Alpes, le Jura et les Vosges. Un des plus habiles chasseurs de ces pays évaluait à une trentaine le nombre de ces oiseaux qui se tuaient annuellement dans son département, et m'assurait que très-prochainement ils n'existeront plus de ce côté.

Où est le tétras à queue fourchue qui a été le charme des chasses du pays d'Ardennes?

Où est la gelinotte?

Où est la grande outarde, dont il n'y pas trente ans on voyait encore des troupes assez considérables en Champagne, en Sologne et en Beauce?

Où sont certaines variétés de pluviers et particulièrement celle des pluviers guignards, lesquels ont valu aux pâtés de Chartres la réputation que les pâtissiers du cru exploitent rétrospectivement à l'aide de vulgaires perdreaux?

Où sont tous ces beaux et magnifiques oiseaux, tous ces gibiers de jours de fête, toutes ces fleurs de bouche?

Ils sont où vont, hélas! le lièvre et la perdrix, où va le clan des chanteurs mangeurs d'insectes, etc., etc.; c'est-à-dire tout ce qui est bon, tout ce qui est doux, tout ce qui est utile, tout ce qui est charmant. Encore quelques années, et, soyez-en bien certains, si nous continuons à procéder en enfants gaspilleurs et prodigues, vous chercherez aussi inutilement ceux-ci que ceux-là dans nos plaines et dans nos bois.

Non, nous ne sommes plus assez riches pour nous passer le luxe du carnage; l'heure de la réforme a sonné pour cela comme en bien d'autres choses; si nous ne voulons pas que nos descendants disent de nous que le peuple le plus spirituel de la terre n'avait pas une once de bon sens à appliquer aux choses les plus simples, nous n'irons pas plus loin dans la voie déplorable que j'indique, nous renoncerons à notre méthode à la turque; même lorsqu'il s'agira d'un corbeau, nous commencerons par le commencement, c'est-à-dire par le procès, quitte à pendre ensuite, s'il y a lieu.

La question que je viens d'effleurer est si palpitante, que je ne me décide pas à l'abandonner sans y avoir pénétré un peu plus avant.

Nous reviendrons aux corbeaux tout à l'heure, si vous le voulez bien.

Que des chasseurs, qui ont encore l'excuse de la jeunesse et de la chaleur du sang, cèdent trop facilement à l'espèce d'entraînement vertigineux qui pousse l'homme à la destruction, on peut le regretter amèrement, sans s'en étonner beaucoup. Ce qui me stupéfie, ce qui m'indigne, c'est l'incroyable aplomb avec lequel certains écrivains, passant l'éponge sur de véritables crimes de lèse-humanité, déclarent que la disparition de telle ou telle espèce utile est une conséquence nécessaire et fatale de la civilisation.

Un pareil langage est un blasphème qui offense cette civilisation même dont ces messieurs se sont constitués les avocats.

Ce qui caractérise toute civilisation est l'intelligente appropriation aux besoins sociaux de toutes les choses, de tous les êtres dont la nature a dévolu la jouissance à notre espèce.

La civilisation protège, améliore, conserve; quand elle détruit quelque chose, c'est parce qu'un examen approfondi lui a démontré que l'existence de ce quelque chose était inconciliable avec la prospérité du reste. Elle est aussi soucieuse de ce qui est petit que de ce qui est grand, du brin d'herbe que de l'arbre centenaire; en bonne ménagère, elle sait que chaque bien a son emploi. Elle estime toute richesse non-seulement à sa valeur intrinsèque, mais d'après les prix de revient. Or, lorsqu'il lui est démontré qu'un animal ou qu'un oiseau sauvage, dont l'éducation n'a exigé aucuns soins, qui grandit, qui vit sans causer aucun préjudice aux moissons, viendra, à point nommé, apporter à l'alimentation humaine une diversité indispensable, elle ne saurait rester plus indifférente à son existence qu'à celle des oiseaux et des animaux domestiques qui produisent, il est vrai, mais à grands frais; elle a le devoir de le sauvegarder comme ceux-là.

Il est trop facile de démontrer que les espèces dont j'ai parlé n'avaient jamais rien pris, rien demandé à l'homme. Le grand coq hante les plus vastes forêts, fait sa nourriture exclusive de baies, de graines forestières et de bourgeons de sapins; ainsi du petit tétras, grand mangeur des fruits de la myrtile. Quant à l'outarde, je doute fort que ce soit sa présence dans les plaines de la Champagne qui ait mérité à la partie de la province, où elles se massaient en plus grand nombre, la qualification de *pouilleuse.*

La civilisation n'avait aucune raison pour les anéantir, elle en avait cent pour les protéger. Elle ne l'a pas fait, nous nous sommes résignés; mais nous voudrions bien que cette faute ne dégénérât pas en habitude, ce qui arriverait certainement si les écrivains précités étaient pris pour des oracles.

L'article auquel je fais allusion, et qui empruntait une certaine autorité à la position du journal dans lequel il était publié, répondait aux plaintes des chasseurs de notre temps, et c'était la fin prochaine de l'espèce perdrix qu'il indiquait comme devant être la conséquence nécessaire et fatale du progrès. Il va sans dire que la perte lui semblait des plus légères : sous sa plume, notre oiseau favori avait pris la physionomie d'un farouche ennemi de toute récolte. Il n'y a que des agriculteurs en chambre pour avoir des idées aussi biscornues, et ce trait seul suffit pour indiquer que l'auteur appartient à cette estimable corporation.

Nous répondrons par des chiffres.

Il faut d'abord que mon adversaire me permette de lui apprendre, ce qu'on ignore généralement dans les fermes modèles de la rue Coq-Héron, que les grains d'hiver se sèment en novembre, qu'ils mettent de huit à quinze jours à germer.

Oh! pendant cette quinzaine, il est clair que les

perdrix se nourrissent aux dépens du semeur. Mais, veuillez bien remarquer qu'à cette époque les compagnies sont presque strictement réduites au nombre qui présidera à la reproduction. Dans la Beauce même, cette terre classique de la perdrix grise, en reste-t-il plus de deux par 50 hectares? J'affirme le contraire, et cependant je concède le chiffre.

A 5 centilitres par jour et par perdrix, je veux bien encore les croire gloutonnes, le couple consommera donc dans ses quinze jours 1 litre et 50 centilitres de grains; lesquels, répartis entre 50 hectares, représentent une valeur de 3 centilitres par hectare.

Maintenant, si notre agriculteur en chambre est mathématicien, — il doit l'être, mais plus fort sur l'algèbre que sur l'arithmétique, — il voudra bien se donner la peine de pousser ce calcul jusqu'à ses limites extrêmes. Un hectare se composant de 10,000 mètres carrés, 1 centilitre fournissant une centaine de grains de blé, il ne tiendra qu'à lui d'apprécier de son fauteuil les vides énormes que la présence de ces deux oiseaux aura occasionnés dans cette mer d'épis.

Je l'entends d'ici me répondre : « Fort bien, mais en été, quand la récolte sera sur pied, prétendrez-vous aussi que les misérables parasites qui gîteront dans son sein se soumettront à l'abstinence? »

Je ne prétends rien, sinon que l'on a peut-être tort d'étudier les mœurs des gallinacés et l'élève du bétail sur les moineaux francs des Tuileries : ce sont des gaillards très-espiègles, je le reconnais volontiers, mais je tiens qu'ils ne fournissent que des idées très-approximatives des choses des champs. On a beau les avoir consciencieusement observés, ces aimables piaillards, on ignore absolument que la perdrix, réfractaire au progrès, ne mange point son blé en herbe comme nos fils de famille. Si *elle pique au vert* pendant la période des gelées, nul dommage; la foliole coupée repousse avec une plus grande vigueur; donc, de novembre à juillet, nul grief; les insectes et leurs larves, voilà la nourriture exclusive des jeunes perdreaux pendant les deux premiers mois de leur existence. Quant aux vieux, il faut bien qu'ils se soumettent aussi à ce régime, puisque le grain n'existe pas encore.

Vers le 15 juillet, il n'en est plus de même : ce grain se dore, il est mûr et parfaitement comestible. Oh! nos oiseaux n'ont pas la grandeur d'âme de s'en priver, je le reconnais parfaitement. Mais quel est celui qu'ils consomment pendant cette seconde période de quinze jours encore, à peu près, où vos trésors seront à leur disposition? Y avez-vous bien réfléchi?

Je dois le présumer, et je suis certain que mon confrère s'est représenté nos petits gallinacés procédant comme les enfants en quête de noisettes, abaissant avec leurs pattes la tige qui porte le fruit désiré pour l'amener à la portée de leur bec; ou bien encore voletant à la surface de la nappe onduleuse pour picorer tout à leur aise.

Le tableau serait pittoresque sans doute, mais j'ai le regret de lui déclarer qu'il ne serait pas exact. La Providence a traité la perdrix avec une si révoltante partialité qu'elle lui a évité jusqu'à la peine de moissonner. Ce n'est pas elle qui vient à la manne, c'est la manne qui vient à elle.

On sait parfaitement, rue Coq-Héron, qu'un épi est cylindrique, — on en a vu sur les chapeaux des dames;

— or, en raison même de cette forme, toutes les parties n'ont point recueilli une dose égale de calorique ; lorsque l'une de ses faces n'est mûre que tout juste, l'autre l'est déjà beaucoup trop, et dans celle-là quelques alvéoles prématurément desséchées cèdent et, à la moindre brise, éparpillent leur petit trésor ; celui-ci tombe sur le sillon où l'oiseau le ramasse sans peine.

Ces grains qui seraient perdus même pour le glaneur, voilà en réalité de quoi se compose la nourriture végétale de la perdrix pendant le temps bien court qui sépare la maturité de l'enlèvement de la récolte. C'est le bon Dieu qui l'aumône, ce n'est pas la main de l'homme. En revanche, c'est au profit de celui-ci, qui, plus tard, dans la chair saine et savoureuse du gibier, retrouvera son grain dispersé.

Voilà dûment établi le passif de l'oiseau déclaré dommageable aux récoltes ; mais à tout bilan il faut un actif, si mince qu'il soit, et le sien en a un.

J'ai dit que je reviendrais aux insectes et aux larves qui constituaient pour le perdreau la nourriture du premier âge. Nous réduirons, si vous le voulez bien, à 1 centilitre par tête la portion de ces comestibles affectée à chacun de ces petits personnages ; nous nous contenterons de fixer à douze le nombre des membres de chaque famille, nous négligerons la part qui devrait être attribuée aux parents dans cette réfection insectivore aussi bien pendant cette période de production que pendant le reste de l'année, et, en concédant tous ces avantages à nos adversaires, nous n'en trouvons pas moins 7 litres 20 centilitres d'insectes et de larves détruits pendant les deux mois de traîne. Or, comme ces insectes ne se classent pas précisément dans la catégorie des amis des moissons, nous tenons cet holocauste formidable pour une expiation très-suffisante du litre et 50 centilitres qui a été dérobé aux semailles.

Il est un cas, cependant, où ce petit calcul cesserait d'être probant : ce serait celui où les agriculteurs en chambre arriveraient à nous démontrer que l'agriculture n'a pas de plus précieux auxiliaires que les insectes susdits. Ils en sont, pardieu! bien capables!

En attendant qu'ils l'entreprennent, considérons la perdrix comme l'oiseau agricole par excellence, et revendiquons pour elle, de cette civilisation qui ne l'a heureusement condamnée que par la voix d'un fondé de pouvoir dont la procuration n'est pas en règle, la protection sérieuse, efficace, dont elle a un puissant besoin.

Je me dépêche de revenir à nos corbeaux, en vous demandant bien humblement pardon, chers lecteurs, de cette trop longue digression. J'avais depuis quelque temps ces vérités-là sur le cœur; l'occasion de les placer s'étant présentée, je me suis laissé entraîner à donner à un hors-d'œuvre les proportions d'un plat de résistance. Je sais bien qu'il y a des gens qui déjeunent avec des radis, mais au moins ces gens-là ont-ils la pudeur de n'inviter personne. Une autre fois donc je tâcherai de me modeler sur cette sage réserve.

Nous disions donc qu'il serait à désirer que l'exécution d'un animal quel qu'il soit eût été précédée de son procès; la cause du corbeau étant appelée, nous allons, si vous le voulez bien, procéder à l'information en étudiant les habitudes, le caractère et les mœurs du prévenu.

La question à résoudre est celle-ci : Les corbeaux rentrent-ils dans la catégorie des oiseaux nuisibles au gibier, et auxquels le chasseur doit déclarer une guerre à outrance? Je commencerai par vous faire observer que ce titre générique dans lequel nous confondons toute l'espèce est de nature à nous faire fusiller l'innocent pour le coupable. Il y a d'abominables canailles dans la famille, mais il y a aussi de fort honnêtes gens. Distinguons donc les uns d'avec les autres; établissons d'abord que le genre européen se compose de quatre variétés principales, qui sont :

1° Le corbeau noir; — 2° la corneille noire et la corneille mantelée; — 3° le choucas; — 4° le freux.

Le corbeau noir est un oiseau des solitudes que vous rencontrez rarement. Il habite les montagnes, les grandes forêts, vit sédentaire, n'émigre jamais et se montre singulièrement attaché à son canton. Belon le décrit dans son sixième livre de *la Nature des oiseaux*, mais il en fait un aigle, ce qui est exagérer quelque peu ses proportions ; le corbeau est tout simplement de la taille d'une poule moyenne. C'est un magnifique oiseau : sa noire livrée se teinte de reflets métalliques, le violacé dominant sur la partie supérieure du corps, le vert sous le ventre et sur les plumes de la queue, tandis que la gorge tourne à la couleur grise. Les pieds, les ongles, le bec, sont d'un noir de jais ; celui-ci affecte des dimensions proportionnellement considérables, c'est une arme d'une véritable puissance. L'envergure du corbeau est de près d'un mètre; ses ailes sont composées de vingt pennes, dont les trois premières sont plus courtes que la quatrième, et dont les moyennes offrent cette particularité que l'extrémité des côtes se prolonge au-delà des barbes et finit en pointe.

La femelle est de la même grosseur que le mâle; mais le noir de son plumage est moins franc, les reflets en sont moins vifs; son bec est plus faible, ses ongles plus courts.

Si précis que soit ce signalement, ce sera surtout la grosseur du corbeau qui servira à le distinguer de ses congénères lorsque vous le rencontrerez, ce qui ne vous arrivera pas tous les jours. On le trouve un peu partout : sous le ciel brûlant de l'équateur, dans les îles de l'océan Pacifique, dans les régions antarctiques de l'extrême Sud aussi bien qu'en France, mais partout comme en France il reste un oiseau peu commun. J'ai chassé pendant des années dans les montagnes, je n'ai pas eu plus de trois ou quatre fois l'occasion de le tirer.

Le corbeau est monogame, et, en dépit de sa réputation sinistre, il peut lutter de fidélité avec la tourterelle. Le couple reste uni jusqu'à ce que la mort de l'un d'eux les sépare. Ils s'établissent sur un rocher de la montagne, sur quelque chêne élevé de la forêt, dans quelque grande ruine où ils vivent ordinairement solitaires. Quelquefois, on les voit réunis en petit nombre dans le même lieu; il est à supposer que ce sont les enfants qui séjournent auprès de leurs parents, jusqu'à ce qu'ils soient en âge de former un nouveau ménage. Mais, quand l'heure de leur établissement aura sonné, les parents les chasseront impitoyablement de leur voisinage et ne souffriront jamais qu'ils nichent à un certain rayon de leur habitation.

Ce trait caractéristique chez tous les oiseaux chasseurs suffirait à compromettre la réputation du corbeau, si sous ce rapport il avait quelque chose à perdre. — C'est un franc brigand; il n'a pas la force; son vol lourd, peu rapide, ne se prête point aux foudroyants coups de main, mais il supplée parfaitement à ses imperfections physiques à l'aide de la malicieuse intelligence dont il est pourvu. — Loin de tenter d'imiter l'aigle, ainsi que le bon La Fontaine l'a raconté, il mesure sagement ses ambitions à sa puissance, observe beaucoup, calcule davantage, et choisit ses victimes parmi les animaux faibles et débiles ou blessés; les perdreaux, les levrauts, les faons de chevreuil pendant la première semaine de leur existence, tout ce peuple des vagissants est exploité par le corbeau; si entre deux gredins il m'était ordonné de choisir, je me résignerais bien plutôt à la présence d'un épervier dans mon voisinage qu'à celle d'un corbeau.

Heureusement, je le répète, il est très-rare dans la région moyenne de notre pays; les contrées montagneuses, les Vosges, le Jura, les Ardennes et les Alpes exceptées, on ne le rencontre guère que dans les contrées où quelque ruine importante lui offre les asiles élevés qui lui conviennent.

Après ce réquisitoire vous ne pouvez douter que je n'abandonne le corbeau à votre fusillade; je vais plus loin, je tiens que vous ne devez pas vous en remettre au hasard du soin de vous fournir l'occasion d'en faire bonne et prompte justice; cette occasion, vous avez le droit de la chercher, et tous les moyens sont autorisés pour se débarrasser de cet ignoble pillard.

Malheureusement cela n'est pas toujours facile; il est aussi méfiant qu'il est rusé, se laisse difficilement approcher, et évente la plupart des pièges que l'on dispose pour le prendre. Cependant, on réussit quelquefois à l'arrêter dans un traquenard à poteau. On a encore la ressource de la noix vomique, placée dans un appât, hors de la portée des oiseaux et des animaux domestiques. On parvient à le tirer à l'aide d'une chouette ou d'un chat-huant vivants que l'on place au faîte d'un grand arbre. D'aussi loin qu'il aperçoit ces objets de son aversion, le corbeau accourt et s'offre très-souvent aux coups de celui qui le guette. Quelquefois même, en hiver, on parvient à en capturer au moyen d'un cornet de papier enduit de glu avec un morceau de viande placé au fond. Enfin, si l'on ne peut parvenir à détruire les corbeaux adultes, il faut au moins arrêter leur propagation en faisant une guerre impitoyable à leurs couvées, soit en les dénichant, si on peut atteindre l'endroit où ce nid est placé, soit en prenant ce nid pour cible aussitôt que les petits sont éclos et en y logeant une dizaine de balles.

Sa cousine germaine la corneille, sans être une sainte, est bien loin, cependant, d'atteindre au degré de scélératesse que nous avons exposé, et si, comme cela arrive presque toujours, le chasseur se double d'un propriétaire ou d'un agriculteur, nous aurons à discuter s'il ne faut pas lui accorder le bénéfice des circonstances atténuantes.

De moitié moins grande que le corbeau, elle lui ressemble par la conformation, par le coloris du plumage ; elle en diffère en ce qu'elle est moins sédentaire, qu'elle émigre ou voyage en hiver et se met en troupes à cette époque de l'année, non-seulement avec les oiseaux de son espèce, mais avec les corneilles mantelées, et avec les freux et les choucas. A la fin de l'hiver les bandes se désagrègent, et les couples se reconstituent; les freux, comme nous le verrons plus tard, forment un véritable courant d'émigration, les corneilles se contentent d'abandonner la plaine et de se répandre dans les forêts pour y chercher un gîte convenable aux soins qui vont les occuper.

Le docteur Franklin a remarqué que jusqu'alors prudente, circonspecte et farouche, la corneille semblait à ce moment changer de caractère. Insoucieuse de tout danger personnel, elle fait quelquefois son nid à une centaine de mètres de l'habitation de l'homme, sur un arbre à la fois le plus exposé et le plus en vue. On devrait supposer, ajoute-t-il, que ces oiseaux devraient être plus ombrageux et plus réservés pendant cette période intéressante, et qu'à l'imitation du loup, du lapin, du renard, ils devraient cacher de leur mieux la retraite féconde qui contient l'espoir de leur race. Et le naturaliste anglais conclut en attribuant cette modification morale à un sentiment de noble et haute confiance. La corneille, ajoute-t-il, croit l'homme capable d'attenter à son existence tant qu'elle est seule au monde, mais elle ne le croit pas assez dur pour lui nuire lorsqu'elle a charge d'une famille.

Je suis suis un grand ami des bêtes, et j'honore le genre corbeau d'une sympathie toute particulière : je l'aime en raison de ses instincts sagaces et supérieurs; je l'aime parce que vingt fois il m'a été démontré que dans les sociétés corvines la fraternité n'est pas un vain mot, et enfin parce que, en dépit de son sombre plumage et de ses croassements lugubres, lorsque tous nos amis ailés nous ont abandonnés, il reste à peu près seul à représenter dans nos campagnes mornes et désertes la protestation de la vie contre la mort. Eh bien, avec tant de motifs pour accepter d'enthousiasme la supposition du docteur Franklin, j'avoue que la généreuse confiance de la corneille ne me paraît pas du tout aussi clairement démontrée qu'à lui. Je pousserai même le scepticisme jusqu'à insinuer que, si aux époques indiquées elle paraît moins sauvage, c'est parce que, la nécessité de pourvoir aux besoins de sa famille exigeant des allées et venues continuelles, l'instinct maternel étouffe en elle toute appréhension; et que, si elle se décide à affronter le voisinage de son grand ennemi, c'est uniquement afin de mettre à contribution ses arbres fruitiers, sa basse-cour et les nids des oisillons qui pullulent toujours autour des habitations.

Ceci nous amène tout naturellement à l'examen des façons de vivre de la corneille, des services que nous devons en attendre, des méfaits que nous pouvons lui reprocher.

Le rôle que joue cet oiseau vis-à-vis de nous a deux faces : pendant neuf mois de l'année nous n'avons certainement pas dans toutes les tribus de l'air un plus utile, un plus laborieux auxiliaire. Le corbeau de la grande espèce usurpe la qualité d'assainisseur public, il ne la mérite pas; il se targue de ses basses déprédations pour se poser en rapace; tant qu'il n'est pas talonné par la faim, ce beau monsieur se permet de dédaigner les charognes. La corneille, elle, nous en débarrasse toujours, strictement et consciencieusement. Les petits rongeurs dont le mulot est le spécimen ont en elle une ennemie redoutable; son triomphe, c'est l'extermination de la bête noire des agriculteurs vulgairement appelée *vers blancs,* c'est-à-dire des larves du hanneton. Elle en détruit des quantités énormes en suivant pas à pas la charrue dont le soc ramène les insectes à la surface du sol ; elle en est si friande que jamais elle n'en paraît rassasiée ; j'ai vu la même bande de corneilles stationner pendant une journée entière derrière un laboureur sans ralentir un seul instant sa cueillette. Celui-là seul, qui a constaté les effroyables dommages que les vers blancs causent aux cultures dans certaines années, peut apprécier l'étendue des services que nous rend la corneille en en diminuant le nombre.

Je passe sous silence, bien entendu, les guignes, les raisins qu'elle grapille, les noix qu'elle nous chipe et qu'elle casse, non pas, comme l'a prétendu Buffon, en les laissant tomber sur une pierre, mais bien en introduisant le bout de son bec dans la jointure des coquilles comme un coin dans un morceau de bois. Nous rougirions de lui chercher noise pour d'aussi minces peccadilles. Nous la justifierons même du reproche que lui font quelques paysans arriérés en prétendant qu'elle mange les semences ; c'est un simple préjugé. Les petits trous coniques dont les champs nouvellement hersés sont remplis ont été, il est vrai, pratiqués par la corneille, non pas pour saisir le grain dont elle se soucie médiocrement, mais pour atteindre le ver qui avait déjà regagné ses demeures souterraines.

Malheureusement ces brillants états de services ne se prolongent pas au-delà des limites que je leur ai assignées, et pendant les trois mois qui complètent l'année, de mai à juillet, cette vertueuse personne commet un tas d'iniquités qu'un chasseur, de quelque indulgence qu'il soit pourvu, ne saurait amnistier.

Comme le grand corbeau, c'est un faux oiseau de proie plus à redouter que l'oiseau de proie lui-même. Celui-ci passe en planant au-dessus de la plaine, il y cherche une proie, mais s'il voit, il est vu ; en l'apercevant l'oiseau prévenu s'abrite au buisson, sous les ronces, ou se rase dans quelque fourré d'herbes impénétrable ; il peut être pris, mais il a des chances d'échapper. Au contraire, si des corneilles ont leurs nids dans le canton, il est à peu près certain que les œufs ou les petits de l'oiseau susdit passeront par leur bec. Elles se tiennent en sentinelle sur quelque grand arbre des bordures, épiant tout ce qui se passe dans les champs voisins, à l'affût de toutes les allées et venues du peuple ailé. C'est ainsi que la corneille surprend le secret des amours des perdrix, des cailles et des alouettes, qu'elle arrive à détruire des quantités considérables de leurs œufs. Ses pernicieux instincts ne se limitent pas aux omelettes, la chair fraîche est encore mieux de son goût. Aperçoit-elle un oisillon qui sans cesse revient au même endroit, en deux coups d'aile elle s'y transporte, en trois coups de bec elle a fait du berceau de la nichée une tombe. Les cailleteaux, les perdreaux à la traîne, sont fort souvent ses victimes, j'ai tué deux corneilles en train de livrer l'assaut à une rabouillère. Enfin, si la chasse en plaine et en bois est peu productive, la corneille se rabat sur la basse-cour et ne jeûne pas faute d'un poulet.

« Ma vieille cuisinière, dit le docteur Franklin, avait sous sa garde une couvée de dix jeunes canards qui étaient nés depuis une quinzaine de jours. Ayant pris mes précautions pour n'être point vu, je transportai la mère et les petits dans un bassin situé à une centaine de mètres d'un sapin dans lequel une corneille avait établi son nid. Ce nid contenait cinq petits déjà presque couverts de plumes. Je m'établis moi-même en surveillance sur le pont. Neuf fois le père et la mère, je parle des corneilles, s'abattirent sur le bassin et emportèrent chaque fois un jeune canard pour leurs petits. Mon intervention sauva la dixième victime. »

Le bon docteur, dont l'intervention fut, me paraît-il, un peu tardive, conclut de ce fait que, pour peu que l'on ait de semblables braconniers dans son voisinage, on doit donner les œufs de canards à couver à une poule qui défend héroïquement ses élèves, tandis que la cane se contente de filer obliquement en battant l'eau de ses ailes, procédé emprunté à la tactique chinoise et insuffisant pour épouvanter un bandit. J'avoue que je ne résous point le problème avec autant de grandeur d'âme.

Ce n'est pas que le cas soit embarrassant, et il me semble que le jugement qui doit ressortir de cet exposé sincère des bienfaits et des méfaits de la corneille ne serait pas indigne du tribunal de Salomon ou de celui de Sancho Pança. N'ayant point été, comme ces deux sages, illuminé par un rayon de la divine raison, j'abandonnerai à nos lecteurs le soin de rendre l'arrêt que leur dictera leur sentiment de la justice et peut-être aussi leur fantaisie. Personnellement je résous la question en casuiste : l'hiver, en raison des services que nous rendent les corneilles dans cette saison, je les épargne; à dater du 15 mars je les extermine et ne laisse jamais deux bûchettes qui tiennent ensemble dans les nids qu'elles ont l'imprudence de construire en mon voisinage. C'est de la franche escobarderie, mais c'est la corneille qui m'en a donné l'exemple.

J'ai trouvé dans le *Dictionnaire économique* de Chomel la description d'une chasse vraiment fantastique : — « On s'habille de noir, dit-il, on monte dans les arbres ébranchés et fréquentés pendant la nuit par les corneilles. Deux ou trois autres personnes vont secouer les arbres où il y en a le plus ; ces oiseaux épouvantés quittent leurs asiles, prennent les hommes habillés de noir pour des groupes des leurs, vont se placer à l'entour, et il est facile aux hommes noirs de les saisir et d'en tuer des centaines. »

M. le baron de Munchhausen n'a pas inventé mieux.

La corneille mantelée est très-reconnaissable au scapulaire grisâtre qui s'étend par devant et par derrière depuis le cou jusqu'à l'extrémité du corps. Par sa conformation, par ses habitudes et par ses mœurs, elle se rapproche tellement des freux et de la corneille noire, que quelques naturalistes ont prétendu qu'elle était une race métisse produite par le mélange des deux espèces. Buffon est assez disposé à se ranger à cette opinion.

Si j'osais émettre un avis après celui du grand naturaliste, je dirais que la création de la corneille mantelée s'explique par la volonté sans cesse révélée de la nature de ménager les races de transition, non-seulement entre les animaux d'ordre différent, mais entre les variétés du même genre. Et puis, je ne vois pas en vertu de quelle loi une alliance déjà effectuée aurait cessé de se produire ; pourquoi nous ne verrions plus les freux se mêler avec les corneilles, pourquoi surtout leurs métis ne s'accoupleraient pas avec les individus de l'une ou de l'autre des races ascendantes. Enfin, et cette dernière raison est probablement la meilleure, les habitudes des deux variétés de corneilles ne sont pas identiques sur tous les points. La corneille noire niche dans nos bois, la corneille mantelée n'est, dans le centre de la France, qu'un oiseau de passage; elle nous quitte au retour de la bonne saison, gagne le nord, ou les falaises des côtes océaniennes, et elle y niche.

Elle s'associe pendant l'hiver aux travaux de destruction de la corneille noire; nous lui avons les mêmes obligations qu'à cette dernière, mais en ce qui la concerne la médaille n'a point de revers. Absente au printemps et pendant l'été, elle est complètement innocente de meurtres et de pilleries. Aussi l'acquittement doit-il être éclatant; c'est pour le chasseur un devoir de respecter rigoureusement cet utile oiseau, cela nous sera d'autant plus facile que son plumage caractéristique ne permet pas de la confondre avec sa voisine.

Les deux espèces suivantes sont bien autrement exposées à porter le châtiment des péchés qu'elles n'ont pas commis, et cela est très-fâcheux, pour elles d'abord, et pour nous aussi, qui avons toutes sortes de bonnes raisons de les traiter en amies, et qui nous rendons ainsi coupables, un peu sans le vouloir, je le suppose, du vilain péché d'ingratitude.

Beaucoup moins grand que le corbeau, le freux est, cependant, plus gros que la corneille. Il se distingue de l'un et de l'autre par une peau nue, blanche, farineuse, quelquefois galeuse, qui environne la base de son bec et tient la place des plumes noires et hérissées qui dans les autres espèces s'étendent jusqu'à l'ouverture des narines. — Cette différence est la conséquence de l'alimentation toute spéciale du freux. Il n'est point omnivore comme les races précédentes, il ne mange ni chair morte ni chair vivante. Les racines, quelques baies et les vers composent tout son ordinaire; c'est en enfonçant son bec dans la terre pour les recueillir qu'il use les plumes entourant son bec par un frottement continuel.

Tandis que les autres espèces de corbeaux ne se réunissent qu'accidentellement et dans certaines saisons de l'année, les freux restent perpétuellement à l'état de société. Non-seulement ils cherchent leur nourriture en commun, se retirent la nuit dans le même asile, mais c'est aussi en commun qu'ils construisent leurs nids au printemps, et cet exemple de sociabilité est, à peu près, unique dans l'ornithologie européenne.

Les freux sont des oiseaux de passage en France et dans la plus grande partie de l'Allemagne, mais ils nichent en Angleterre où leurs agglomérations sont fort communes. Nos voisins favorisent et entretiennent des *freuries;* au mois de juillet, lorsque les jeunes freux, au nombre de quatre à cinq par nid, commencent à voler, on leur fait la chasse, et ce sport spécial à l'Angleterre a ses enthousiastes.

Il faut reconnaître, à leur justification, que les jeunes freux sont ordinairement fort gras et que leur chair à ce moment est passable.

Cette excuse nous manque pour les assassiner légitimement lorsqu'ils nous arrivent avec les premières gelées blanches.

Je ne vous dirai rien de la soupe au freux, parce

que j'en ai tâté, et qu'elle n'est, à mes yeux, qu'une variante de la fameuse soupe au corbeau. Un freux d'hiver est un oiseau dont la viande noire et coriace défierait le génie de votre cordon bleu. Nous avons donc toutes sortes de bonnes raisons pour le laisser continuer paisiblement à extirper de la terre la vermineuse engeance qui l'infeste; nous n'en avons pas une bonne pour le mettre à mort. Malheureusement, je le reconnais volontiers, ce brave homme de freux n'a pas suffisamment accentué le caractère extérieur qui pourrait nous servir à le distinguer d'avec ses voisins. Le cimier de son casque ne suffit pas à le reconnaître lorsqu'il passe au-dessus de nos têtes à tire-d'aile; espérons que le ciel lui aura départi quelque élévation de caractère, et que, à ses derniers moments, il nous pardonne notre erreur en rejetant sur sa fatale ressemblance avec les scélérats la responsabilité de son triste sort.

Le choucas est encore une brave et honnête personne fourvoyée en mauvaise compagnie; c'est l'hôte ordinaire de nos clochers. Comme le freux, on ne lui voit jamais les appétits carnivores du grand corbeau et de la corneille; c'est tout au plus si, par des temps de grande disette, il touchera à quelque charogne. Sa nourriture ordinaire, ce sont les vers, les insectes, quelques graines et quelques fruits à baies.

Il ne niche jamais à l'air libre, comme les variétés précédentes. Il lui faut un trou, soit dans un arbre, soit dans un rocher, soit enfin dans les murs d'une tour, pour abriter le nid où ses œufs sont déposés.

Le choucas est le plus petit de nos corbeaux; sa taille ne dépasse point celle d'un pigeon. Sa couleur est celle du corbeau noir : il y a même entre ces oiseaux identité de reflet; cependant la nuance cendrée de la gorge est plus claire et plus lavée chez le choucas. Comme pour le freux, il n'y a malheureusement rien d'assez tranché dans sa livrée pour que son meurtre soit sans excuse; cela me paraît très-regrettable.

Si boiteuse que soit la méthode dont je vous parlais à propos de la corneille, je ne la trouve pas moins infiniment préférable aux tueries à l'aveuglette auxquelles nous nous livrons trop souvent.

Il n'y a pas à le nier, les plaintes universelles de ces dernières années l'ont démontré, l'agriculture est sérieusement menacée par les insectes. Les infiniment petits sont en train de prendre sur l'homme une revanche dont le dernier mot n'est pas dit, parce que l'homme continue de sacrifier sottement les utiles intermédiaires que la nature lui avait donnés pour auxiliaires dans l'œuvre de défense. Leur concours nous est indispensable pour vaincre; lorsque par notre faute ils ne seront plus, le roi superbe de la création risque fort de subir l'humiliation d'être affamé par les minuscules.

Il n'y a pas d'autre moyen d'échapper à cette désagréable éventualité que d'exagérer le respect de nos serviteurs indépendants, non moins précieux, croyez-le bien, que nos oiseaux domestiques, bien qu'à titres différents.

LES LÉVRIERS

Les lévriers représentent aujourd'hui les proscrits de la race canine. Le sport où ils avaient un si grand rôle a été interdit par la loi de 1844; ceux de ces animaux que vous rencontrez dans nos rues, sur nos promenades, n'ont été conservés qu'à titre de curiosité.

Ils sont toujours fort en honneur dans les contrées où l'on n'est pas encore réduit à demander la conservation du gibier à des prohibitions excessives : sans parler de l'Afrique du Nord et de quelques parties de l'Orient où l'on ne connaît guère d'autres auxiliaires cynégétiques, en Angleterre, en Hollande, en Espagne, on jouit librement de la chasse si rapide, si mouvementée, si entraînante, qu'ils fournissent.

Occupons-nous d'abord de l'origine, de l'histoire et des caractères physiologiques du lévrier.

Buffon, qui vivait dans un temps où les arbres généalogiques tenaient le haut du pavé, a jugé à propos de dresser celui des innombrables espèces de chiens qui peuplent les deux hémisphères. Le travail est ingénieux, comme tout ce qui est sorti du cerveau de ce grand homme; mais, comme bien d'autres parties de son œuvre, il n'en fournit pas moins une large prise à la critique.

Selon lui, le lévrier viendrait du mâtin transporté dans les pays méridionaux. Ce serait là qu'il serait parvenu au plus grand développement de sa taille; cette taille aurait progressivement diminué dans la variété obtenue, à mesure qu'elle était réimportée vers le Nord, et de façon à aboutir, en Angleterre, au diminutif de l'espèce, aux levrons.

Il ne manque pas d'arguments pour battre en brèche ce système fantaisiste : si les similitudes physionomiques signifient quelque chose, le lévrier est incontestablement moins rapproché du mâtin que du chien de berger, chez lequel nous retrouvons son ventre harpé, son museau effilé et quelquefois son énergie musculaire. Les lévriers *vertagi*, les plus recherchés des Romains, venaient de la Gaule. Ovide compare Apollon poursuivant Daphné à un lévrier gaulois qui chasse un lièvre et qui, près de le saisir, s'allonge et précipite sa course. Enfin la taille de ces animaux diminue si peu dans les contrées septentrionales, que l'Irlande en possédait une race gigantesque et qui n'avait pas moins d'un mètre de hauteur. Cette race est éteinte aujourd'hui.

Il nous semble du reste parfaitement puéril de s'évertuer à ramener tous les chiens du globe à un type qui aurait été la souche unique de leurs variétés. Les naturalistes qui abordent cette tâche ardue prétendent témoigner ainsi de leur respect pour les textes bibliques; ils ne s'aperçoivent pas que, dans l'excès de leur vénération pour les livres sacrés, ils témoignent une fort mince opinion de la toute-puissance créatrice; leur hommage à la parole divine tend à amoindrir celui dont elle émane. Le rôle assigné au chien auprès de l'homme, — presque une mission, — était multiple : il avait à le défendre contre les bêtes féroces, à lui fournir son concours pour maintenir les animaux ralliés, enfin à l'aider à conquérir sa proie. Puisque nous avons lâché la bride aux conjectures, pourquoi ne pas admettre trois créations canines primordiales répondant à ces trois attributions distinctes, celles du dogue, du chien de berger et du lévrier? La supposition simplifierait la tâche des généalogistes du chien, et deux êtres de plus à tirer de l'argile étaient, en vérité, une petite besogne pour celui qui, d'une main si prodigue, semait les astres dans l'espace.

Le lévrier nous paraît donc l'auxiliaire indiqué du premier chasseur, nu et sans autre arme qu'un bâton, qui pour s'emparer des animaux devait les atteindre à la course. La faiblesse ou plutôt la nullité de ses facultés d'odorat n'avaient aucun inconvénient dans ces temps primitifs, où le gibier devait pulluler et n'avait pas encore appris à se garder des embûches humaines.

Nous avons dit qu'il avait été en grand honneur dans l'antiquité; mais le moyen âge fut son ère de splendeur et de gloire. Apanage exclusif des seigneurs féodaux et des châtelaines, compagnon de tous leurs plaisirs, de toutes leurs fêtes, on le retrouve couché à leurs pieds, sur leurs tombeaux.

On en connaissait trois espèces à cette époque : les *lévriers d'attache*, au poil long et dur, gris de fer, fauve et quelquefois blanc, que l'on tirait de la Bretagne, de l'Irlande ou de l'Écosse; ils servaient à la chasse du loup, du sanglier, qu'on leur donnait à vue et qu'ils coiffaient ; les *lévriers pour lièvre*, et enfin les *levrons*, dont le rôle ne se bornait pas à sommeiller aux pieds de leurs belles maîtresses sur un coussin armorié, et auxquels on donnait des lapins à courir.

En France, à mesure que la vénerie tendait à devenir une science, nos races de lévriers indigènes disparaissaient, remplacées par ces belles espèces de *chiens d'ordre*, normands, saintongeois, poitevins, etc., qui, hélas! comme leurs prédécesseurs, n'existeront bientôt qu'à l'état de souvenir. L'Écosse seule a conservé la sienne, que les sportsmen utilisent encore aujourd'hui pour la chasse du cerf à la carabine dans les Highlands, et dont les tableaux d'Edwin Landseer ont popularisé le type.

Ce lévrier à poil dur se retrouve également aujourd'hui en Russie, au Caucase, où on l'emploie à la chasse du loup et du chacal; au Kurdistan, sa toison est laineuse et frisée.

Les représentants de la féodalité dans nos temps modernes, les cheiks arabes, ont conservé pour le lévrier les prédilections de nos barons. Leurs *sloughis* sont de magnifiques animaux au pelage court, fauve ou bringé ; c'est avec l'aide de ces auxiliaires qu'ils attaquent le sanglier ou le chacal, et gagnent de vitesse les bubales et les gazelles dans leurs solitudes sahariennes. Les *galgos* de l'Espagne ne sont pas sans mérite, non plus que les lévriers au poil long et soyeux de la Perse et de la Syrie.

Si, dans nos climats tempérés et en raison des susceptibilités de notre civilisation, ce chien rapide est réduit au rôle d'exception ou à passer au rang des curiosités, il restera, en revanche, l'instrument important de toutes chasses dans les contrées méridionales, et primera toutes les espèces que nous serions tentés d'y introduire. Dans ces régions, le sol étant trop sec pour conserver les émanations laissées par le gibier, la chaleur du soleil dissipant immédiatement ce qu'il en garde, la finesse de l'odorat du chien devient inutile. D'ailleurs, cet odorat lui-même ne tardant pas à s'atrophier sous l'influence de cette température excessive, la vitesse et la force constituent les mérites essentiels de ce collaborateur. Il y a donc encore de beaux jours pour les lévriers.

Le seul aspect du lévrier indique le but pour lequel il a été construit. Jamais fonctions ne furent plus éloquemment traduites par le signalement. Sa tête fine, d'une légèreté remarquable, ne charge pas l'avant-main, remarquable à la fois par la force et l'épaisseur des muscles du cou, qui jouent un rôle si important dans la projection, et par l'ampleur et la profondeur de la poitrine. Chez lui, comme chez tous les animaux rapides, les membres postérieurs sont remarquablement plus développés que les antérieurs; les jambes sont longues sans être grêles, tendineuses et sèches; les os en sont d'un grain très-serré et d'une densité extraordinaire. L'abdomen est fortement retroussé, la queue longue, mince et décharnée.

L'animal est moins bien partagé sous le rapport de l'intelligence, qui est médiocre, comme l'indique du reste chez lui l'oblitération des sinus frontaux; il est cependant susceptible d'un certain attachement pour son maître, il est doux et très-sensible aux caresses; il a peu de nez, mais l'ouïe fine et la vue très-perçante.

Nous avons dit qu'en Angleterre, en Espagne, en Hollande, on continuait d'employer le lévrier à la chasse du lièvre; mais, dans le premier de ces pays, ce sport n'est qu'une variante des courses dans lesquelles ces animaux se trouvent substitués aux chevaux dans le rôle principal, et où, comme ceux-ci, ils fournissent prétexte à des paris souvent fort considérables.

En Hollande, au contraire, où nous avons pris part à ce divertissement, il conserve l'imprévu, la physionomie pittoresque et mouvementée et les péripéties émouvantes qui sont le caractère essentiel de toute chasse. C'était chez un propriétaire des environs de Bréda, qui possédait cinq couples de lévriers de diverses origines, mais aussi remarquables les uns que les autres par la perfection de leurs formes. Il tenait à me démontrer qu'ils étaient aussi bons qu'ils étaient beaux, et rendez-vous fut pris pour le lendemain. Quatre chiens seulement furent amenés sur le terrain; ils étaient couplés, hardés, et tenus en main par le piqueur. Une petite chienne pointer battait le terrain devant nous qui étions montés, bien entendu. La chienne tomba bientôt en arrêt devant une touffe de broussailles que nous entourâmes; mais le lièvre ne nous avait pas attendus; il avait coulé, le gîte était vide. Nous nous dressions en vain sur nos étriers, le léger pli de terrain au fond duquel nous nous trouvions nous empêchait de l'apercevoir. Tout à coup, un des lévriers poussa un aboi étouffé et bondit avec une telle puissance, que le piqueur qui le tenait fut à demi renversé.

— Néron a de meilleurs yeux que nous, découplez, dit le maître.

Délivré de sa couple, l'animal s'élança, suivi de ses trois compagnons. En un clin d'œil, ils étaient sur l'éminence; nous les vîmes hésiter un instant, puis disparaître; arrivés nous-mêmes sur la hauteur, nous distinguâmes un point grisâtre dans l'immense plaine : c'était le lièvre, vers lequel les quatre chiens, formés en un étroit peloton, se dirigeaient avec une rapidité prodigieuse, et nous nous élançâmes à leur suite. Cette course ne sortira jamais de ma mémoire. Quelle que fût la vitesse de nos *hunters*, lancés à fond de train, nous ne parvenions pas à rétrécir l'espace qui nous séparait de la petite meute, et nous les actionnions avec d'autant plus d'énergie, que si nous ne gagnions pas sur les lévriers, ceux-ci au contraire gagnaient visiblement sur le lièvre. La scène se passait heureusement dans cette bonne Hollande, dont le sol est aussi dépourvu d'inégalités que le caractère de ses habitants. Le spectacle que nous donnaient nos coureurs m'absorbait tellement, que si j'eusse dû me préoccuper, en même temps, d'obstacles à franchir, mes compagnons eussent eu probablement à enregistrer deux hallalis au lieu d'un.

La métaphore peut être ici acceptée à la lettre, — on ne les voyait pas aller; — leurs bonds énormes étaient si rapides, qu'on n'en distinguait pas les mouvements; c'étaient quatre flèches traversant l'espace en rasant la terre.

— Hurrah! hurrah! criait mon Hollandais.

Un crochet du lièvre améliora notre situation; les chiens hésitèrent un instant, nous parvînmes à les rejoindre. Alors ils commencèrent à souffler au poil de leur animal; la vingtaine de mètres d'avance que celui-ci avait encore sur eux perdait, de seconde en seconde, une de ses unités; un grand lévrier fauve, celui qui l'avait aperçu, le dépassa sur la droite. La pauvre bête le vit, elle voulut se jeter à gauche ; mais, de ce côté, un autre lévrier arrivait *dead head* avec son camarade de chenil, et ce mouvement fut fatal au gibier. Sans ralentir sa course vertigineuse, le premier souleva le lièvre du bout de son museau, le lança à deux ou trois pieds en l'air; une gueule parfaitement armée l'avait recueilli peu charitablement dans sa chute. La chasse était finie après avoir duré neuf minutes. Le maître d'équipage, dont les hurrahs étaient devenus délirants, sauta à bas de son cheval, courut au grand lévrier fauve et l'embrassa avec enthousiasme. Aussi venez donc me parler du flegme des Hollandais !

LE BROCHET

Après le plaisir d'être agréable à un galant homme, nous n'en connaissons pas de plus grand que celui qui consiste à jouer un mauvais tour à un gredin. C'est probablement la raison qui a déterminé nos prédilections pour la pêche au brochet. Nous ne connaissons pas d'être plus antipathique que ce requin des eaux douces, comme l'intitule l'histoire naturelle classique, qui règne à la façon d'un roi de Dahomey sur les populations écaillées, toujours repu, jamais assouvi, dont l'effroyable mâchoire s'ouvre et se referme sur tous les poissons, gros, moyens et petits, sur le barbillon et sur le chevenne, qui passe de la truite se jouant dans l'écume des remous, à la carpe qui habite les gouffres ténébreux, et dont les dîmes quotidiennement prélevées finissent par faire le vide dans l'étang ou le coin de rivière où ce vampire à nageoire se trouve cantonné. Vous pouvez, il est vrai, m'objecter que nous autres, disciples de saint Pierre, nous ne faisons ni mieux ni plus mal, que nous serions probablement fort embarrassés pour citer les occasions où, satisfaits du nombre de nos victimes, nous avons fait preuve de la magnanimité dont il manque. Admettons donc que notre aversion pour le brochet s'inspire beaucoup moins de ses mœurs que du dépit que nous cause sa redoutable concurrence, c'est le plus sûr moyen de couper court à un parallèle qui pourrait tourner à notre confusion.

C'est, en effet, un singulier contre-sens que d'attribuer aux animaux des vices et des vertus qui n'existent que par le discernement dont ils n'ont pas été doués. C'est ainsi que la prétendue férocité du brochet se réduit à une simple question d'appétit; on peut le qualifier de vorace, mais c'est tout. Il est gros mangeur comme tous les êtres à croissance et à développement rapide; mais nécessairement, sa conscience reste aussi sereine quand il engloutit un carpillon, que l'est celle du ruminant quand il tond l'herbe du pré où on le lâche. M. C. Millet a calculé qu'il fallait de 30 à 35 kilogrammes de poisson à un brocheton pour arriver au poids de deux livres qu'il pèsera au bout d'une année, dans les étangs et canaux où il trouve une nourriture abondante; il grossit encore du même poids pendant les douze ou quinze mois qui suivent; mais, après cette première période, le développement est proportionnellement beaucoup plus rapide; un brochet de trois ans peut peser de 7 à 8 kilogrammes.

A côté de l'histoire les légendes. On voit au château de Lautern dans le Palatinat le portrait d'un brochet pris dans le lac en 1497; il pesait 180 kilogrammes et avait 6 mètres 33 centimètres de long! Ce monstre portait un anneau de cuivre doré indiquant que l'empereur Barberousse l'avait déposé dans cet étang deux cent soixante-sept ans avant sa capture. On prétend, d'autre part, que les brochets de 2 et de 3 mètres ne sont pas rares dans les fleuves de la Russie orientale et particulièrement dans le Volga. A beau grossir qui vient de loin. Ces cas de longévité extraordinaire se concilient difficilement avec une observation maintefois répétée : la plupart des brochets sont frappés de cécité quand ils arrivent à une certaine taille et, à moins qu'ils ne rencontrent un camarade disposé à accepter le rôle de caniche à leur bénéfice, il est clair qu'ils se trouvent dans de mauvaises conditions pour devenir centenaires. D'un autre côté, il n'est pas de poisson dont la présence dans une rivière se révèle d'une manière plus flagrante, et, comme leur capture est facile, les pêcheurs contrarient encore leurs tendances à passer patriarches de leur espèce. Nous avons connu des étangs établis sur d'anciennes marnières où se recélaient les plus beaux poissons et dont, par conséquent, la pêche était toujours incomplète ; jamais nous n'avons entendu dire qu'on y eût relevé des brochets de plus de trente livres. La tête du plus grand brochet, dont la capture ait eu en France quelque notoriété, figure aux vitrines des magasins de MM. Moriceau ; il pesait, croyons-nous, trente-sept livres.

Avec nos partis pris de plastique et notre manie de tout rapporter à nous-mêmes, soit moralement, soit physiquement, il est évident que le brochet ne doit pas compter nous séduire par sa physionomie. Son crâne aplati et comprimé, sa bouche démesurément fendue, cette mâchoire en saillie, que vous retrouverez chez le boule-dogue, ne nous permettent pas de le considérer comme l'Antinoüs des poissons ; sa conformation, l'outillage par lequel la nature a pourvu à sa vocation spéciale, n'en sont pas moins dignes de nos admirations. Si les nageoires, médiocres de force et de grandeur, se prêtent mal aux courses soutenues, le museau en forme de coin, le corps allongé, taillé carrément sur le dos, s'évasant sur les flancs, assurent au brochet un élan tellement rapide qu'il doit être irrésistible. Sa victime ne doit jamais lui échapper lorsque quelques mètres seulement la séparent de cette bouche démesurée, un gouffre et une tenaille où sept cents dents petites, mais fortes, les unes fixes, les autres mobiles, dont quelques-unes se recourbent en dedans, font un merveilleux instrument pour retenir une proie glissante.

Ce ne sont pas seulement les poissons qui se trouvent prédestinés à passer par le gosier de cette machine à digérer, il prélève encore son tribut sur les reptiles et sur les oiseaux, il gobe les grenouilles, happe les canetons et les petits des autres palmipèdes et fait ventre des jeunes animaux, chiens et chats, que l'on jette à la rivière. Un soir d'orage que je regardais les hirondelles effleurant la surface de la Marne dans leurs rapides arabesques, au moment où l'une d'elle passait près d'une touffe de nénuphars, une gerbe d'eau jaillit tout à coup et la pauvrette disparut engloutie par quelque brochet, sans qu'il restât du crime d'autres traces que les larges cercles concentriques s'allongeant sur la nappe d'émeraude. On prétend que les bras rouges des laveuses ont quelquefois sollicité sa concupiscence, qu'il s'est attaqué à des enfants qui se baignaient, mais ces histoires nous semblent rentrer dans le domaine des brochets de vingt pieds de long.

Ce qui est incontestable, c'est qu'il ne respecte guère son espèce et dîne parfaitement d'un de ses semblables, quand il en trouve l'occasion, pourvu que celui-ci se prête à l'expérience. Le roi Louis XV, en quête d'amusettes, se passa la fantaisie d'une espèce de pisciculture. On avait déposé par son ordre deux gros brochets dans un des bassins du parc de Versailles, que ces pensionnaires eurent bientôt rigoureusement nettoyé de leur population. Les vivres épuisés, l'un des poissons se décida à manger son camarade, mais la bouchée était trop volumineuse : il ne put en avaler que la tête, et il périt étouffé ; fin bien digne d'un glouton.

Malgré sa voracité, le brochet est singulièrement méthodique ; il a ses heures de chasse dont il ne se départ jamais, à moins qu'il ne soit aiguillonné par quelque jeûne ; s'appropriant d'autres faiblesses des prébendaires, il fait la grasse matinée et n'entre guère en campagne, même en été, qu'entre sept et huit heures du matin, lorsque l'illumination des eaux miroitantes où se poursuivront ses croisières est complète. Il lui faut ordinairement une heure ou deux pour être gorgé ; alors il sieste comme il convient quand on a la digestion laborieuse ; à quatre heures, aux derniers embrasements du soleil à son déclin, il se met, non moins ponctuellement, en quête du souper ; après quoi il repose d'un sommeil que nous voulons croire celui de l'innocence. C'est à ces habitudes que nous faisions allusion quand nous disions que rien n'était plus facile que de reconnaître l'endroit où il est cantonné. Quand bien même on ne parviendrait pas à l'apercevoir, sa présence dans ces eaux se révèle par les remous que provoquent ses virages, et par les bonds hors de l'eau des autres poissons qui cherchent à lui échapper. Si l'on connaît son métier, tout brochet reconnu peut être considéré comme un brochet pris.

De ce que nous avons confessé que l'attrait de la pêche de ce poisson n'était pas complètement désintéressé, il ne s'ensuit pas qu'il ne soit très-réel. Harpagon aimait à faire le bien quand il ne lui en coûtait rien ; à bien plus forte raison doit-on se complaire à venger l'innocence, quand cela vous rapporte quelque chose ; aussi, pour cette raison et d'autres encore, je ne sais pas de sport plus passionnant que celui qui a ce corsaire pour objectif, avec la ligne soit de fond, soit à la main, pour instrument. Quand il s'agit de la première, on éprouvera toujours une poignante émotion en devinant à la raideur du cordeau, à quelques secousses, dernières convulsions d'une résistance épuisée, que cette ficelle vous amène l'ogre du pays aquatique. Cette émotion s'accentuera de plus en plus quand vous le verrez apparaître flottant entre deux eaux avec la passivité d'un morceau de bois, quand vous rencontrerez le regard oblique de ses prunelles d'aigue marine serties d'or paralysées par la terreur.

Tous les tyranneaux, loups, renards, brochets, etc., sont en proie à la même stupeur quand la main du maître se manifeste en s'étendant sur eux. Tandis qu'une honnête carpe se défendra jusqu'à épuisement, ce pourfendeur de la blanchaille semble avoir perdu le sentiment de sa force, et c'est à peine s'il essaye de mordiller le brin de laiton sur lequel ses dents se sont déjà émoussées. Cependant, ne vous y fiez pas : la douleur aiguë que lui causera l'aiguillon, lorsque vous essayerez d'arracher votre capture à son élément, soulèvera une dernière convulsion qui sera terrible et peut devenir fatale aux petits projets gastronomiques que vous avez déjà caressés ; armez-vous de sang-froid et faites appel à toute votre adresse dans ce moment critique ; il faut que la petite fête à laquelle je vous invite ait son couronnement, que vous passiez encore par la sensation orgueilleuse avec laquelle, à l'instar d'Hercule, on voit à ses pieds le monstre dont on a purgé le monde, et même par la joie, plus intime, avec laquelle on songe à l'agréable figure qu'il fera sur son lit de persil.

JEANNOT

J'ai pour le lapin une prédilection particulière. Le désir de pousser sa connaissance jusqu'à la gibelotte entre peut-être pour quelque chose dans cette sympathie, mais elle est bien davantage la conséquence de l'intérêt qu'excite en moi la physionomie enjouée et mutine, la vivacité fantasque et la philosophie de ce démon familier de nos bois.

Ce prolétaire de la gent léporine a l'insouciance de cette condition sociale, quand aucune passion politique n'en altère la nature. Un rien le trouble, un rien le rassure : une feuille que le vent balaie le met en déroute, et le soir d'un jour où il aura combattu à la manière des lapins et des Parthes, — en fuyant, — où il a fallu un miracle pour que le prix de sa peau n'allât pas grossir le pécule de quelque cuisinier, les terribles émotions de la matinée ne l'empêcheront pas de gambader sur la prairie. Il a encore du pauvre le don de fécondité ; que l'œil de l'homme se détourne de lui pendant quelques années, que le régime de compression à outrance qui pèse sur sa race soit suspendu pendant quelque temps, et la terre entière et l'avenir seront aux lapins. S'il faut en croire Pline, n'a-t-il pas déjà eu raison des remparts de Tarragone ?

Le lapin est un fils du soleil, comme les Incas. Il est venu de l'Afrique, qui l'a donné à l'Espagne, où il s'était si rapidement propagé que Catulle surnommait cette dernière contrée *cuniculosa*, lapinière. C'est de là qu'il s'est répandu dans des pays plus septentrionaux. Mais, quelles que soient les facultés d'acclimatation et la prodigieuse fécondité qui la caractérisent, au-delà d'une certaine latitude, l'espèce languit et se multiplie difficilement. C'est ainsi que le lapin, si commun dans les environs de Paris et jusque dans les dunes du Pas-de-Calais, devient en Belgique, et surtout dans la région montagneuse qu'on appelle les Ardennes, un gibier relativement assez rare.

Trois années de ma vie se sont passées dans cette contrée. Gravement malade, les eaux de Spa m'avaient été ordonnées. Je suis trop imbu du sentiment de la gratitude pour contester la part qu'elles eurent à ma guérison; mais le même motif me fait un devoir d'affirmer que l'air balsamique dont mes poumons s'abreuvaient dans mes courses quotidiennes sur la montagne, le calme, la quiétude du cœur et de l'esprit dont on jouit dans cette riante vallée, eurent une large part dans la cure.

Je ne conteste pas que la Sauvenière ne soit une succursale de la fontaine de Jouvence; ce que je puis attester, c'est que les bois du Sart, du Raikem, de la Géronstère et de Beringsen sont un vrai paradis pour le chasseur. Chevreuils, coqs de bruyère, lièvres, bécasses, tous les gibiers y étaient à foison; le lapin seul manquait à la fête, et, en raison des prédilections que j'ai confessées plus d'une fois, j'avais regretté son absence.

Un jour de septembre, le fusil au poing, j'arpentais les pentes de la montagne d'Annette et Lubin; je me trouvais dans un pli de terrain inculte qui entoure le cimetière, lorsque je m'aperçus que ma chienne Diane était en arrêt devant une touffe de genêts. Suivant la méthode traditionnelle, je tournai le buisson, puis je le frappai du canon de mon fusil. Il se fit un mouvement à mes pieds, j'entrevis quelque chose de grisâtre à travers la bruyère, et je lâchai mon coup sans avoir pu reconnaître le gibier auquel j'adressais mon plomb; aussi, ne fus-je pas médiocrement étonné lorsque, Diane me l'ayant apporté, je me vis en possession du premier et unique lapin que j'eusse jamais rencontré depuis que j'explorais le pays. En même temps je m'apercevais que ma victime était une femelle et qu'elle allaitait.

J'éprouvai alors une sensation bien plus commune qu'on ne le suppose chez les chasseurs, celle qui métamorphose les joies du triomphe en un sentiment mélangé de regret et de confusion.

On dit que le sage doit tourner sa langue sept fois autour de son palais avant de se servir de celle-ci, et il en est du fusil comme de la parole : bien souvent le coup n'est pas plutôt parti qu'on voudrait le rattraper.

J'avais bien souvent déploré de ne jamais voir figurer un lapin dans mon butin de tous les jours. Il semblait que le ciel m'eût entendu en amenant dans cette solitude quelque couple aventureux, destiné à combler un vide regrettable, et sottement, en arrachant la pauvre bête à sa tâche maternelle, je venais de tarir la source de mes futurs plaisirs! Aussi, je tournais et je retournais le lapin entre mes mains avec une physionomie bien contrite, et en constatant une fois de plus notre impuissance à rendre à ce que nous anéantissons si facilement même un semblant d'existence, réflexion qui ne me rendait pas plus fier, je vous l'assure.

Si vives que fussent mes préoccupations, je ne remarquai pas moins, à la longue, que Diane avait repris sa position première, indiquant ainsi qu'elle avait devant elle un second gibier

Bien que les lapins gîtent rarement à côté les uns des autres, bien que la femelle s'écarte soigneusement de son mâle pendant qu'elle nourrit ses petits, je supposai que Diane avait découvert le compagnon de la défunte.

Il faut bien l'avouer, peu s'en fallut que mes remords ne prissent une ressemblance fâcheuse avec ceux du crocodile; mais je triomphai cependant des suggestions de mes appétits de chasseur et je secouai le hallier, bien décidé à présenter les armes au pauvre diable dont j'avais fait un veuf.

Rien ne bougea, rien ne partit; mais, en écartant les genêts, je m'aperçus que la terre était fraîchement grattée à leurs pieds : j'en conclus que ce qui tenait la chienne en arrêt était tout simplement la *rabouillère*.

La femelle du lapin ne dépose jamais ses petits dans son terrier. Elle a, pour s'éloigner d'un asile qui paraît sûr, des raisons aussi légitimes que déplorables. On n'est pas parfait : le lapin, dont je vous ai vanté l'humeur aimable et enjouée, est un héritier direct de Saturne; comme le père des Dieux, il dîne volontiers de ses enfants, et sa compagne infortunée, n'ayant pas encore eu l'idée de lui offrir quelques pierres à croquer au lieu et place de ses petits Jupiters, prend le parti de fuir le domicile conjugal et d'aller chercher au loin un berceau pour sa progéniture.

Elle creuse à fleur de terre un boyau dont la longueur varie; elle y ménage un véritable nid, composé d'herbes sèches, matelassé à l'aide du poil duveteux qu'elle arrache de dessous son ventre, y dépose ses petits, et, chaque fois qu'elle a rempli ses devoirs de nourricière, masque fort adroitement l'entrée de ce souterrain avec de la mousse et de la terre.

C'est là ce qu'on appelle une *rabouillère*.

J'ouvris celle-ci et j'y trouvai deux petits lapins, un peu plus gros que mon poing, mais déjà pourvus d'une mine éveillée, indiquant d'excellentes dispositions à persévérer dans l'existence.

Ils me parurent encore bien faibles pour pouvoir se passer du lait et des soins maternels. D'un autre côté, je connaissais par expérience toutes les difficultés d'une éducation de ce genre : aussi je restai longtemps hésitant entre les deux partis par lesquels je pouvais réparer un peu le mal que j'avais causé.

Je finis par décider que je laisserais la postérité de ma victime courir à la fois ces deux chances de survie. Je plaçai l'un des petits dans ma poitrine, résolu à l'emporter et à le nourrir; je remis l'autre dans son trou, que je refermai le moins maladroitement qu'il me fut possible, et je l'abandonnai à la grâce de Dieu.

Une considération, fort étrangère à mes sympathies lapinières, n'avait pas été sans influence sur le parti que j'avais pris : j'avais alors un ami que je comptais associer à mon œuvre éducatrice, et je savais si bien que je lui causerais ainsi une grande joie, que je n'avais pu m'empêcher de sourire par avance, en me représentant les transports par lesquels il allait accueillir l'orphelin.

Cet ami, — ne souriez pas, on n'en a jamais ni de plus cher, ni de meilleur, — était un petit garçon de cinq à six ans dont les parents habitaient la même maison que moi.

Il s'appelait Edmond.

C'était un blondin blanc et rose, un peu frêle, à la physionomie fûtée, au sourire espiègle, et dont l'œil bleu avait une profondeur qui étonnait tout le monde et qui faisait pâlir sa mère. Il y a des enfants comme cela, qui semblent toujours regarder en dehors de ce monde, qu'une espèce d'instinct ramène sans cesse à l'infini, et dont les aspirations inconscientes sont toutes célestes. Pour ceux-là l'exil n'est jamais long. Le ciel nous les prête pour nous donner une idée de ce que peuvent être les anges, mais il a hâte de nous les reprendre et de les rendre à leur véritable patrie.

Je n'avais pas trop présumé de la satisfaction que ma proposition d'adoption devait causer à mon jeune camarade. Il avait pris le lapin, le serrait contre sa poitrine, il le couvrait de baisers coupés par des acclamations admiratrices. Jamais, bien entendu, la nature n'avait façonné un animal aussi mignon que celui-là. Puis venaient des projets d'avenir à perte de vue; les cent vingt années que vit l'éléphant n'eussent pas suffi aux destinées qu'Edmond avait déjà entrevues pour son élève.

Nul doute que la petite bête ne fût extrêmement sensible à l'enthousiasme dont elle était l'objet; je pensai cependant que son estomac ne se trouverait pas mal d'un supplément un peu plus solide. Avec une fiole, un bouchon percé, un tuyau de plume et un tampon de linge, j'eus bientôt fabriqué un biberon; je le remplis de lait tiède, je montrai à mon coadjuteur la manière de s'en servir, et il fut bientôt sur cet instrument de la force d'une nourrice beauceronne.

J'allai me déshabiller. Lorsque je revins, j'entendis de l'antichambre de rauques abois et de sourds grondements. En ouvrant la porte, j'aperçus Edmond accroupi devant une corbeille dans laquelle une chienne de l'espèce des chiens terriers, que l'on appelait Gipsy, avait mis bas et allaitait, depuis cinq ou six jours le seul petit qu'on lui eût laissé.

Edmond et Gipsy semblaient être en proie à une discussion des plus vives; le petit garçon adressait à la chienne tantôt des objurgations suppliantes, tantôt des menaces véhémentes. Gipsy n'avait qu'une seule note pour répondre, mais la note disait clairement qu'elle n'était pas satisfaite, et cela était d'autant plus étonnant que si Gipsy avait dans Edmond le plus fidèle et le plus sincère des amis, Edmond, de son côté, trouvait dans Gipsy la plus docile et la plus complaisante des esclaves.

En m'approchant, j'eus le mot de l'énigme.

Abandonné à ses inspirations, l'enfant avait eu cette idée qu'il n'était pas besoin de biberon, puisque, sous la main, nous avions une nourrice. Réalisant immédiatement cette conception lumineuse, il avait été à la corbeille de Gipsy, et, d'une main, contraignant la chienne à rester couchée, de l'autre il avait poussé le petit lapin contre un des pis jusqu'à ce qu'il eût décidé celui-ci à le prendre.

Gipsy protestait énergiquement contre cette violation de sa maternité.

Mais l'idée de faire allaiter le petit lapin par un des ennemis les plus acharnés de sa race me sembla si originale que je voulus concourir à en tenter l'épreuve. Mal m'en prit ; je n'eus pas plutôt réuni mes efforts à ceux du petit garçon pour l'aider à contenir la chienne, que, ne se bornant plus à gronder et à se débattre, elle entra en fureur et me mordit bel et bien.

Je compris que mon intervention allait tout compromettre. Tous les animaux sont faibles avec les enfants et leur obéissent bien plus volontiers qu'à nous ; d'ailleurs, l'intimité d'Edmond avec Gipsy donnait à celui-ci des privilèges auxquels j'étais bien présomptueux d'oser prétendre.

J'abandonnai l'enfant à ses inspirations, et bientôt l'opération marcha à souhait. Gipsy avait repris sa place, Edmond avait remis le lapin à côté du petit chien. A force de caresses, de gronderies, il parvint à calmer les susceptibilités de la nourrice ; elle ne murmurait plus, elle se contentait de gémir comme si elle eût supplié le tyranneau de ne point persévérer dans une aussi cruelle épreuve.

Lorsque le jeune animal fut repu, on l'enleva, il fut placé dans une boîte garnie de laine qui devait lui servir de maison. Quelques heures après, une seconde séance fut bien moins orageuse que la première ; elle fut suivie d'une troisième, et, le lendemain, Gipsy parut décidée à tolérer l'intrus, redressant sa tête pour le considérer d'un œil effaré, tournant ensuite ses regards humides vers son petit ami et lui disant visiblement : « Pour que je souffre une telle profanation de ma dignité canine, faut-il que je t'aime ! »

Jeannot, — beaucoup trop petit garçon pour pouvoir prétendre au nom typique de son espèce, le la-

10.

pin avait reçu celui de Jeannot, — Jeannot teta la chienne pendant une quinzaine de jours. La brave bête semblait animée des meilleurs sentiments envers son nourrisson ; non-seulement elle lui livrait ses flancs de bonne grâce, mais trois ou quatre fois je la surpris léchant et débarbouillant Jeannot aussi consciencieusement que son propre petit. Cependant je ne m'y fiais qu'à moitié, et j'avais recommandé à l'enfant de présider toujours de très-près aux réfections de son élève. L'avenir me prouva que j'avais jugé témérairement Gipsy.

Devenu grand garçon, Jeannot buvait du lait dans une jatte. Gourmande comme une chatte, Gipsy ne voyait jamais sans envie la distribution de cette friandise.

Elle quittait son panier, s'approchait sournoisement et s'attablait. Ce sans-gêne n'était pas du tout du goût de Jeannot, qui, pour mieux établir ses droits de propriété, mettait littéralement les pieds dans le plat, sautait dans la jatte, afin de sucer à la fois plus commodément son contenu, et d'opposer son corps aux empiétements de la langue de sa nourrice. Jamais celle-ci n'essayait d'user de sa force pour s'attribuer l'objet de ses convoitises ; elle se contentait de laper humblement le lait que la gymnastique de Jeannot avait renversé sur le parquet, et regagnait son coussin.

Lorsqu'on eut donné le petit chien de Gipsy, l'affectueuse condescendance de celle-ci pour Jeannot prit le caractère d'une amitié véritable. Elle jouait avec lui pendant des heures entières, le poursuivant à travers l'appartement, sautant par-dessus lui lorsqu'il se dérobait par un brusque retour ; l'étreignant dans ses pattes, mordillant sa nuque et ses oreilles, et tout cela avec tant de ménagement que, malgré la détestable réputation des jeux de main, Jeannot s'en tirait sans la moindre égratignure. Cette modération était d'autant plus méritoire que le lapin n'en témoignait aucune. Au milieu de la partie, s'il se voyait dans une posture favorable, il ne manquait jamais de faire jouer simultanément ses pattes de derrière en s'escrimant de leurs griffes à la façon des cardeurs de matelas. Gipsy lâchait prise en poussant des hurlements de douleur; mais, si maltraitée qu'elle eût été, elle s'abstenait rigoureusement de toute riposte, se contentant de se réfugier entre les jambes d'Edmond, toujours en tiers dans ces récréations, et de solliciter une intervention qui se traduisait en reproches auxquels, je dois l'avouer, Jeannot paraissait complètement insensible.

La liaison entre la nourrice et son ancien nourrisson devint bientôt si intime que Jeannot n'eut plus d'autre gîte que le panier dans lequel couchait Gipsy, dans la chambre du petit garçon. La chienne partageait de fort bonne grâce son appartement avec le lapin, dont le voisinage n'était cependant pas tout à fait dénué de désagréments.

Gipsy avait des habitudes : tant que son petit maître dormait, elle respectait son sommeil; mais, dès l'aube, elle quittait son coussin pour venir se placer sur le tapis, devant la couchette, et là, assise sur sa queue, le regard fixé sur le chérubin, elle guettait patiemment son réveil. Aussitôt que l'enfant ouvrait les yeux, elle sautait sur le lit, léchait les mains trouées de fossettes de son petit ami, et tantôt entamait une partie avec celui-ci, tantôt, se glissant sous la couverture, reposait douillettement à ses côtés.

Jeannot n'avait point de ces préoccupations platoniques ; beaucoup plus positif, il saluait le retour de l'aurore en songeant à son estomac; il allait de ci et de là, en quête de quelque croûte de pain, de quelque rogaton de carottes qui eût échappé à sa voracité de la veille, et lui faisait fête quand il l'avait trouvé. Malheureusement les reliefs de ses festins donnaient à l'appartement une physionomie si malpropre qu'on lui mesurait strictement les aliments, et que, par suite, ses recherches n'étaient pas toujours couronnées de succès. Un beau jour, les tiraillements de son appétit l'ayant mis de mauvaise humeur, il s'avisa de refuser à ses deux camarades le droit de s'amuser sans lui, ou d'avoir chaud quand il avait froid, et après plusieurs essais infructueux pour rejoindre Gipsy dans le chemin qu'il lui avait vu prendre, furieux de l'impuissance de ses jarrets qui le reléguait sur le tapis, il se vengea sur les premiers objets qui se trouvèrent à sa portée : il fit ses débuts dans la carrière des méfaits.

Ce matin-là, je déjeunais avant de partir pour la chasse, lorsque, à ma grande surprise, je vis Edmond, pieds nus et dans un déshabillé assez complet pour prouver qu'il sortait du lit, arriver tout éploré dans la salle à manger.

Son visage était ruisselant de larmes, et, sous la chemise qui constituait son unique vêtement, il cachait un objet assez volumineux.

Je le pris dans mes bras et je lui demandai les causes de ce grand désespoir.

— Tiens, me dit-il en exhibant ce qu'il tenait dans sa main, vois ce que ce méchant Jeannot a fait de mes belles bottines toutes neuves.

Ce qu'il me montrait pouvait à la rigueur être accepté pour une paire de pantoufles, et encore étaient-elles émaillées de nombreux crevés, comme ceux que les malheureux, affligés de cors aux pieds, pratiquent à leurs chaussures. Quant aux élégantes guêtres de casimir bleu à boutons de nacre, qui lui avaient servi de couronnement, à peine s'il en restait vestige; les quelques lambeaux de drap tailladés, découpés, effilochés, qui y pendaient encore, leur donnaient une physionomie lamentable. A ce spectacle, je demeurai aussi consterné que mon petit ami, dont les sanglots avaient redoublé pendant la constatation du désastre.

— Que va dire maman? reprit-il avec des soupirs entrecoupés. Si encore c'était ma faute? Je serais grondé, c'est vrai, mais je sais bien me faire pardonner, va! Mais c'est à Jeannot qu'elle s'en prendra, elle va le punir, le donner peut-être comme elle a donné le petit chien de Gipsy! Mon Dieu! continua-t-il en frappant la table du pied avec impatience, faut-il qu'un lapin soit bête pour s'amuser comme cela?

Sur ce point, je partageais l'opinion de l'enfant, mais je reconnaissais trop bien la justesse de ses appréhensions pour ne pas songer avant tout à remédier aux conséquences que devaient avoir les distractions de notre pensionnaire. Je reportai Edmond dans son lit en le suppliant de se calmer, et, mettant ses ex-bottines dans ma poche, j'allai chez le cordonnier qui en avait heureusement une paire de la même taille et de la même couleur, et, la servante de ma voisine ayant consenti à devenir notre complice, l'attentat de Jeannot resta entre nous trois un secret que nous gardâmes religieusement.

Malheureusement, soit qu'il eût trouvé au drap et

au cuir verni une saveur que nous ne soupçonnions pas, soit qu'il fût animé d'une rage instinctive de destruction, il n'en resta point à ce premier chef-d'œuvre. A défaut des bottines que son jeune maître mettait chaque soir hors de sa portée, il s'attaquait à tout ce qui lui tombait sous la dent. Un jour, c'étaient les franges d'un fauteuil qui se trouvaient détachées; le lendemain, c'était un tapis, c'étaient les rideaux qui avaient été rongés; il n'était pas jusqu'aux meubles qui ne portassent la trace de ses incisives.

Stimulé par le chagrin que chacune de ses vilenies causait à mon petit camarade, j'y remédiais de mon mieux; mais je n'étais pas assez riche pour renouveler tout le mobilier de la chambre à coucher, dont Jeannot semblait décidé à exterminer jusqu'à la dernière pièce. Un jour que le lapin, ayant pratiqué un terrier dans l'édredon, bien fâcheusement tombé à terre, prenait un bain de duvet aussi salutaire que divertissant, la mère d'Edmond jura qu'elle ne garderait pas une minute de plus chez elle un hôte aussi dispendieux.

Mais les serments de mère ont cela de commun avec les serments d'ivrogne que, s'il suffit d'un verre de vin pour faire oublier ceux-ci, une simple goutte d'eau roulant sur une joue fraîche et satinée a presque toujours raison de ceux-là. Edmond pria, supplia et pleura. Devant cette manifestation de la tendresse du cœur de son enfant, devant ce témoignage de la solidité précoce de ses attachements, le courroux maternel se fondit comme la cire à la flamme. Le drôle eût pu la grignoter la dame aux quatre membres, elle lui eût encore pardonné, et l'exil du lapin se trouva commué en une détention temporaire.

Si modéré que fût l'arrêt, il ne fut pas du tout du goût de Jeannot. La maison était spacieuse, commode, presque élégante; on avait ménagé dans son intérieur une augette et un râtelier, toujours garnis d'une ample provende, mais il y avait à la porte un diable de verrou qui gâtait tout. L'indépendance était décidément le trait saillant du caractère de notre lapin; sans liberté, il n'y avait point pour lui de bonheur sur cette terre. On avait commis l'imprudence de choisir un bois blanc et mince pour confectionner les murs de son palais : au bout de deux jours, il y avait pratiqué une brèche raisonnable. La troisième nuit, il flânait à travers la chambre, et, en lapin qui n'a rien appris et rien oublié, il dévorait la manche d'une jolie veste de velours noir, laquelle, il est vrai, avait le tort de pendre d'une chaise jusqu'au ras du parquet.

Cette fois-là, la mère d'Edmond fut inexorable. La prison réparée fut transportée sur un perron qui dominait le jardin. Jeannot, un collier au cou, devait y rester jour et nuit enchaîné comme un malfaiteur, et, pour donner à son infortune un parfum d'antiquité susceptible de le consoler, je décorai la façade de son établissement d'une inscription en latin un peu libre, mais renouvelée de celle que les maîtres du monde gravaient au-dessus des niches des gardiens de leurs demeures. J'y inscrivis :

CAVE LAPINUM.

Si Jeannot supporta difficilement cette aggravation de sa captivité, il était quelqu'un à qui elle ne paraissait pas causer moins d'impatience; ce quelqu'un, c'était Gipsy. Son amitié pour son ancien nourrisson sortit triomphante de la redoutable épreuve de l'adversité.

Lorsque Edmond, prenant ses leçons, la laissait libre, elle s'en allait, malgré la toute-puissante attraction du coin du feu, partager l'exil du coupable; elle ébauchait avec lui des parties que la chaîne, hélas! les forçait à laisser incomplètes, le léchait, ou bien, s'introduisant dans la cabane, faisait un somme auprès de lui.

Un jour, en rentrant du jardin, je les vis, assis tous les deux et parallèlement, devant la niche. Jeannot bâillait de toute la largeur de sa gueule rose; Gipsy, la tête renversée sur le côté, semblait lui mordiller le col. Si pittoresque que fût le tableau, j'y étais trop accoutumé pour y attacher une grande importance; mais, cinq minutes après, lorsque je repassai sur le perron, je m'aperçus avec stupeur que la cabane était vide, en constatant en même temps que Gipsy avait disparu avec le prisonnier. De plus, le collier, coupé dans son milieu, qui gisait à terre au bout de la chaîne, me prouva que la petite chienne n'avait pas été étrangère à l'évasion. C'était ce collier qu'elle rongeait fraternellement lorsque j'avais eu la simplicité de croire qu'elle se livrait à une petite distribution de caresses.

Les fugitifs n'étaient pas loin. La joie de se voir libre après six semaines de *carcere duro* avait pris chez Jeannot les proportions d'une véritable ivresse: ses yeux noirs brillaient comme deux escarboucles, et, le nez au vent, les oreilles couchées sur la nuque, il accomplissait à travers les plates-bandes un véritable steeple-chase, exécutant des charges à fond sur un carré de laitues, trouant comme un boulet les murailles de pois qui se trouvaient sur son chemin, tournant, virant, pirouettant sur lui-même, exécutant toutes les figures de la haute-école, ruades, cabrioles, ballotades et pétarades, faisant voler des nuages de sable et de poussière autour de lui.

Cet enthousiasme de son ami s'était communiqué à Gipsy, qui l'aidait consciencieusement à mettre à sac le potager. Malheureusement un incident inattendu vint donner à la situation une tournure des plus graves.

J'avais acheté, quelque temps auparavant, un chien courant qui se trouvait, comme ses camarades, enfermé dans un chenil qu'entourait une palissade de plus de 2 mètres de hauteur. Mais, doué d'une agilité extraordinaire, ce chien avait plusieurs fois déjà franchi cette barrière. En apercevant le lapin qui semblait être venu le braver jusque chez lui, le chien fit un bond qui le porta sur le faîte du treillage, il sauta de là dans le jardin et courut droit à Jeannot, qui, hélas! élevé dans un appartement, avait si peu le sentiment des réalités qui attendent les lapins en ce bas monde, que, les oreilles redressées, il restait immobile, plus étonné qu'épouvanté.

Je m'étais élancé, mais je serais certainement arrivé trop tard: heureusement, soit que Gipsy eût l'instinct du danger qui menaçait son compagnon, soit qu'elle voulût simplement faire fête au personnage qui semblait vouloir s'associer à leurs divertissements, elle s'était précipitée au-devant de lui et l'avait saisi par l'oreille. Si cuisante que fût la douleur, elle n'amortit qu'imparfaitement les convoitises que la proximité de sa proie ordinaire excitait chez le chasseur de lapins; sa gueule s'ouvrit au-dessus de la tête de Jeannot; heureusement elle se referma dans le vide. Terrifié par l'apparition de ces crocs formidables que flanquaient deux yeux flamboyants, celui-ci s'était esquivé.

et réfugié dans un carré de choux, assez pressés pour lui ménager un asile tutélaire. Je parvins à reprendre le chien et à le réintégrer dans son domicile. Il fut beaucoup moins facile de remettre la main sur Jeannot.

Peut-être nous gardait-il rancune d'avoir été assimilé à un galérien, peut-être l'effroi qu'il avait éprouvé paralysait-il en lui le sentiment de la reconnaissance. Je n'en sais rien : mais nos invitations les plus attendries le trouvèrent insensible; il resta absolument réfractaire à toutes les poursuites que nous organisâmes pour le reprendre.

Edmond, qui était venu me retrouver au commencement de cette scène, se lamentait. Moi-même, je n'étais pas sans craindre que notre élève ne fût à jamais perdu pour nous. Une haie vive séparait le jardin de la campagne; les bois étaient à cent pas; si le lapin ne prenait pas le large, il était exposé à devenir la proie de quelque bête fauve pendant la nuit, et cette nuit arrivait à tire d'ailes.

Dans une dernière chasse que nous lui donnâmes, et qui avait pour but de le pousser dans un angle que formaient le mur de la rue et celui de la maison, il se glissa et disparut dans un massif. En vain je courus de l'autre côté pour lui barrer le passage, il fut plus leste que moi, et Gipsy, qui nous aidait de son mieux, m'indiqua, en suivant les voies du fuyard, qu'il avait traversé la haie et gagné les champs. L'obscurité était complète, il fallut rentrer.

Edmond avait le cœur si serré qu'il ne put dîner; j'essayais de le consoler de mon mieux; je lui promettais de chercher un autre lapin pour remplacer l'ingrat qui nous avait abandonnés, il hocha tristement la tête :

— Non, me dit-il, celui-là ne serait plus Jeannot. On ne remplace pas ce qu'on aime. Est-ce que tu pourrais me donner une autre maman si la mienne venait à me quitter?

Le soir, quand on le coucha, au lieu de ranger ses chaussures sur une chaise, comme il en avait pris l'habitude depuis le désastre dont elles avaient été l'objet, il les laissa négligemment sur le tapis devant son lit.

— Et s'il allait revenir? lui dis-je en souriant.

— Oh! il ne pense plus à nous! me répondit-il en dévorant une larme.

— Qui sait?

A vrai dire, je connaissais trop l'attrait irrésistible de la liberté pour compter beaucoup que l'esclave revînt à sa chaîne. Cependant je réfléchissais aussi que l'éducation, la vie facile, devaient avoir oblitéré l'instinct de sauvagerie chez ce lapin; je savais qu'il ne rencontrerait dans le voisinage aucun animal de son espèce, et je n'étais pas sans espoir. A tout hasard, je laissai entre-bâillée la porte du jardin et j'entr'ouvris celle de la chambre du petit garçon, qui était de plain-pied avec le vestibule.

Le lendemain, quand j'entrai dans la chambre de mon petit camarade, une douce surprise m'y attendait.

Edmond, assis sur son lit, la physionomie radieuse, m'indiqua du doigt Jeannot qui, pelotonné sur lui-même, les deux pattes dans son manchon, se reposait sur le coussin de Gipsy des fatigues et des émotions de la journée précédente. La chienne, assise devant son panier, considérait l'enfant prodigue avec non moins d'attendrissement que leur jeune maître.

Quant aux bottines, elles avaient été exactement traitées comme les premières. Jeannot avait tenu à fêter son retour en immolant le veau gras.

Nous étions en plein été : aux expéditions le fusil au poing, sous la pluie, à travers les neiges, avaient succédé de pacifiques promenades dans les allées de ce jardin anglais sans pareil que l'on appelle les environs de Spa, et qui est le seul peut-être où l'homme ait touché à la nature sans la défigurer.

Edmond était le compagnon de ces flâneries qui, chaque jour, avaient un théâtre différent.

Quand je dis Edmond, c'est la trinité qu'il représentait en sa petite personne qu'il faut entendre : Gipsy ne quittait pas plus l'enfant que son ombre, et celui-ci ne se décidait plus à se séparer un instant de Jeannot.

L'adjonction de la chienne à nos courses ne présentait aucune espèce de difficultés. Si microscopique que fût sa taille, elle était leste et agile comme un lévrier, elle galopait autour de nous, et plus souvent en avant qu'en arrière. Quant à Jeannot, toutes les tentatives qui avaient été essayées pour le décider à cheminer pédestrement comme nous avaient misérablement avorté. Tantôt, c'était un chien que l'on rencontrait, à la vue duquel il fallait se hâter de le soustraire; tantôt, il prenait peur d'un bipède qui nous croisait sur la route, et, éperdu, détalait à toutes jambes; d'autres fois, sourd à tous nos appels, il flânait dix minutes durant devant une herbette, ou bien, dans un accès de l'humeur capricieuse qui le distinguait, il s'obstinait à choisir un sentier que nous ne devions pas suivre. Diriger un troupeau de moutons eût été une besogne plus facile que de conduire ce simple lapin peureux, musard et quinteux.

Edmond, qui était un garçon d'expédients, avait imaginé d'approprier, en manière de véhicule, à l'usage de son élève, une petite carnassière qu'on lui avait donnée, et Jeannot, commodément assis dans ce palanquin, voyageait au dos de son maître. Dans cette position, le sac prenait une vague ressemblance avec une chaire à prêcher, et Jeannot, dont les pattes de devant et la tête sortaient du filet, avait tout à fait l'air de vouloir entamer un sermon en quatre points à l'adresse des promeneurs que nous rencontrions.

Lorsque, arrivés dans les bois, nous n'avions plus à redouter les importuns, on descendait Jeannot de son équipage, et, tandis qu'Edmond et moi nous nous livrions à la récolte des fleurettes qui parfument ces solitudes, il restait libre de s'ébattre avec sa bien-aimée Gipsy.

La civilisation avait probablement dénaturé les instincts de Jeannot, car il ne songeait plus à abuser de la liberté que nous lui laissions. Des promenades se renouvelèrent plus de trente fois sans qu'il essayât de renouveler sa première escapade. C'était, au contraire, lui qui semblait redouter de nous perdre.

Quelquefois, pendant qu'il était distrait par ses jeux avec Gipsy, nous nous éloignions de quelques pas et nous nous cachions tantôt derrière un rocher, tantôt sous un des ponts rustiques qui traversent les ruisseaux. Un coup de sifflet avait bientôt ramené la chienne auprès de nous. Quand il se voyait seul, le lapin restait pendant quelques secondes en proie à une sorte de stupeur; il regardait de tous les côtés avec une visible inquiétude, se dressait sur ses pattes de derrière, écoutait, faisait jouer ses narines dans la direction de la brise, témoignait de son épouvante en frappant fortement la terre de ses pattes de derrière, puis cherchait notre piste ou plutôt celle de Gipsy. Quand il l'avait trouvée, il la suivait à la façon des chiens, ne tardait guère à nous rejoindre, et alors restait quelque temps immobile à nos pieds comme s'il eût été dans un gîte.

Pour revenir au logis, Jeannot usait du même procédé de locomotion ; le plus souvent, il trouvait dans la botte de fleurs que le petit garçon rapportait sur son épaule des distractions gastronomiques qui charmaient les loisirs de la seconde traversée. Les parfums les plus enchanteurs ne désarmaient point ce rongeur impitoyable. Un jour que l'enfant avait chargé ses épaules d'un superbe bouquet de chèvrefeuille qu'il voulait offrir à sa mère, il ne trouva plus en arrivant qu'un petit paquet de brindilles aussi complètement dégarnies de leurs feuilles que de leurs tubes embaumés.

C'était trop beau pour durer.

Un jour, j'eus la fatale idée de diriger notre promenade vers la patrie de Jeannot, dans ce pli du Raikem où je l'avais trouvé, lui et son frère, dans une rabouillère.

Ce n'était pas une simple curiosité qui me poussait de ce côté. La chasse allait de nouveau s'ouvrir, j'avais intérêt à savoir si la petite colonie de lapins qui m'avait semblé vouloir s'établir de ce côté avait prospéré, si la famille de notre pensionnaire avait engendré une postérité que je ne souhaitais pas moins nombreuse que celle de Jacob.

Le chemin se fit sans encombre ; le petit garçon était gai, jamais Gipsy n'avait gambadé de meilleur cœur ; pour Jeannot, des hauteurs de son havre-sac, il affectait une physionomie goguenarde et railleuse, et semblait faire la nique aux misérables qui allaient à pied.

Nous gravîmes la montagne d'Annette et Lubin. Après avoir traversé la route du Sart, nous tournâmes les murs du champ des morts, et nous finîmes par arriver à l'étroit vallon où s'était passée la première scène de ce récit.

Rien de plus sauvage, rien de plus pittoresque que ce coin de terre, que 500 mètres séparent à peine de la petite ville si bruyante et si mouvementée. Le pli de terrain peut avoir 50 mètres de largeur à peu près, mais il est encore assombri par un épais rideau de grands pins qui le borde sur son versant de gauche. Du fond de cet encaissement, mais en raison de sa situation à mi-côte, vous jouissez d'un incomparable panorama. A vos pieds s'allongent, s'étendent en immenses nappes verdoyantes, les cimes des arbres des promenades qui masquent la ville, dont on entend les bruits sans l'entrevoir. Plus loin, se déroulent les plateaux cultivés de Creppe avec leurs champs bariolés, au-dessus desquels s'étagent de grandes masses de bois couronnés par quelque sommet bleuâtre de l'Ardenne.

Ce petit vallon a été cultivé, mais les difficultés du labourage ont probablement décidé son propriétaire à l'abandonner aux genêts, aux ronces, aux myrtilles, qui y végétaient avec une vigueur luxuriante.

Selon nos habitudes, Jeannot fut rendu à la liberté de ses actions, et, suivi d'Edmond, je commençai l'exploration que j'avais projetée.

Les lapins, ainsi que la plupart des animaux sauvages, ont leurs chemins exactement comme les hommes. Dans le bois le plus sauvage, le plus retiré, ils se hasardent bien rarement hors du terrain préalablement exploré par leurs congénères ou par eux-mêmes. Si léger que soit leur pas, leurs allées et venues sont si fréquentes, que leurs traces sur l'herbe, à travers la bruyère ou les ronces, sont faciles à reconnaître pour l'œil expérimenté d'un chasseur. Ces sortes de passages se nomment des *coulées*.

Je découvris par ci par là quelques *coulées*, des *jouettes*, c'est-à-dire des endroits où les lapins avaient égratigné la terre, soit pour se divertir, soit pour entretenir leurs griffes en état, et enfin un peu de cet irrécusable témoignage de leur présence que l'on appelle du *repaire*, c'est-à-dire le superflu des aliments absorbés, qu'en bête délicate et proprette le lapin dépose toujours à des endroits où son couvert ne risque pas d'être mis, et complètement dégarnis d'herbe.

Malheureusement, ces indices révélateurs étaient en si petit nombre que je ne pouvais pas en conclure que la colonie du Raikem eût sensiblement progressé. Mais en arrivant à un endroit où un éboulement du talus avait ménagé un escarpement assez roide, mon espoir reprit quelque consistance. J'avais devant moi un terrier. La gueule de ce terrier était parfaitement dégarnie d'herbes ou de feuilles mortes, ce qui indiquait qu'il était fréquenté, et, quand les lapins se décident à se mettre en frais d'une de ces demeures souterraines, c'est un signe certain que leur acclimatation est en bonne voie.

En examinant les alentours, je remarquai que l'herbe était jonchée de poils de lapin; on en voyait des touffes entières sur les branches des genêts, où le vent les avait transportées. Je savais que, malgré leur sociabilité et leur affabilité, les lapins se livrent de fréquents combats, qu'il y a dans ces combats plus de toisons arrachées que de sang répandu; mais ces vestiges de la bataille se trouvaient là dans des proportions tellement insolites, que je commençai à considérer avec une certaine méfiance le terrier dont la découverte m'avait été d'abord si agréable.

Je coupai une baguette afin de le sonder dans ses profondeurs; j'étais agenouillé devant son orifice; Edmond était à mes côtés, suivant ma manœuvre avec la curiosité de son âge, lorsque je vis l'ombre d'un gros oiseau qui passait à quelques pieds à peine de notre tête.

— Oh! la vilaine bête! cria l'enfant; prends garde à Jeannot.

Je m'étais déjà retourné; à dix pas de nous, un faucon, — ce bandit ailé était un faucon, — s'abattait sur le lapin qui jouait avec la chienne dans une clairière. Gipsy avait été surprise, mais elle était trop intrépide pour s'épouvanter; elle avait de son côté fait un bond pour saisir cet ennemi qui leur tombait du haut des airs; le faucon, dérangé dans sa manœuvre, manqua la proie qu'il visait, mais le choc fut si violent néanmoins que Jeannot, après avoir roulé plusieurs fois sur lui-même, resta étendu sur le flanc.

— Jeannot est mort! Jeannot est mort! dit l'enfant d'une voix haletante.

Jeannot n'était pas mort, car il se releva bientôt, mais il avait complètement perdu la tête. Effaré, fou de terreur, il courait de ci de là dans la clairière, passant entre nos jambes, glissant entre nos doigts quand nous essayions de le saisir. Enfin, rencontrant sur son chemin le terrier dont j'ai parlé, ses instincts réveillés le lui indiquèrent probablement comme l'asile ordinaire de sa race, et il s'y précipita éperdu.

— Sois tranquille, ne pleure pas, dis-je à mon petit camarade; à présent nous sommes bien sûrs de rapporter notre Jeannot à la maison.

Hélas! je n'avais pas encore engagé mon bras dans la gueule du terrier, que j'entendais sortir de ses profondeurs un tonnerre souterrain du plus sinistre augure.

Ce bruit, je l'avais entendu bien des fois et avec des palpitations bien différentes, lorsque j'introduisais des furets dans les demeures souterraines des lapins, afin de forcer ceux-ci à en sortir : il est produit par la course furieuse du pauvre animal à travers ses galeries lorsqu'il cherche à échapper aux griffes de ses ennemis.

Évidemment l'infortuné Jeannot était tombé de Charybde en Scylla; il n'avait échappé aux serres du faucon que pour venir se livrer à quelque bête fauve, fouine ou putois, qui s'était installée dans ce terrier après en avoir assassiné les premiers habitants, comme le poil que j'avais remarqué dans les alentours me l'avait donné à pressentir.

J'appelai Gipsy, je l'excitai; mais, si petite qu'elle fût, le terrier était encore trop étroit pour elle. La pauvre bête sembla comprendre le danger que courait son ami dans ces sombres galeries; elle se mit à gratter avec une rage furieuse, mordant, coupant, broyant sous ses dents les racines qu'elle rencontrait.

Accroupi sur le talus, je l'aidais de mon mieux. Hélas! un cri aigu, strident, cri de douleur, cri d'agonie, m'indiqua que le drame qui se passait dans ces profondeurs touchait à son dénouement.

Je regardai Edmond ; son visage avait pris la pâleur de la cire, ses lèvres blêmes tremblaient, de grosses gouttes de sueur perlaient sur son front ; il avait joint ses petites mains, et je l'entendis qui murmurait d'une voix tremblante :

— Mon Dieu ! mon Dieu ! fais qu'il n'arrive pas de mal à Jeannot !

Je compris que je devais avant tout ne pas prolonger les angoisses du pauvre petit ; je le pris par la main et je l'entraînai à la maison du gardien du cimetière.

Sa femme était là ; je lui mis une pièce d'argent dans la main :

— Ayez la bonté de garder cet enfant quelques instants, lui dis-je.

Puis, sourd aux prières du petit garçon, je pris une pioche sous le hangar, et, toujours courant, je revins au talus.

Lorsque j'arrivai, la tragédie avait son épilogue. Gipsy avait tant fait des ongles et des mains qu'elle était parvenue à atteindre le monstre dans son antre ; elle achevait d'étrangler une énorme fouine qu'elle avait tirée hors du terrier.

J'allongeai mon bras dans la galerie éventrée. A quelques pouces de son ouverture, je sentis le corps du pauvre Jeannot ; il était inerte et sans mouvement.

Pourquoi ne l'avouerais-je pas ? Je ne me sentis pas le courage de revoir mort le pauvre petit animal que l'enfant avait tant aimé quand il était vivant.

Je repoussai le cadavre dans le souterrain, et, à grands coups de pioche, j'achevai d'en abattre les parois, afin de les lui donner pour tombeau. . . . .

. . . .

Depuis ce temps-là, lorsque je proposais une promenade au petit garçon :

— Je veux bien, me répondait-il en hochant sa tête blonde, mais à condition que nous n'irons pas du côté du cimetière où est mon pauvre Jeannot.

Hélas! quelques mois passèrent, et l'enfant revint à ce lieu funèbre, et ce fut pour y dormir lui-même du sommeil dont on ne se réveille pas!

LA CARPE

La carpe représente à peu près la seule variété de poissons qui ait relativement subi ce qu'on est convenu d'appeler la domestication. Aucune autre ne se multiplie, ne se développe aussi aisément que celle-là dans les eaux stagnantes des étangs, dans l'espace resserré des viviers et des réservoirs. Comme toutes les espèces que la nature a destinées à devenir une des bases de l'alimentation générale, la carpe est aussi, de tous les habitants de l'onde, celui chez lequel les facultés éducatrices sont le moins imparfaitement développées.

La carpe de rivière et la carpe d'étang ne se ressemblent pas plus au moral, si moral il y a, qu'au physique. L'extérieur de celle-ci est terne et noirâtre, ses écailles sombres se couvrent d'un enduit visqueux; souvent, lorsqu'elle atteint à une certaine grosseur, sur son dos et sur sa tête, se montrent des excroissances ressemblant à une mousse blanchâtre. Il est fort rare qu'elle n'emporte pas avec elle l'odeur des fonds bourbeux dans lesquels elle a vécu et dont elle s'est assimilé les molécules. La carpe de rivière, au contraire, se présente toujours nette et brillante; ses écailles affectent tous les irisements du métal, tous les chatoiements de l'or, auquel elle semble avoir emprunté sa cuirasse; sa senteur reste fraîche et douce. L'une avec la stupidité de la goinfrerie, avec la simplicité des êtres qui, suivant une pittoresque expression populaire, ont fait un dieu de leur ventre, se jette sur tous les appâts qu'elle rencontre sans soupçonner que la main qui les prodigue peut avoir un autre but que de la rassasier; elle a perdu la prescience de la casserole et le pressentiment de la poissonnière : vous en prenez une, vous en prenez dix, vous en prenez cent, la cent et unième n'a pas été mise en émoi par la destinée de ses camarades. Elle les a vues traverser les airs avec des contorsions qui, dans la pantomime des poissons, doivent exprimer la douleur et la terreur, elle n'a rien conclu de cette singulière façon de voyager, de ces démonstrations éloquentes, elle se jette gloutonnement sur l'hameçon, elle s'engage dans les rets qui ont été tendus sur son passage.

Avec sa sœur des eaux vives, il faut quelque chose de mieux qu'une épingle recourbée et couverte d'une boulette de mie de pain à l'extrémité d'une ficelle. La carpe de rivière est méfiante et rusée. Sous les dehors d'une gravité un peu bonasse, elle met une finesse très-réelle au service de ses instincts de conservation. Si appétissant que soit le morceau qu'on lui offre, si innocemment que l'engin se présente, elle semble toujours s'absorber dans la méditation de ce vers du Cygne du Mantoue, *Timeo Danaos et dona ferentes*. Elle n'oublie jamais que l'homme est bien plus à redouter que les tyrans à écailles dont les attentats ensanglantent ses humides retraites. Si par hasard elle se laisse abuser par la séduction, tromper par la perfection des apparences, cela arrive aux carpes comme aux hommes, — elle dispute sa vie en poisson qui en connaît le prix.

Elle s'insurge contre le fil qui la retient captive; elle entre en révolte contre les mailles qui s'opposent à sa fuite; elle appelle à son aide ses forces qui ne laissent pas que d'être considérables, elle fait de sa tête un bélier, de sa queue une catapulte; elle pèse sur la soie qui veut l'arracher à ses demeures; étouffant la douleur que lui cause le fer barbillonné que chacun de ses mouvements enfonce davantage dans les chairs, elle va, elle vient, elle tourne, elle vire, cherchant des herbes, une souche, une pierre, un point d'appui qui lui permettra d'opérer une manœuvre assez savante qui rompra le fil maudit, et bien souvent, après une longue lutte, elle parvient à tromper les espérances de celui qui, déjà, s'inquiétait de l'assaisonnement de son poisson. On ramasse les carpes d'étang; la prise d'une carpe de rivière est toujours une conquête.

Aussi, autant en raison des difficultés de la capture que de la valeur de la proie, la pêche de la carpe à la ligne cesse-t-elle d'être un délassement vulgaire, pour s'élever à la hauteur d'une passion. Les vieux praticiens, blasés sur les victoires faciles, avides de fortes émotions, sont ordinairement ceux qui s'adonnent à cette spécialité qui exige à la fois de l'expérience et par-dessus tout de la patience. Un fait fournira, mieux que toutes les dissertations, les proportions que peut atteindre cette dernière et indispensable condition du succès.

Un ancien chef de bataillon, M. Guérin, retiré à Port-Créteil, se consolait en pêchant à la ligne des loisirs que lui faisait sa retraite. Il manqua un jour un poisson qui lui parut d'une taille peu commune; il jura d'avoir sa revanche, et, pendant *trente-neuf jours,* il pêcha à la même place sans qu'une oscillation du bouchon indiquât que l'hameçon avait été touché. Cette force d'âme, dont un Peau-Rouge serait à peine susceptible, eut sa récompense. Le trente-neuvième jour, M. Guérin prit une carpe qui ne pesait pas moins de vingt-huit livres, et, une heure après, deux autres poissons de la même espèce qui accusaient au pesage l'un seize et l'autre quatorze livres. M. Guérin avait lutté près de trois quarts d'heure avant d'amener dans son bateau sa gigantesque prisonnière, et le vieux soldat passa par de telles émotions, que lorsqu'on accourut à son aide, il y succomba et s'évanouit.

L'épilogue de ce drame aquatique ne fut pas moins pittoresque. N'ayant pas d'étui assez grand pour déposer sa capture, M. Guérin la confia à un pêcheur de profession qui la déposa dans sa boutique. Malheureusement le bruit de cette pêche merveilleuse s'étant répandu, on venait de deux lieues à la ronde pour admirer le monstre. Le pêcheur se prêtait complaisamment à ces exhibitions gratuites, mais considérablement humectées. Le poisson était si peu flatté de cette affluence, qu'un certain soir que son gardien l'admirait pour son propre compte, il se déroba violemment à son enthousiasme en s'élançant d'un bond hors de sa prison. Les mauvaises langues prétendirent que ce saut était d'autant plus extraordinaire qu'au lieu d'aboutir à la Marne, comme la carpe l'espérait sans doute, il l'avait amenée dans la cuisine d'un des plus gros bonnets de l'endroit.

LE GEAI

La question des migrations du geai, comme bien d'autres du même genre, n'a jamais été bien élucidée. Un certain nombre de ces oiseaux séjournant dans nos bois pendant l'hiver, on devait en conclure qu'ils étaient sédentaires et ne quittaient pas les cantons où ils étaient nés. Cependant, des observateurs plus attentifs avaient remarqué qu'ils se montraient en plus grande quantité au mois de septembre que pendant l'été, et, comme ils constataient aussi que les froids rigoureux trouvaient leurs rangs considérablement éclaircis, il devenait probable qu'une certaine quantité de passagers venus du nord avaient figuré dans le contingent. Le voyageur Sonini a donné des indications très-précises sur le transit des geais dans les îles de l'Archipel et sur leur station hivernale en Égypte ; Sonini prétend, il est vrai, que le plumage de ces geais passagers est plus terne que celui de ceux qui nous restent fidèles, ce qui semblerait indiquer que leurs bataillons se composent surtout, non pas de femelles, comme il pense, mais plutôt de jeunes oiseaux, puisque ces derniers n'acquièrent leur belle livrée que dans la seconde année de leur existence. Comme il est incontestable que la migration est partielle, on pourrait en conclure que les geais sont d'avis que les voyages forment la jeunesse, et que c'est la génération fraîche éclose qui s'en va courir le monde. L'explication serait bizarre, mais le mobile qui pousse quelques-uns de ces oiseaux si loin d'une patrie que d'autres d'entre eux ne se décideront point à quitter ne nous paraît pas facile à indiquer.

Les sensations avec lesquelles nous accueillons le geai varient d'une saison à l'autre. Il en est de lui comme de ces diseurs de riens que cent fois nous avons déclarés assommants et dans les bras desquels nous nous précipitons, en les rencontrant sur une terre étrangère, par cette seule raison que la langue qu'ils parlent est celle de notre pays. Tant que durent le printemps et l'été, je ne vois rien de plus agaçant que cet éternel criard à la voix aigre et glapissante; emblème parfait de la turbulence, il a le secret d'être partout en même temps : vous venez de l'entendre sur votre droite, et c'est de la gauche que vient la seconde clameur; toujours sautillant soit à terre, soit de branche en branche, toujours voletant, sa vie se passe dans une agitation perpétuelle; avec cela, rageur comme un enfant gâté, à la moindre contrariété il se hérisse, enfle son plumage, roule des yeux furibonds, avec redoublement de piaillements. Et puis ses mœurs interdisent l'indulgence : le geai est un détestable filou; il n'a point l'astucieuse perfidie de la pie, l'espionnage permanent est incompatible avec son tempérament trop remuant; mais ses sempiternelles allées et venues lui livrent les secrets de bien des ménages; il en profite lâchement pour piller les œufs des voisins et pousse la férocité jusqu'à prélever quelques morceaux de choix, les yeux et la cervelle, sur les oisillons.

Quand l'hiver est venu, le brigandeau ne nous paraît plus aussi noir. Sa voix n'est pas devenue plus mélodieuse, mais elle est une voix dans le silence de nos bois dépouillés; sans cette turbulence elle-même, que nous lui avons si aigrement reprochée, la grande allée des marronniers aux branches sourdement murmurantes nous semblerait encore plus morne. Et puis, n'est-ce donc rien, lorsque tous les autres nous abandonnaient, de nous être resté fidèle? Enfin, cet hôte des mauvais jours a perdu de sa sauvagerie, il se hasarde dans les alentours de la maison, il se montre dans tout l'éclat de son plumage, moins riche peut-être dans les zébrures d'un bleu de myosotis des ailes, que dans les tons d'un fauve vineux de la tête et de la gorge; en le voyant picorer laborieusement, pour ménager ses provisions, quelques baies tombées de la haie d'épines, on se surprend à dire : « Pauvre geai ! » Et, lorsqu'un manteau de neige a rendu la glane encore plus hasardeuse, c'est à l'intention de l'oiseau détesté que l'on répand quelques poignées de pois secs sur quelque tertre que le vent a déblayé.

L'ANESSE ET SON ANON

Nous sommes à l'automne, il est midi. La matinée a été bonne. Après avoir arpenté la plaine dénudée, glané quelque tiges de luzerne desséchées, quelques brins de trèfle décoloré qui avaient échappé à la faucille, la mère et le fils ont découvert cet oasis où le voisinage de la mare a conservé aux gazons leur tendresse, leur saveur et la fraîcheur de leurs tons d'émeraudes. Quelle fête! En personne à laquelle l'expérience a démontré la valeur de l'occasion, la bonne ânesse s'est dépêchée de saisir celle-ci aux cheveux; elle en a tant arraché, tant arraché que la panse s'est refusée à en contenir davantage; — pardonnez-lui sa gourmandise, elle a charge d'âme, c'est-à-dire de nourisson, la digne dame; — et elle fait paresseusement la sieste, une seconde conquête sur l'ennemi, étendue de façon à ne point perdre un atome des fauves rayons que le ciel nuageux laisse arriver jusqu'à elle.

Avec l'heureuse imprévoyance de son âge, l'ânon a gambadé, cabriolé, s'est roulé sur la nappe verte; il se repose sur les mâchoires de sa mère du soin de travailler pour lui, le péché mignon de tous les fils de famille, dont il a également la présomption; la brise aigre qui, là-haut, fouaille les nuées, a fait courir de désagréables frissons sur son habit gris de lin, et, se croyant tout comme un autre le droit d'être frileux et délicat, il s'est abrité derrière le buisson. Déjà las de cette tranquillité, il regarde d'un œil distrait du côté de l'écurie, où il voudrait être rentré. Pour tuer le temps, dressant son nez aussi blanc que si le lait maternel le barbouillait encore, il broute, du bout des lèvres, les tiges les plus tendres de l'églantier qui le protège.

Pauvre petit ânon! savoure-les donc à loisir, ces joies de liberté et de franche lippée qui te seront sitôt ravies! Folâtre sur l'herbe tendre sans te soucier de l'âpreté du vent et de l'inclémence du ciel, car la terre te réserve bien d'autres maux et bien d'autres misères. Encore quelques jours, et ces heures perdues, tu les regretteras amèrement, car ces heures de paix, elles te sont bien parcimonieusement mesurées. L'homme est là qui te guette : de temps en temps il promène sa main sur ton échine, il en fait craquer les articulations; tu prends le geste pour une caresse, et de ta bonne grosse tête tu essayes de la lui rendre, innocent ânon! Ce qu'il veut savoir, ce bon maître, ce dont il cherche à s'assurer, c'est de la solidité de tes reins pour y installer le bât! — Le bât, entends-tu bien? le bât! — Le cheval a la selle; à toi, et rien qu'à toi, ce qui caractérise la servitude la plus dure et la plus abjecte.

Alors plus de repos, à peine du sommeil, encore moins de nourriture, voilà quel sera ton lot, pauvre petit ânon! Le fumier à monter aux vignes par le chemin rocailleux; les légumes, les fruits à porter au marché; la *mannée* à conduire au moulin; la petite récolte à rentrer, le bois, le foin, l'herbe, que sais-je encore? à voiturer, voilà ta tâche. Le septième jour, le jour de répit qui t'avait été donné par le Seigneur lui-même, tu te remettras de tes fatigues en menant les filles à la danse.

Si lourde que soit la charge, si disproportionné que soit le fardeau avec ta faible structure, ne t'avise pas surtout de regimber ou de succomber, — pour l'homme, c'est tout un; — n'essaye pas davantage de conserver l'allure lente et paisible que comportent tes jambes grêles, sinon gare... non pas le fouet trop aristocratique pour toi... gare le bâton qui rentre dans ton apanage, puisque Dieu a voulu que tu naquisses de la race de la bête martyre! Et cela durera ainsi quinze ans, vingt ans, trente ans même, car ce Dieu si sévère pour ton espèse lui a donné le triste don de longévité: et, mort, tu n'en auras pas encore fini avec les tyrans, ils continueront à s'escrimer sur ta peau transformée en tambour.

Ce n'était pas assez, pauvret! et, puisque j'ai commencé, j'achèverai de dévoiler à tes regards la cruelle perspective des iniquités que tu auras à souffrir. Non contents d'avoir fait de ton espèce la victime de leurs instincts les plus odieux, l'égoïsme et la cruauté, tes maîtres l'ont déshonorée en la calomniant. Si quelque observateurs clair-semés ont rendu justice à son intelligence qui, dans le monde des bêtes, ne le cède guère qu'à celle du chien, à sa finesse, à sa malicieuse bonhomie, les masses, au contraire, ont incarné en elle le type de l'ignorance et de la sottise, qu'en cherchant un peu et même sans chercher, elles auraient si facilement découvert dans leurs rangs.

Après avoir qualifié d'entêtement la preuve de jugement que fournit ta passive résistance aux capricieuses inepties de tes bourreaux, — sottise contre sottise, — un naturaliste en manchettes a cru faire beaucoup d'honneur à tes semblables en leur concédant la patience et la sobriété. Si, comme c'était son devoir, M. de Buffon avait quelque peu vécu dans la compagnie de l'âne, afin de l'étudier ainsi qu'il convient, il eût reconnu en lui le philosophe par excellence, c'est-à-dire le philosophe pratique. Que pèsent les superbes raisonnements, les théories stoïques des sept sages auprès du courage, de la fermeté, de l'impassible résignation qu'un simble baudet oppose aux rigueurs de sa destinée, soutenu par cette unique mais consolante vérité que, une fois au but, il ne tiendra pas moins de place qu'un empereur dans le sein de cette terre?

Que cette philosophie de tes ancêtres te guide à ton tour dans le rude chemin qui s'ouvre devant toi, cher petit ânon, et qu'elle t'inspire le dédain des maux passagers que tu vas y endurer. Je te dois encore une parole d'encouragement, la voici : Dans les récents carnages de leurs frères auxquels les hommes se sont livrés, les affamés de la grande Ville ont découvert que tu l'emportais de bien loin sur ton superbe rival, le cheval, par la délicatesse de ta chair. Arrivé à la maturité de ta vie, si, avant l'heure, tu veux dire adieu à ce triste labeur, si tu es décidé à hâter le jour où tu entreras à jamais dans le repos, tu as maintenant la ressource de tenter leur concupiscence par ton embonpoint!

L'ALOUETTE

L'alouette est le chantre de la plaine comme le rossignol est le chantre du bocage ; elle représente l'harmonie au milieu des cris discordants des grillons et des cigales qui, sans elle, troubleraient seuls le silence des solitudes cultivées, et les fusées de notes vives, alertes, gaiement cadencées qu'elle laisse tomber du ciel où elle plane, ne contribuent pas peu à alléger l'impression mélancolique qu'éprouve le voyageurs traversant ces steppes monotones.

Le chant est chez la plupart des oiseaux la manifestation parlée de l'amour, un épithalame. Lorsque le temps consacré par la nature à la reproduction est écoulé, quelques-uns perdent la voix, beaucoup conservent la faculté de jaser, mais perdent absolument celle de chanter. Peut-être dédaignent-ils de faire servir aux vulgaires soucis de l'existence les hymnes par lesquels ils célébraient le grand acte. Presque seule l'alouette chante du printemps à l'hiver, parce que, du printemps à l'hiver aussi, presque seule elle conserve le privilège d'aimer, parce que ses désirs de maternité se prolongent presque jusqu'à l'époque où le refroidissement absolu de la température lui aura démontré qu'elle ne saurait mener à bien sa couvée.

« L'alouette, dit Buffon, est du petit nombre des oiseaux qui chantent en volant; plus elle s'élève et plus elle force la voix et souvent la force à un tel point que, quoiqu'elle se soutienne au haut des airs et à perte de vue, on l'entend encore distinctement, soit que ce chant ne soit qu'un simple accent d'amour ou de gaieté, soit que ces petits oiseaux ne chantent ainsi que par une sorte d'émulation et pour se rappeler entre eux. Un oiseau de proie qui compte sur sa force et médite le carnage doit aller seul et garder dans sa marche un silence farouche, de peur que le moindre cri ne soit pour ses pareils un avertissement de venir partager sa proie, et, pour les oiseaux faibles, un avertissement de se tenir sur leurs gardes; c'est à ceux-ci à se rassembler, à s'avertir, à s'appuyer les uns sur les autres, à se rendre ou du moins à se croire forts par leur réunion. »

Malgré l'autorité de Buffon, je pencherais davantage pour la première de ses suppositions que pour la seconde; je placerais la cause de la persistance du chant de l'alouette sur l'amour et la gaieté, plutôt que sur le besoin qu'éprouveraient ces oiseaux de se rassurer par leur réunion. Il ne me semble pas que les oiseaux aient été moins largement dotés que nous de l'heureuse insouciance du danger, laquelle persiste tant que ce danger n'est pas imminent. La nature eût certainement doué l'alouette comme d'autres espèces d'un cri particulier destiné à lui servir de *Garde à vous!* elle n'eût pas établi une confusion entre la plus joyeuse des chansonnettes et un appel presque aussi lugubre que le *Frère, il faut mourir!* des trappistes. Enfin, non-seulement les alouettes font plusieurs couvées dans l'année, mais elles sont du nombre des oiseaux polygames, et il en résulte que le mâle ne peut cesser ses appels passionnés aux femelles trottinant dans la mer d'épis au-dessus de laquelle il plane. Les femelles elles-mêmes contribuent du reste pour leur part à la multiplicité de ce chant des alouettes que l'on entend depuis juin jusqu'en septembre.

L'alouette doit nous être chère à plus d'un titre : elle a été, bien avant le Coq gaulois, l'emblème national de nos pères.

L'oiseau est l'être sympathique par excellence. Créature mixte, matérialisée par ses pattes, idéalisée par ses ailes, tenant à la terre par ses besoins, sans cesse rappelée par ses affinités à l'immensité des plaines de l'air, il semble un trait d'union entre ce monde et cet éther, vers lequel je ne sais quel vague instinct nous appelle et où l'homme a toujours placé le domaine définitif de son espèce.

Il est le seul être de la création inférieure qui excite notre envie. Quels qu'aient été les efforts de notre génie, il n'est point parvenu à l'égaler. Le plus puissant de nos engins de locomotion doit se montrer bien modeste auprès de cette aile vigoureuse qui, en quelques heures, franchit l'océan et porte la frégate d'un continent à l'autre continent. Le scepticisme et l'analyse ont eu raison de bien des prodiges ; un seul a résisté, l'oiseau. Les facultés étranges de ces mystérieux hôtes du ciel devaient produire une profonde impression sur l'imagination des peuples primitifs ; elles les désignaient à devenir leurs emblèmes. Ce furent chez les rapaces, les dominateurs, les oiseaux de sang et de rapine que presque toutes les nations choisirent l'image symbolique destinée à les personnifier. Il ne pouvait en être autrement à une époque où l'unique loi était la force, où il n'y avait pas de milieu entre la tyrannie et l'esclavage, où l'homme était condamné à tuer s'il ne voulait pas mourir. Cette tendance à se symboliser par une des personnifications de la cruauté et de la violence eut cependant une exception. Le peuple qui avait abattu les Aigles orgueilleuses des fils de Romulus dans la poussière même de leur capitale, dont la farouche indépendance se débattit pendant dix ans sous le genou de César, les indomptables soldats qui jetaient aux nuages ce cri de défi : « Tombez afin que nous vous soutenions sur le fer de nos piques ! » avaient pris, je le répète, pour signe de ralliement l'oiseau du sillon de la patrie, l'alouette matinale, symbole de l'insouciante gaieté qui défie la serre de l'épervier.

Elle ornait le casque des soldats que César recruta parmi les vaincus, elle donna son nom à leur légion : « *Unam etiam ex Transalpinis conscriptam, vocabulo quoque gallico, Alauda enim appellatur;* » a dit Suétone. Michelet ajoute : « Et l'Alouette gauloise conduite par l'Aigle romaine prit Rome pour la seconde fois. » Belon, il est vrai, a prétendu que le nom de Légion de l'Alouette avait été donné aux soldats gaulois de César, non pas en raison du cimier symbolique de leurs casques, mais parce que les capuchons de leurs surtouts les faisaient ressembler au cochevis : « César donna nom à une légion *Alauda* qui estoit françoyse, pour ce, selon notre jugement, qu'ils avoyent des coqueluchons, comme chaperons d'escapuczins à la manière d'un cochevis. » Les étymologistes sont les plus forcenés de tous les ennemis de la poésie. Pour mon compte, partageant la prédilection de Toussenel pour ce charmant attribut de nos ancêtres : « L'alouette pacifique et amie du laboureur, l'alouette qui s'élève en chantant vers le ciel pour reporter à Dieu les bénédictions de la terre, » je regretterais beaucoup de lui voir enlever ce glorieux titre de sa noblesse.

L'alouette fait son nid entre deux mottes de terre, sans beaucoup d'art ; elle se contente de garnir de quelques herbes, de petites racines, la concavité qu'elle a choisie pour pondre ; en revanche, elle s'est toujours arrangée pour qu'il soit masqué par l'herbe qui croît dans ses alentours. Elle y réussit si bien que la plupart du temps ce nid échappe aux investigations de l'oiseau de proie aussi bien qu'à la recherche de l'homme. Le nombre des œufs est de quatre ou cinq ; ils sont grisâtres, parsemés de petites taches brunes. La durée de l'incubation est de quinze jours ; il ne lui faut pas plus de temps pour que les nouveau-nés puissent se passer de ses soins, alors elle recommence immédiatement une autre couvée. Aldovrande et Olonia ont fixé à trois le nombre de ces couvées : la première au commencement de mai, la seconde au mois de juillet, la dernière au mois d'août : « Mais, dit Buffon, si cela a lieu, c'est surtout dans les pays chauds, dans lesquels il faut moins de temps aux œufs pour éclore, aux petits pour arriver au terme où ils peuvent se passer de leur mère, à la mère elle-même pour élever une autre couvée. » En effet, Aldovrande et Olonia, qui parlent de trois couvées, écrivaient et observaient en Italie ; l'Allemand Frisch n'en admet que deux ; et pour la Sibérie, Schwenkfeld déclare qu'il n'y en a qu'une. Peut-être ne faudrait-il point chercher à établir des règles absolues pour ce nombre de couvées, peut-être faut-il supposer qu'il est susceptible de varier suivant l'intensité de la chaleur et la prolongation des beaux jours. J'ai trouvé vers le 15 septembre de jeunes alouettes assez faiblement emplumées pour qu'il fût évident qu'elles étaient écloses depuis le commencement du mois. On peut en conclure que la supposition des trois couvées n'a rien d'improbable, sous notre latitude même, lorsque les circonstances la favorisent.

Tant qu'ils sont à la traîne, les petits se tiennent séparés pendant la journée, mais à peu de distance les uns des autres. Quant à la mère, il semble qu'elle veuille dédommager ses ailes de l'inaction à laquelle les soins de l'incubation l'avaient condamnée, se rassasier d'espace en attendant qu'elle en soit encore une fois sevrée. C'est du haut des airs qu'elle veille sur sa progéniture dispersée; elle accomplit son métier de mère nourrice en volant et en s'abattant de loin en loin, tantôt pour rallier ses enfants, tantôt pour leur distribuer leur nourriture.

L'alouette est très-largement répandue dans presque tous les pays cultivés des deux continents. Kobs affirme qu'elle peut exister même dans les terrains incultes, s'ils abondent en bruyères et en genévriers. En France elle est partout, mais elle recherche les pays de plaine par-dessus tous les autres. Elle rend d'importants services à l'agriculture par la quantité de vers, de chenilles et de larves de fourmis qu'elle détruit. L'insecte forme la base de sa nourriture, les graines et les baies n'en sont que le complément. Quel que soit l'attrait gastronomique des pâtés justement célèbres dans lesquels elle figure comme principal élément, il serait à souhaiter que d'énergiques mesures arrêtassent la destruction insensée qui se fait de ce précieux oiseau, dans certains départements, pendant l'hiver.

En raison de la continuité d'incubations chez les femelles, les alouettes sont toujours maigres en été. En revanche, elles engraissent rapidement aussitôt qu'elles n'ont plus d'autre souci que celui de chercher leur nourriture.

Dès les premiers jours d'octobre, leur embonpoint est complet, et elles constituent alors un mets des plus délicats. L'ancienne thérapeutique avait cherché une panacée dans la chair de l'alouette et particulièrement dans celle du cochevis. « Le cochevis, dit Belon, ne fut onc beaucoup plus loué pour estre propre à la cuisine, mais plus pour médecine qu'aultrement. Dioscoride même, duquel Galien l'a aprins, comme aussi a fait Pline, dit que le bouillon, dans lequel sont cuictes les alouettes, ou bien mangées rosties, guérit la maladie nommée celingue et la cholique. » Linné, au contraire, non-seulement n'a pas voulu reconnaître ces vertus à la chair de l'alouette, mais il a prétendu qu'elle était contraire aux personnes atteintes de la gravelle. Si vous me demandiez mon avis sur cette question hygiénique, je vous répondrais que je ne saurais jamais croire à tant de perfidie chez ce délicat manger; qu'il me semble que vous n'aurez pas à vous en plaindre, pourvu que vous n'en absorbiez pas plus que vos capacités stomacales ne le permettent, auquel cas vous seriez puni par l'indigestion.

Avant d'en finir avec l'histoire naturelle de l'alouette, il me reste à dire un mot d'une question qui a donné lieu à un certain nombre de controverses et qui, comme toujours, a été diversement résolue. Les alouettes émigrent-elles ? Est-ce à tort, est-ce avec raison que certains arrêtés ministériels ou préfectoraux l'ont classée parmi les oiseaux de passage? Cette question, Buffon l'avait déjà parfaitement élucidée : « Il est aisé de croire, dit-il, que de très-petits oiseaux, qui s'élèvent très-haut dans l'air, peuvent quelquefois être emportés par un coup de vent fort loin dans les mers, et même au-delà des mers. C'est pour cette raison que le docteur Hans Slvane en a vu à quarante milles dans l'Océan et le comte Marsigli dans la Méditerranée. Mais, quoi qu'il en soit, il est certain qu'elles ne passent pas toutes, puisqu'on en voit presque en toute saison dans notre pays, et que dans la Beauce, la Picardie, et beaucoup d'autres endroits, on en prend, en hiver, des quantités considérables. C'est même dans ces endroits une opinion générale qu'elles ne sont point oiseaux de passage; que si elles s'absentent quelques jours, pendant la plus grande rigueur du froid et surtout lorsque la neige tient longtemps, c'est le plus souvent parce qu'elles vont sous quelque rocher, à bonne exposition; et, comme j'ai dit, près des sources chaudes. »

Cette opinion de Buffon me paraît rationnelle : l'alouette est un oiseau nomade; elle n'est point un oiseau de passage. Lorsque le froid, la neige, l'agglomération d'un nombre trop considérable de ces êtres sur un même point rend leur nourriture incertaine ou insuffisante, elles se déplacent, changent de canton; elles n'émigrent pas. S'il en était autrement, la loi s'appliquerait à l'espèce entière, et c'est le contraire qui a lieu, puisque, si défavorables que soient les conditions de l'existence, les alouettes sont à peine parties que d'autres alouettes les remplacent, qu'à peine s'aperçoit-on, au bout de quelques jours, que leur nombre a diminué. On ne saurait nier, cependant, qu'il n'y ait dans certains pays de véritables passages de ces oiseaux. Ces passages, voici comme on peut les expliquer. Malgré ses prédilections pour les terres basses, l'alouette est partout où va la charrue; on la trouve au printemps dans les champs cultivés des montagnes, sur les plateaux élevés; elle y niche, elle y élève ses couvées. L'hiver venu, ces régions deviennent inhabitables; aussi les alouettes, abandonnant ces hauteurs, descendent et voyagent, jusqu'à ce qu'elles aient rencontré un endroit où l'hivernage se présente dans de bonnes conditions.

Nous n'avons pas en France moins de huit variétés d'alouettes, ce sont : l'alouette commune, le cochevis, la coquillade, l'alouette lulu ou cujelier, la calandre, la farlouse ou alouette des prés, l'alouette pipit, et la locustelle. Le cochevis par sa huppe gracieuse, la calandre par son volume double de celui de l'alouette ordinaire, sont les plus remarquables de ces variétés dont la description nous entraînerait beaucoup trop loin.

L'abondance de ce petit gibier devait lui susciter beaucoup d'ennemis. Il y a, je le répète, lieu de s'élever contre les destructions exagérées dont il est l'objet, d'abord parce que sa conservation est une condition de prospérité agricole, ensuite parce que les susdites destructions sont presque exclusivement le fait du pire des braconnages, le braconnage nocturne.

La loi n'autorise, dans la plupart des départements, contre l'alouette, d'autre chasse que la chasse au fusil, soit au cul-levé, soit avec l'appoint d'un miroir. Cependant les neuf dixièmes des alouettes mises en vente sur les marchés de Paris ont été prises à l'aide d'engins prohibés et particulièrement du traîneau qui a beau jeu dans leurs domiciles de prédilection, les immenses plaines de la Beauce, de la Picardie, de la Champagne, où presque toujours on néglige la précaution préservatrice de l'épinage. Cet état de choses est d'autant plus regrettable qu'il n'est pas de nuits où des perdrix ne se trouvent arrêtées dans les filets de traîneurs à alouettes, et je n'ai pas besoin d'ajouter que la conscience de ces messieurs ne se révolte jamais contre l'aubaine que le ciel leur envoie. Cette guerre de nuit n'est pas la seule guerre déloyale qui leur soit faite. On emploie contre elles les collets, lacets, nappes, etc.; enfin, par un temps de neige, en balayant un coin de terre et en y semant quelques grenailles, on parvient presque toujours à en abattre une demi-douzaine d'un coup de fusil, et la leçon ne profite guère aux survivantes : dix minutes après l'explosion, les pauvres oiseaux affamés ne viennent pas en moins grand nombre sur le fatal emplacement où leurs camarades ont trouvé la mort.

La chasse de l'alouette au cul-levé est un excellent exercice, non-seulement pour les débutants, mais pour tous les chasseurs qui tiennent à entretenir la sûreté et la rapidité de leur tir. C'est à partir de onze heures du matin que cette chasse se présente dans les conditions les plus favorables, c'est-à-dire que l'on rencontre le plus d'alouettes à terre et qu'elles partent de moins loin. On bat la plaine à bon vent et les occasions de faire feu se renouvellent à chaque instant. Comme cet oiseau tend à monter dès son essor, il est est indispensable de le peu découvrir, c'est-à-dire de viser haut. Autant que possible on doit faire tenir son chien derrière soi, et éviter qu'il ne rapporte ces oiseaux, ce qui lui inspirerait inévitablement l'idée de les arrêter le jour où vous vous proposeriez de chasser un gibier plus sérieux. Arrêter une alouette n'est pas un crime digne de la corde pour celui qui le commet, mais il est toujours désagréable de voir s'enlever un oisillon, lorsqu'on avait compté sur une perdrix tout au moins. La vie nous réserve assez de déceptions, sans qu'il soit nécessaire de nous ménager celle-là à nous-mêmes.

L'alouette n'a droit au titre de gibier, son tir ne devient une véritable chasse que lorsqu'on le pratique en l'attirant à l'aide du miroir, que mes confrères connaissent trop bien pour que j'aie besoin de le décrire.

Quelles sont les causes de la singulière attraction que les scintillements de ce miroir exercent sur ces oiseaux?

On a fait les honneurs de ce penchant à une sorte d'instinct de coquetterie féminine ; mais ceux qui ont imaginé cette explication étaient bien plutôt des poètes que des chasseurs. L'image est très-pittoresque et pas du tout sérieuse.

Quelques ornithologistes, à la tête desquels il faut placer Toussenel, attribuent la puissance attractive du miroir sur l'alouette aux ardeurs passionnées de cette amante du soleil pour les feux éblouissants qui lui rappellent les beaux jours du printemps, et qui la la poussent invinciblement vers ce qui n'en est qu'une image bien affaiblie. Cette opinion m'a pendant longtemps semblé la seule qui fût rationnelle ; la lecture de l'ouvrage de M. le commandant Garnier sur la chasse au miroir a ébranlé, dans une certaine mesure, ma foi dans l'excellence de l'explication de Toussenel. Écoutons M. le commandant Garnier :

« Si, dit-il, nous faisons tourner simultanément, et espacés entre eux de 12 à 15 mètres : 1° un miroir flamboyant à toutes glaces; — 2° un miroir à clous brillants; — 3° un miroir poli, bien verni et ciré; — 4° un miroir poli seulement; voici ce que observerons, invariablement, par une belle matinée d'octobre à gelée blanche ou à givre, avec le vent d'est, qui est, sans contredit, la plus favorable à cette chasse :

« L'alouette arrivera à tire d'aile et en silence tout droit sur le premier miroir, mais en planant d'assez loin; puis elle s'abaissera bien vite sur le second, qu'elle abandonne bien vite pour le troisième et surtout pour le quatrième sur lequel, et de très-près, elle fera le Saint-Esprit, avec un acharnement indicible.

« Quel peut donc être le mobile qui rive, pour ainsi dire, immobiles, au-dessus de notre engin, ces oiseaux qui n'entendent plus rien et ne voient plus autre chose?

« Ce motif, je n'hésite pas à le dire avec une entière conviction, n'est et ne peut être que l'imitation plus ou moins parfaite de l'oiseau planant, croyant voir au ras de terre planer une de ses semblables; l'alouette intriguée se demande sans doute ce qu'elle fait ainsi, et alors, courant au plus près, elle vient l'observer. C'est dès lors à cette vive et profonde curiosité naturelle que nous devons attribuer leur obstination à faire le Saint-Esprit, et leur insouciance du danger. »

Les lignes qui précèdent contiennent des observations si attentives et si judicieuses, qu'il est impossible de ne point accepter, au moins en partie, les conclusions de M. le commandant Garnier; ces conclusions n'ont qu'un tort à mon gré, celui d'être trop absolues.

LA LOUTRE

La loutre est le renard des eaux ; comme lui elle vit aux dépens des plus précieux de nos éléments d'alimentation, c'est-à-dire de ceux qui se multiplient, s'élèvent et croissent sans coûter à l'homme ni soins, ni peines, ni dépenses. La loutre est donc un des rares ennemis qui ont résisté à la civilisation. Cependant, en France au moins, ce désagréable concurrent n'est presque jamais l'objet d'une chasse méthodique. On le tue quelquefois par accident. A part quelques vieux gardes alléchés par la vingtaine de francs que vaut sa peau, et qui mettent la neige à profit pour le traquer, on la laisse poursuivre ses dévastations avec une parfaite insouciance : aussi la loutre n'est-elle pas une des moindres causes du dépeuplement de nos eaux. Les ravages qu'elle y occasionne sont d'autant plus considérables que rien ne les révèle, et que l'on est quelquefois fort longtemps sans soupçonner sa présence. Un garde expérimenté parvient à apprécier presque sûrement les vides que le renard pratique dans la population soumise à sa surveillance ; il constate sa présence par son pied, par ses coulées, par ses laissées. Avec la loutre, ces indices accusateurs manquent le plus souvent ; de loin en loin une tête, des arêtes de poisson, un peu de fiente sur une pierre blanche, donnent à penser qu'elle est venue, mais le plus souvent, ne retrouvant pas le lendemain ces mêmes traces, on se figure qu'elle n'a fait que passer, tandis que presque toujours elle est restée cantonnée sur le même lieu, et que chaque nuit les mystérieuses profondeurs de la rivière sont le théâtre des mêmes drames.

Il n'y a rien de tel que les chiffres pour être éloquents ; ils vont vous donner une idée exacte de ce que nous coûte l'entretien d'un ménage de loutres.

A l'état adulte, un de ces animaux a besoin d'au moins deux livres de poissons pour sa subsistance ; en supposant que dans son premier âge sa consommation soit d'une livre seulement, vous arrivez à 2,250 pour l'alimentation annuelle du père, de la mère et de leurs trois petits. Si vous n'avez pas oublié qu'il n'est pas de gourmet plus friand que la loutre de bons morceaux, qu'elle s'attaque de préférence aux plus gros poissons, revient rarement à son carnage de la veille, gâche, par conséquent, autant qu'elle consomme, vous reconnaîtrez que je reste plutôt en-deçà, que je ne vais au-delà de la réalité.

En sa qualité d'animal nocturne et de brigand ténébreux, la loutre a été peu étudiée physiologiquement. Relaissée dans une anfractuosité de quelque berge caverneuse, entre les racines dénudées d'un vieux saule, elle dort presque toujours dans son gîte tant que le soleil est sur l'horizon. Si quelque accident vient la troubler, elle plonge brusquement, file entre deux eaux, ne se montre que lorsque la respiration lui manque, disparaît lorsqu'elle a pris une bouffée d'air et gagne ainsi un autre asile. Tous les soirs, au crépuscule, elle quitte sa tanière pour se mettre en pêche; c'est en chasse que je devrais dire, car sa tactique est exactement celle des dangereux braconniers qui prennent le poisson à la main; elle bat vers son milieu le lit du cours d'eau qu'elle exploite, tournant, virant à grand bruit, soulevant les pierres. Effarouchés, épouvantés, tous les hôtes du lieu s'enfuient à tire de nageoires, et se réfugient selon leurs habitudes dans les cavités de la rive; alors, changeant d'allures, glissant silencieusement dans les profondeurs qu'elle explore, elle choisit sa victime, s'élance et la saisit. Elle est merveilleusement armée pour appréhender des proies de ce genre, quelle que soit l'épaisseur de leurs écailles ou la viscosité de leur peau. Les cinq ongles gros et robustes de chacune de ses pattes se recourbent comme des hameçons à leur extrémité, ses dents canines ont la même forme; l'irrégularité de ces canines élargit la plaie que fait sa gueule et lui donne plus de prise. Ses luttes avec les gros poissons, qu'elle recherche par-dessus tous les autres, doivent offrir des péripéties bien curieuses et qu'il serait très-intéressant de surprendre. Il est probable que la loutre ne triomphe pas sans peine de ces colosses du monde des eaux, probable encore que lorsque la défense se prolonge pendant plus de six à huit minutes, l'agresseur est forcé de lâcher prise pour venir respirer à la surface; mais ce dernier dénouement doit être exceptionnel, quelle que soit la taille du poisson. Pour mon compte personnel, un matin que j'allais relever des lignes dans la Vire, j'ai trouvé dans l'herbe un saumon qu'une loutre venait d'y abandonner, et dont, surprise par mon apparition, elle n'avait eu le temps de manger que la tête. Ce saumon pesait onze livres et demie.

La loutre ne borne pas ses expéditions à la rivière qu'elle habite. Toutes les mares, les pièces d'eau des environs sont ses tributaires; elle les connaît, et, pour y prélever la dîme à laquelle elle se croit des droits, elle n'hésite pas à s'aventurer sur la terre ferme. Elle n'est pas exclusivement piscivore. Dans un nid de loutres qu'un pêcheur de Champigny avait découvert sur la Marne et que nous explorâmes de compagnie, nous trouvâmes le train de derrière d'un rat d'eau, dont la tête et les parties antérieures avaient été dévorées par les locataires. Il est vrai que le rat d'eau est, je crois, un de ces aliments mixtes qu'on peut manger sans enfreindre les commandements de l'Église. Mais, il y a deux ans, un des paysans des environs de Saint-Prest assomma en plein jour, dans un pâtis qui attenait à sa maison, une loutre qui se trouvait alors à près d'un kilomètre de la rivière. Comme il n'existait dans les environs ni pièce d'eau, ni fossé mouillé, comme ce paysan nourrissait de nombreuses volailles qui picoraient du matin au soir dans ce pâtis, j'ai présumé que cet animal cédait quelquefois à la tentation de se désencarémer pour de bon. Que les mânes de celle-ci me pardonnent si je porte sur elle un jugement téméraire.

Si les loutres se montrent rarement, en revanche elles ne craignent guère de se faire entendre dans leur jeune âge tout au moins. Les pêcheurs amoureux du clair de lune, ceux auxquels le plaisir de se glisser doucement sur la nappe miroitante fait braver les dangers du serein, perçoivent souvent un cri aigre, un miaulement inarticulé qui se répète sans trêve, sans relâche, se double et se triple parfois, et part toujours d'une des rives que leur bateau effleure en passant. Ce cri, c'est celui des petits de la loutre. Comme ils le répètent incessamment, comme le concert se prolonge tant que dure la nuit, il révèle si clairement leur présence que les amateurs du but final ont le droit de prétendre que, si la Providence a affligé ces animaux d'un bavardage aussi compromettant, cela a été pour nous permettre de nous en débarrasser aisément. Pour justifier cette Providence, il est juste d'ajouter qu'il est bien peu d'êtres doués d'une tendresse maternelle aussi défiante que celle de la loutre. Quelle que soit l'aide que vous trouviez dans ces vagissements indicateurs, la recherche du nid, la *catiche*, n'est jamais facile, au milieu des éboulements, des ravinements de berge où il est placé d'ordinaire. Aussitôt que la mère, toujours à l'éveil, soupçonne, à vos manœuvres, la pureté de vos intentions, elle déménage son précieux butin, et vous ne trouvez plus que les bûchettes qui constituaient le matelas de sa progéniture.

Sans atteindre à la valeur de la peau de la loutre marine, loutre du Kamtschatka, peau dont le poil, en Chine, où en est le grand entrepôt, varie de cent à cinq cents francs la pièce, celle de notre loutre indigène est fort estimable. L'enthousiasme que les épiciers manifestaient pour elle lui faisait jadis un grand tort : elle était devenue, pour ainsi dire, le drapeau de la corporation, et, malgré ses qualités très-sérieuses, les esprits faibles hésitaient à l'arborer. Elle a heureusement triomphé de ce préjugé. Aujourd'hui la casquette de loutre est fort bien portée, le gilet de loutre l'est encore mieux, surtout lorsque celui dont elle abrite le thorax peut se vanter de l'avoir tuée lui-même. Donc, lors même que la conservation de nos populations aquatiques ne nous commanderait pas la destruction de l'animal qui fournit ladite fourrure, elle constitue un butin assez précieux pour que l'on prenne la peine de le chasser spécialement. Malheureusement, comme nous le verrons tout à l'heure lorsque nous parlerons de sa chasse, nous ne sommes pas, en ce qui la concerne, outillés comme nos voisins d'Outre-Manche, et il est infiniment présumable que, tant qu'il en sera ainsi, nos théories ne feront point faire un grand pas à l'anéantissement de ces écumeurs d'eaux douces.

Commençons par dire quelques mots de la domestication de la loutre, réalisée depuis de longues années dans certains pays septentrionaux, en Suède principalement, et caressée par le plus éminent de nos écrivains cynégétiques, par Toussenel.

Un mémoire fort curieux d'un académicien de Stockholm nous indique la méthode de dressage usitée dans son pays : « On prend, dit-il, une jeune loutre, on l'attache avec soin, et on la nourrit pendant quelques jours avec de l'eau et des poissons, ensuite, on détrempe dans cette eau du lait, de la soupe, des choux et des herbages. Quand l'élève commence à s'habituer à ces nouveaux aliments, on substitue le pain au poisson ; cependant, de temps en temps, on lui donne encore des têtes, et bientôt l'habitude corrige la nature.

« On dresse la loutre, après quelques mois de prison, à rapporter, comme on dresse un jeune chien, et, quand elle est assez exercée, on la mène au bord d'un ruisseau, on lui jette du poisson qu'elle rapporte et dont on lui donne la tête à manger pour récompense. Dans la suite on lui donne plus de liberté, et on la laisse aller dans les rivières où elle saisit le poisson pour le rapporter à son maître, qui tire de cet animal le service que le chasseur tire du faucon. »

Comme vous le voyez, cela n'est pas précisément aussi difficile que de former un bachelier, mais je soupçonne le titre d'académicien d'être indispensable au succès du professeur. Je l'ai tenté, et probablement parce que je n'appartenais à aucune de ces savantes corporations, bien que j'eusse fortement surenchéri sur les moyens ci-dessus indiqués, je n'ai abouti qu'à la plus honteuse des défaites. Au prix de cent morsures, — morsures cuisantes, croyez-le bien, — j'étais parvenu, vaille que vaille et surtout quand il avait bien dîné, — à obtenir de mon élève qu'il me laissât reprendre le poisson qu'il allait chercher dans un bassin; mais j'ai eu la confusion de le voir retourner au bataillon des réfractaires, la première et unique fois que, voulant utiliser des petits talents si péniblement inculqués, je l'ai lâché dans le ruisseau indiqué comme devant être le théâtre de ses premiers exploits. Un de mes vieux amis, Charles Furne, a été sinon moins maltraité, du moins plus heureux que moi, parce que, moins présomptueux aussi, il a envoyé son écolier terminer ses classes au Jardin des plantes, au moment précis où l'éducation prenait une tournure scabreuse.

Est-ce à dire que je m'autorise de ces exemples pour prétendre que la loutre est indomptable? Non. Nombre de nos lecteurs auraient à me contredire par des faits indiscutables. Pour mon compte personnel, je connais deux ou trois cas de loutres parfaitement apprivoisées et même un petit peu dressées. Ce que par exemple je soutiendrais, c'est que ces domestications, comme celles dont le renard est le sujet, constituent de véritables tours de force, qu'elles sont les récompenses d'une patience véritablement exceptionnelle, d'un calibre à conduire son propriétaire tout droit au Paradis; qu'on ne les obtient qu'au prix des soins les plus continus et d'une persévérance exemplaire, c'est-à-dire d'une complète abstraction de toute autre préoccupation que celle-là. Le résultat vaut-il tant de peines? Franchement, et en faisant large part aux séductions de la difficulté vaincue, je ne pense pas. Je n'infirme aucun des récits des panégyristes de la loutre; je veux bien croire que, ainsi que nous le raconte un naturaliste, il y en a en Suède de si complètement soumises qu'elles vont dans le réservoir chercher le poisson que leur indique le cuisinier. Mais le caractère essentiellement capricieux de l'animal, que j'ai été à même d'étudier, me met en défiance. S'il s'agit d'aller prendre une carpe dans la boutique de mon bateau, je donne la préférence à une épuisette; quand il faudra la pêcher, j'aurai le mauvais goût de me contenter de mon épervier : c'est moins original sans doute, moins sûr peut-être, mais à coup sûr moins trompeur qu'un aussi quinteux auxiliaire, et, sans me soucier davantage de le rallier avec l'académicien de Stockholm, je vais passer aux moyens de nous débarrasser de son voisinage, ce qui me semble beaucoup plus conforme aux principes d'une saine politique.

Je serais désolé d'amoindrir l'excellente opinion que mes compatriotes ont pour la supériorité de leur patrie; cependant, il m'est bien difficile de leur dissimuler que, en fait de sport, je considère les Anglais comme nos maîtres.

Sans doute il n'y a pas de comparaison à établir entre notre savante vénerie, dont les règles sont positives et méthodiques comme celles de la guerre, et ces steeple-chase furieux auxquels un renard, un daim, un cerf de boîte servent de prétexte, et qui ne sont, à vrai dire, qu'une brillante *fantasia* exécutée par les plus hardis et les plus habiles cavaliers qui soient au monde; mais, si notre avantage est incontestable sous ce rapport, que de choses ne nous restent-elles pas à envier à nos voisins du Royaume-Uni!

Tandis que nous laissons nos races canines s'abâtardir et se perdre dans une confusion digne des temps où se construisait la tour de Babel, ils inventent, ils façonnent des animaux merveilleusement appropriés aux différents services qu'ils leur demandent. Nous avons, concurremment avec le braconnage, misérablement gaspillé les ressources giboyeuses de de notre pays, si heureusement partagé et jadis si riche. Eux, ils ont usé sagement, sobrement; ils ont établi, ils ont respecté et les prescriptions légales et leurs réserves, et tandis que nous nous lamentons tous les jours sur une pénurie de gibier dont la responsabilité nous incombe pour une bonne part, les Anglais jouissent des bénéfices de leurs sages institutions et de leur modération pratique. Aujourd'hui, et malgré l'écart considérable qui existe généralement entre le prix des denrées à Paris et à Londres, une perdrix coûte plus cher sur le premier de ces marchés que sur le second, et je ne suis pas bien sûr qu'il n'en soit pas de même du faisan.

Ce n'est qu'exceptionnellement que la loutre est chassée aux chiens courants en France, et, cependant, cet animal manque si peu à nos rivières, à nos étangs, qu'il n'est pas de riverains qui ne se plaignent de ses déprédations, et non-seulement ce sport serait d'une utilité incontestable, mais il est éminemment attractif en raison des difficultés considérables qu'il présente.

Les Anglais ont parfaitement apprécié les séductions de cet objectif amphibie; ils lui ont consacré une race de chiens spéciaux, produit probable de griffons et de barbets de très-petite taille, lesquels, gros comme des king-charles, sont vaillants comme des bulls-dogs, et pataugent dans les glaçons d'un ruisseau avec la parfaite indifférence des canards.

Les écrivains du sport qui ont entrepris de nous justifier de notre manque d'initiative, allèguent la différence énorme qui existe entre les colossales richesses des nababs d'outre-Manche et nos modestes fortunes, deux fois entamées et par la révolution et par le code civil. Peut-être la cause en est-elle bien plutôt dans la dissemblance des deux races : l'Anglais, froid et spleenétique, n'aime pas la chasse de la même façon que nous; il y cherche le mouvement et surtout les émotions qui galvaniseront son système nerveux. Chez nous, et à part quelques exceptions illuminées par le feu sacré, ce que nous demandons à ce plaisir qui fut si longtemps le privilège des classes nobiliaires, c'est avant tout une satisfaction pour notre vanité.

Landseer a popularisé la chasse à la loutre en Écosse. Son tableau d'un hallali est certainement un des plus séduisants de ce grand peintre du sport. Je ne sais rien de plus mouvementé, de plus vivant, de plus grouillant que cette meute de chiens microscopiques qui fourmillent, se froissent, se heurtent autour du piqueur, élevant triomphalement l'épieu à la pointe duquel la bête se débat dans une dernière et impuissante convulsion. Il y a au premier plan un petit griffon au poil fauve et ruisselant, dont il semble que l'on entend l'aboi rageur. Aucun chasseur ne regardera ce tableau sans se sentir aux prises avec une furieuse démangeaison de visiter ces Highlands où ils se montrent dans la réalité.

Si nos habitudes françaises ne comportent pas ce luxe de pittoresque et de mise en scène, il ne s'ensuit pas que nous devions renoncer à nous ménager de loin en loin un de ces émouvants hallalis. Les briquets du chasseur rustique n'auront pas sans doute la *furia* aquatique des petits griffons du veneur écossais, ils seront moins fermes dans cette voie dont ils n'ont pas comme ceux-ci l'habitude exclusive ; mais, quand ils l'auront suffisamment goûtée, ils n'en fourniront pas moins une menée très-satisfaisante, et parfaitement suffisante pour amener l'animal sous votre fusil, ce qui est probablement le but de vos ambitions.

HOMARDS ET LANGOUSTES

L'esprit français s'est malicieusement égayé aux dépens des rêveries de Fourier qui, cependant, ne sont pas aussi creuses qu'on les a représentées. La métamorphose de l'eau salée en limonade a, il est vrai, quelques chances pour ne pas se réaliser de sitôt; les immensités océaniennes n'en sont pas moins, comme l'apôtre des attractions passionnelles l'a entrevu, destinées à devenir pour l'humanité un nouveau champ d'œuvre, dont l'exploitation rationnelle et régulière ne sera pas moins féconde que ne l'a été celle de la terre. Depuis six mille ans, nos générations travaillent sans relâche à astreindre celle-ci à une production fixe et normale; mais, tout en utilisant la mer comme route commerciale, tout en traquant le poisson de ses eaux, nous n'avons jamais songé à protéger, à régler à notre profit les merveilleuses facultés de multiplication qui caractérisent les êtres qu'elle nourrit.

L'*alma mater*, la terre est avare. Rien pour rien, voilà sa devise. Elle se défend toujours, elle ne donne jamais, on la dompte, on lui arrache. Abandonnée à elle-même, elle ferme ses flancs, et, avec le dévergondage de l'esclave et aussi avec son ironie malicieuse, elle s'abandonne aux embrassements des inutiles parasites. Elle a encore la mystérieuse méfiance de l'avare; chacun des actes de son œuvre génésique se couvre d'ombres. Tout autre est l'océan, vraiment riche et vraiment prodigue, rendant ce qui ne lui a pas été prêté, sans exiger de semailles; son laboratoire, grand ouvert, livre à qui veut les secrets de cet incroyable foyer de décomposition, de transformation, de résurrection et de vie.

S'il faut le travail du fort pour payer ses trésors, il n'en a pas moins une obole à mettre dans la main du faible, du déshérité; cette obole, celui-ci la trouvera dans chacun des flots qui se brisent sur le rivage, dans chaque poignée du sable dont ses grèves se composent. Vous avez faim, baissez-vous et ramassez; l'aumône a prévenu votre prière, l'océan ne fait rien à demi. Si, abjurant ses discordes, circonscrivant ses soucis à l'accomplissement de sa mission, concentrant son génie dans le perfectionnement de son œuvre, l'homme avait exploité cette généreuse nourricière avec autant de constance et de méthode qu'il en a déployé pour forcer la terre à lui donner ses fruits, l'appoint de richesses qu'il se fût assuré eût probablement suffi à modifier les mauvais côtés de notre état social.

Non-seulement nous n'en sommes pas là, non-seulement nous n'avons pas sérieusement essayé de mettre la main sur la production maritime pour lui faire donner, en la protégeant, tout ce qu'elle est susceptible de rendre, mais nous avons gaspillé les richesses naturelles de l'océan avec une si aveugle imprévoyance, que leur amoindrissement est flagrant, qu'évidemment le temps n'est pas loin où nous les aurons taries. Il n'est pas besoin de consulter les statistiques, pas même de faire un voyage sur les côtes pour reconnaître le dénuement de notre pêcherie : il est démontré par les prix excessifs auxquels sont arrivés sur nos marchés ces poissons qui, en raison de la prodigieuse fécondité dont la nature les a doués, devraient représenter une espèce de manne à la portée des plus pauvres.

Les crustacés, par exemple, qui fournissent un aliment très-substantiel et généralement apprécié, deviennent de plus en plus rares, de plus en plus inabordables pour les petites bourses; leur reproduction s'opère, cependant, dans des proportions qui touchent à l'invraisemblance : la femelle du homard jette vingt mille œufs dans l'océan, celle de la langouste cent mille, et il ne serait certainement pas impossible d'en garantir, par le parcage, les jeunes générations des causes multiples de destruction qu'elles rencontrent dans leur milieu; on devrait tout au moins interdire sévèrement la pêche des femelles pendant la période de la reproduction, afin d'arriver à la régénération de l'espèce.

Cette période commence en septembre pour la langouste, en octobre pour le homard. Quand elle veut pondre, la femelle replie sa queue en l'appuyant sur le plastron, de façon à former une cavité close de toutes parts, et dans laquelle s'ouvrent les oviductes qui, chez ces crustacés comme chez l'écrevisse, aboutissent à l'origine de la troisième paire des parties postérieures. Pendant que cette ponte s'effectue, les parois de l'abdomen sécrètent une humeur visqueuse qui imprègne les œufs, les relie les uns aux autres et en forme des espèces de grappes, remplissant les intervalles vides des fausses pattes. Ces œufs sont alors soumis à une véritable incubation qui se termine de mars à juin ; l'animal a parfaitement le sentiment de la mission qu'il doit remplir ; on le voit redresser sa queue pour exposer les grappes d'œufs à la lumière, la secouer avec précaution pour les laver, pour les dégager des corpuscules étrangers, et au moindre péril replier l'appendice cuirassé qui les abrite, de façon à mettre sa future postérité en sûreté.

Lorsque l'heure de l'éclosion est arrivée, la mère détache les grappes d'œufs à l'aide de l'ergot par lequel se termine la dernière paire de pattes ; à mesure qu'elles tombent, les embryons se dégagent de leur enveloppe et un mouvement oscillatoire des fausses pattes les éparpille de tous les côtés. La forme de ces embryons ne donne aucune idée de celle qui, plus tard, sera la leur. M. Coste en a fait un genre particulier auquel il a donné le nom de *phyllosomes* : le corps est mou, gélatineux ; il est muni, au lieu de pattes, d'un pinceau de poils vibratiles dont le mouvement incessant le soutient sur l'eau et lui permet de se diriger. Son instinct a dit à ce petit être qu'il devait fuir les rivages, où il trouverait, dans les légions des crabes jamais assouvis, ses pires ennemis ; aussitôt qu'il est éclos, il monte à la surface et gagne la haute mer ; il y forme quelquefois des bancs assez compacts pour altérer la transparence de l'eau. Ce besoin des grands fonds, dans la première phase de leur existence sera probablement le plus grand obstacle que rencontrera la reproduction de ces crustacés en bassins clos ; il n'est pas insurmontable ; l'homme a obtenu chez d'autres êtres des déviations d'instinct autrement étonnantes.

La période embryonnaire des homards et des langoustes se prolonge pendant quarante jours, pendant laquelle ils subissent quatre mues; après la dernière, ils perdent leur appareil natatoire, que remplacent les organes de la locomotion, descendent au fond de l'eau et reviennent aux côtes, où leur test se forme rapidement; mais nécessairement ils ont disparu par milliers tant que cette première période a duré; ils périssent encore en grand nombre dans le trajet qui les ramène; bien peu réussissent à gagner les roches caverneuses où ils s'abritent et où ils trouvent encore dans les sèches, dans les pieuvres, dans les poulpes au bec crochu, aux mille ventouses, leurs plus implacables ennemis. Leur croissance est fort lente; chaque phase de leur développement se caractérise par un changement de carapace. Ces mues se répètent de huit à dix fois dans la première année, et les crustacés ont alors 0,4 de longueur; cinq à sept fois, dans la seconde année où ils ont 0,09 de longueur; trois et quatre fois dans la troisième année où ils atteignent à la taille de 0,14, enfin deux à trois fois dans la quatrième année, où ils mesurent 0,18. Les règlements exigeant que les homards et les langoustes aient 20 centimètres de longueur pour être pêchés, il faut donc cinq ans pour qu'ils deviennent comestibles, et rien ne démontre mieux combien ces espèces ont besoin d'être ménagées.

Terminons par une anecdote d'eau salée. Dernièrement je flânais avec un vieux loup de mer de mes amis sur la jetée d'un petit port de pêcheurs qui, lorsque revient l'été, se déguise en station balnéaire. Le mulet commençait à terrir, comme ils disent là-bas, et le parapet était jalonné de quelques pêcheurs à la ligne. Parmi eux figurait un gros monsieur à lunettes d'or, à la physionomie importante et épaisse, dans lequel j'avais immédiatement démêlé un Parisien venu aux bains de mer avec des intentions féroces à l'endroit du poisson. Mon compagnon l'aborda, le salua et lui manifesta quelque étonnement qu'il eût réussi à trouver de la *pelouse,* c'est le nom du ver de vase qui sert d'amorce, parce que nous étions dans la morte-eau.

— Oh! répondit l'autre avec quelque suffisance, je remplace votre *pelouse,* qui vous manque toujours quand on en a besoin, avec ceci qui la vaut bien.

En parlant ainsi, il avait montré un reste de cervelas. Le vieux matelot prit cette singulière amorce et la flaira longuement et gravement :

— Ça serait parfait chez les levantins, répondit-il, mais l'ail n'est pas dans les goûts des poissons du ponant; il faut aller chercher des cervelas sans ail, si vous voulez prendre quelque chose!

Le conseil était donné avec un sérieux imperturbable, et le bonhomme fût certainement retourné chez son charcutier si j'avais pu comprimer l'envie de rire avec laquelle j'étais aux prises.

GAVROCHE

Rassurez-vous, le gamin de Paris popularisé sous cette appellation légendaire est un personnage beaucoup trop politique pour que je me permette d'y toucher dans ces pages. Bien qu'il lui ressemblât sur plus d'un point, qu'il eût beaucoup de ses qualités et beaucoup de ses vices, qu'il fût, comme lui, audacieux, effronté, insolent, criard et gourmand, mon Gavroche n'avait jamais endossé le bourgeron débraillé, il ne tenait point fabrique de mots typiques, et jamais il ne *descendit* le moindre colonel de la garde municipale, à bout portant. Mon Gavroche appartenait à la gent emplumée, mon Gavroche était un simple moineau franc.

Nous affectons de singulières exagérations dans les décrets que nous rendons contre les bêtes, en vertu de la souveraineté que nous nous sommes arrogée sur elles; rebelles aux traditions de tous les jurys, jamais nous ne mitigeons ces arrêts par des circonstances atténuantes; comme feu Grassot, dans je ne sais quelle pièce : la mort pour la première faute, quittes à se montrer indulgents pour la deuxième, nous ne connaissons que cela. Il est vrai que la plupart de nos condamnés, comme ceux de nombreux tribunaux, ne s'en portent pas plus mal. C'est ainsi que le moineau franc, signalé comme le plus implacable des ennemis de la chose publique, voué à l'exécration des générations présentes et futures, a vu sa tête mise à prix. Écoutez les fabricants de statistiques : ils ont supputé grain à grain le total des hectolitres de froment qu'un moineau pouvait ou devait, — pour ces messieurs, c'est tout un, — consommer dans son année. Ce total est horripilant, un véritable *Mané, Thécel, Pharès*. Lorsqu'on envisage ce chiffre, les mâchoires consternées suspendent leur mouvement, la dernière bouchée de pain s'arrête d'elle-même sur les lèvres, on se sent aux prises avec une irrésistible envie de la conserver comme une relique, afin de léguer aux musées de l'avenir un échantillon du produit qui nourrissait leurs ancêtres. Ce que les statisticiens se gardent bien d'ajouter, afin de ne pas démolir leurs calculs, c'est que le moineau franc ne se nourrit pas seulement de blé, mais d'insectes, mais de fruits, mais de grains de toutes espèces. Sans doute, lorsqu'il trouvera le moyen de se glisser dans un grenier, et qu'il rencontrera dans ce grenier des tas de froment à foison, il s'en gorgera à bouche en veux-tu? Mais à qui la faute, si ce n'est au propriétaire négligent qui a oublié de fermer la fenêtre, dédaigné de boucher les crevasses de son mur? Que madame la Banque laisse entre-bâiller sur la rue de pareils jours de souffrance, on verra bien si les hommes sont d'un tempérament à donner des leçons de modération aux pierrots.

Remarquez bien que je me garde de nier les méfaits des moineaux francs et de conclure à l'amnistie pour eux comme tant d'autres, mais je crois fermement que les dommages qu'ils occasionnent au laboureur ont été constatés à l'aide d'une loupe, que le préjudice qu'ils lui causent se circonscrit dans la période fort courte où le grain mûr reste sur pied, et ne s'étend jamais au loin, puisque cet oiseau ne s'éloigne pas des habitations, et j'en conclus que le jardinier a bien autrement à s'en plaindre que celui-ci, non pas encore parce que ses déprédations sont aussi effroyables qu'on l'affirme, mais parce qu'elles sont singulièrement agaçantes, parce que ce pillard donne précisément sur les plus beaux fruits que l'on entendait conserver; et surtout parce qu'il se joue de tous les épouvantails que l'on imagine pour l'en écarter, des petits moulins, des banderoles de papier, des morceaux de miroir et du reste; qu'il choisit quelquefois, pour établir son nid, le turban même du mannequin sur lequel on avait compté pour lui inspirer, avec une salutaire terreur, le respect du bien d'autrui. Maintenant il ne faut pas oublier non plus qu'il picore dans ce jardin quelques chenilles, pas mal de hannetons et d'insectes en même temps que les cerises et que les pois : l'équité commande d'établir le bilan des services qu'il nous rend, aussi bien que de ses malversations.

Ces concessions faites au sentiment de réprobation que soulève le seul nom de moineau franc, lorsque je vous aurai dit que je suis moi-même jardinier, que je figure à ce titre parmi les victimes les moins contestables, vous admirerez à coup sûr ma grandeur d'âme, lorsque j'ajouterai que non-seulement je lui pardonne, mais que je me sens pour lui de fortes tendances à la sympathie.

D'abord, en ce qui concerne les bêtes, je suis de

l'avis de ce philosophe dans le visage duquel un cerf-volant était venu donner; il le ramassa délicatement entre son pouce et son index, et dit en remettant l'insecte à l'essor : « Va, mon ami, le monde est assez vaste pour nous deux. » Rien de plus légitime à mes yeux que le meurtre d'un animal lorsque l'appétit vous commande de le tuer. La gueule est le pivot sur lequel roule le monde. La loi providentielle nous condamne à manger les bêtes en attendant que les bêtes nous mangent à leur tour. Tuer qui, n'étant pour vous d'aucune d'utilité, n'est pas pour vous une gêne, me semble le comble de l'ineptie. Cela m'est arrivé comme à tous tant que nous sommes; mais alors, en face de mon chef-d'œuvre, lorsque je songeais que tout le génie humain mis à mon service ne parviendrait pas à rendre le mouvement à la pauvre créature que j'avais si niaisement arrachée à ses joies, à ses amours, je me sentais pris d'une confusion qui ressemblait, de bien près, à des remords.

Or, non-seulement un rôti de pierrots ne m'a jamais affriandé, mais je reconnais encore que ces oiseaux n'ont que médiocrement contrecarré mes jouissances horticoles. Il y a mieux, je confesse encore que je ne suis pas sans trouver un certain charme à leurs étourdissantes piailleries, à leur vol tumultueux, tourbillonnant, à leurs familiarités narquoises. La plante charme la solitude, seules les créatures animées la vivifient, et c'est pour cela que, fussent-elles affligées de quelques vices rédhibitoires, je ne les trouve jamais trop nombreuses autour de la maisonnette. Sans doute je paye les divertissements que me procurent les moineaux de quelques livres de cerises, de quelques litres de petits pois, mais n'ai-je pas donné plus de vingt fois l'argent qu'ils représentent, pour m'en aller dans une salle désagréablement odoriférante entendre M. X., ou Mlle Z., lesquels m'ont superlativement ennuyé?

Mais il est grand temps d'en finir avec ce préambule, et d'arriver à Gavroche.

Mon prédécesseur dans la maison que j'habite ne partageait pas, sans doute, ma faiblesse pour les moineaux francs, car, lorsque j'en pris possession, je trouvai toutes les murailles du midi garnies de ces pots à fleur que l'on dispose de façon à favoriser, en apparence, la nidification de ces oiseaux, en réalité afin de ménager aux exterminateurs de leur race un moyen sûr et commode de détruire successivement toutes leurs couvées.

Je laissai les pots à leurs places, me contentant de les rendre dignes d'un adjectif bien différent de celui qui devait les avoir qualifiés jusqu'alors : de perfides ils devinrent tutélaires, c'est-à-dire que je me gardai bien de taquiner les nourrissons qui s'y succédaient sans relâche; plus les cris qui partaient de ces terres cuites hospitalières m'annonçaient par leur intensité que le sevrage allait bien, plus aussi je me déclarais satisfait.

Un jour que, suivi de mon chien Garçon, j'allais et venais devant la maison, je remarquai, non sans surprise, qu'un de ces pots oscillait d'une façon très-singulière.

J'attribuai sur-le-champ ce remue-ménage à quelque querelle domestique. Mon pierrot battait sa femme. Je possède trop bien mon Molière pour ne pas savoir combien il est scabreux de se mêler à ces sortes de polémiques : j'allais m'éloigner, lorsqu'une plus violente trépidation détacha le pot du clou qui le soutenait, et alors, au moment même où l'édifice traversait l'espace, j'aperçus une grosse tête de rat à l'orifice qui lui servait à la fois de fenêtre et de porte. Mes soupçons étaient aussi injurieux que mal fondés.

Mais je n'avais pas été seul à constater la présence de l'envahisseur. Au moment où le pot touchait terre, Garçon s'était élancé, et, avant que le brigand eût pu faire volte-face, d'un seul coup de dent il tranchait la tête qui sortait de cette espèce de lunette, guillotinant son patient aussi proprement que si feu M. Roch se fût mêlé de son affaire.

Cette petite invasion de Garçon dans le rôle de la Providence dénouait à souhait ce drame préliminaire : le coupable avait reçu son juste châtiment, la morale était satisfaite, et moi, faible mortel, je n'avais plus qu'à constater le désastre auquel nul ici-bas ne pouvait porter remède. Ce désastre, il était complet. Des cinq ou six petits qu'avait dû contenir le berceau, un seul survivait; enfoui dans la plume qui servait de matelas à la famille, il avait dû à cette égide d'échapper au sanguinaire appétit du rongeur. Peut-être le père et la mère, probablement tous les deux, avaient également été les victimes du monstre, car je ne les voyais pas voleter dans les alentours.

Je ramassai le jeune pierrot déjà couvert de plumes, mais encore incapable de pourvoir à sa subsistance, et, réfléchissant que la mort de ses parents ou tout au moins l'effroi que devait leur avoir causé cette épouvantable invasion, prédestinait l'oisillon à une mort horrible, pris de pitié pour sa misère, je me décidai à l'emporter et à l'élever jusqu'à ce qu'il fût en état de se suffire à lui-même.

Je m'aperçus alors que Garçon suivait mes manœuvres avec un visible intérêt. Ah! n'allez pas croire que, comme le crocodile de la fable, Garçon regrettât de n'avoir pas fait subir au moineau le sort du rat exterminé. Il était incapable de sentiments aussi vils. Les oreilles retroussées, les oscillations de la queue sont, il est vrai, dans son espèce des marques assez banales de satisfaction pour qu'il soit à peu près impossible de traduire les causes qui les inspirent; mais le chien parle avec ses yeux, il parle même fort éloquemment, et le rayonnement des grandes prunelles jaune d'or de celui-là me disait clairement qu'il approuvait ma conduite à l'égard du petit moineau, et qu'il s'associait à ma compassion. Car il est bon que vous le sachiez, Garçon fut non-seulement un des meilleurs chiens que j'aie rencontrés, mais la plus vertueuse des créatures à quatre pattes que, à défaut d'autres, Dieu m'ait données à aimer ici-bas.

A ce qualicatif de vertueux appliqué à un chien, vous avez souri, ma jolie petite demoiselle? Il ne faut pas m'en faire un crime; vous saurez plus tard avec quelle générosité nous prêtons des mérites à ce qui nous est cher. D'ailleurs, l'adjectif est, je vous l'assure, bien moins improprement placé qu'il ne vous semble. Les bêtes ont des vertus comme vous, — j'allais dire comme moi, mais je ne me mets pas en ligne, et pour cause, — seulement ces vertus s'affirment et se manifestent d'une façon un peu différente chez elles et chez nous. Il en est cependant qui sont communes à toutes les espèces, la bonté, par exemple, de toutes ces vertus la plus grande, puisqu'elle est celle dont profite le plus largement notre prochain. Ce que j'entends par bonté, c'est la douceur, le respect de la faiblesse, une instinctive tendresse pour tout ce qui, comme vous, ma jeune demoiselle, est charmant, sans doute, mais n'en a que plus besoin d'aide et de protection. Mon chien fut le véritable type de cette bonté-là. Dans le cours de son existence, il fut souvent en butte aux espiègleries de jolis petits lutins blancs et roses comme vous l'êtes, admis à partager ce que vous appelez vos jeux, parce qu'ils vous amusent nécessairement. Garçon trouvait-il un charme excessif à servir de monture à ces diablotins, à les sentir se suspendre à ses oreilles à voir sa queue métamorphosée en timon de voiture, je n'en sais trop rien. Ce dont je puis jurer, c'est que, quelle que fût l'impression produite sur ses nerfs par ces aimables distractions, son museau impassible n'en témoignait rien. Il était la force, cependant; un bien petit coup de dent lui eût suffi pour mettre en déroute toute la bande, et il ne se permettait pas même un grognement, poussant la magnanimité jusqu'à lécher les mains potelées de ses bourreaux, se contentant, — lorsqu'on s'amusait véritablement un peu trop, — de me réciter avec les grands yeux jaunes dont j'ai parlé, mais bien bas, afin de ne pas chagriner les camarades, les litanies du chien torturé :

— Mon maître, délivre-moi des griffes de ces démons!

Et la patiente longanimité de ce brave chien envers les enfants était loin d'être le seul témoignage qu'il fournît de l'élévation et de la tendresse de son caractère; elle s'accusait encore par un penchant incroyable pour tous les êtres faibles et débiles, quelle que fût leur espèce.

Sa femme était-elle en gésine, il guettait stoïquement le moment où elle abandonnait momentanément ses nourrissons pour prendre sa place, pour donner à chacun d'eux un pourlèchement auquel la plus fanatique des mères n'eût rien trouvé à reprendre.

Les jeunes chats eux-mêmes étaient l'objet de sa tendre sollicitude. Dix fois, je l'ai vu apportant un à un, et fort délicatement, une portée de chatons sur mon lit, et leur prodiguant des caresses aussi sincères que si leur espèce n'eût pas été l'ennemie née de la sienne.

D'autres fois, pendant des quarts d'heure entiers, il restait assis auprès d'une mue dans laquelle une poule et sa couvée étaient enfermées, tournant et virant sa bonne grosse tête pour suivre les allées et venues des poussins, agitant doucement sa queue lorsque l'un d'eux venait s'égarer entre ses pattes, les repoussant doucement sous la cage lorsque les gloussements de la mère révélaient quelque inquiétude, semblant trouver lui-même dans cette contemplation des charmes dont, moi-même, je ne me rends qu'un compte imparfait.

Cet exposé des faits et gestes antérieurs de Garçon vous prouve donc que je n'ai pas eu tort d'appliquer l'épithète de vertueux à un si honnête chien, et que je n'ai pas menti en vous certifiant qu'il s'intéressait au sort de l'orphelin que je tenais dans ma main.

Du reste, dix minutes ne s'étaient pas écoulées, qu'il m'avait fourni une irrécusable preuve des sentiments qu'il nourrissait à l'égard du jeune oisillon que lui et moi venions d'arracher à la mort.

Je mis l'oiseau dans une petite cage, sur le duvet du nid dévasté; je plaçai un peu étourdiment la cage sur une console, et j'ouvris mes journaux, que le facteur venait de m'apporter.

On n'aime pas les gens quand on ne partage pas leurs antipathies. J'ai pour la race canine une prédilection si nette et si forte, que je suis nécessairement de moitié dans son animadversion pour l'espèce féline. Les admirables panégyriques du chat, écrits par Théophile Gautier et Champfleury, ont été impuissants pour me raccommoder avec cet animal. Cependant je le tolère parce que j'exècre les souris encore plus que je n'abhorre ce diminutif du tigre. Il y a comme cela dans tout en ce monde, et même dans la politique, un tas de lèpres qui nous rendent d'autres fléaux moins désagréables.

J'ai donc, bon gré, mal gré, laissé ma domesticité animalière se grossir de deux félins.

L'un deux, Mistigris, était trop paresseux et trop gourmand pour ne pas être sceptique. Quand il avait bien bu et bien mangé, il reconnaissait à tout le monde, même aux rats, le droit d'être soûl, et pourvu que ceux-ci ne vinssent pas le provoquer dans l'âtre où il faisait sa sieste, il les laissait parfaitement libres de ronger le fromage, que, du reste, il n'aimait pas.

Quant au second, Goby, il avait reçu du ciel un tempérament bien différent. Il n'était pas plus gros que le poing, que j'avais flairé en lui un braconnier. Mon devoir était de l'étouffer tout de suite; malheureusement j'avais dans ces temps-là la naïveté de croire aux bienfaits de l'éducation, aussi gratuite qu'obligatoire, et je me proposais d'user envers lui d'un système pédagogique auquel les plus déplorables instincts ne sauraient résister. J'avais entendu dire qu'un chat qui a les oreilles coupées, et dont les conduits auditifs se trouvent, par conséquent, exposés au contact de l'eau et de la rosée, devient casanier et ne chasse jamais au dehors. Convaincu de l'excellence du procédé, je rasai les deux cornets au jeune Goby, au niveau de l'occiput, et cela de si près, que le plus mordant de tous les rats n'y eût pas trouvé prise pour sa mâchoire. Ainsi coiffé, Goby se trouva pourvu de la plus magnifique tête de galérien qu'il soit possible d'imaginer. Ce caractère de son extérieur était d'autant plus saisissant que, pour en compléter de bout en bout l'harmonie, je l'avais également débarrassé de quatre bons pouces de sa queue.

Hélas! ce fut à me dégoûter à jamais de toutes les recettes. Goby n'avait pas six mois, qu'il se permettait dans le petit parc des promenades fort suspectes : on l'observa, on le surprit grimpant aux arbres; on ne tarda guère à le pincer nanti d'une pièce de conviction. Goby donnait aux oiseaux. J'essayai des moyens de coercition; j'y perdis mes cris, mes pierres, mes coups de fouet, comme mes chiens y perdaient leurs poursuites. En dépit de son crâne dénudé, Goby courait la pretantaine par le mauvais temps comme en plein soleil. La pluie, la grêle, la neige, rien ne l'arrêtait. Je crois en vérité que, comme les bipèdes ses confrères, Goby se coiffait d'un bonnet de coton pour s'en aller en guerre. Vingt fois sa mort avait été décidée, mais, quand il s'agit d'un commensal, ce sont là de ces arrêts que suit ordinairement un sursis, et, tous les jours maudit, le misérable poursuivait tous les jours le cours de ses méfaits.

Vous pouvez juger si Goby, acharné à aller ainsi au gibier, devait rester coi lorsque le gibier semblait venir à lui. A peine avait-il franchi le seuil, bien que le moineau ne fît aucun mouvement, il avait d'un seul coup d'œil constaté sa présence. Il fit précipitamment quelques pas en s'allongeant; arrivé devant la console, il s'accroupit, la tête collée au ras du sol, les yeux fixés sur la cage, la queue frétillant fébrilement, puis, au bout de deux ou trois secondes, il s'élança et d'un bond se trouva sur le meuble.

Garçon, couché sous la console, était fort attentif à ce manège, et c'était précisément parce que je remarquai qu'il en suivait toutes les péripéties avec une mauvaise humeur très-significative, que je ne me hâtai pas d'intervenir.

Effectivement, le chat avait à peine posé ses pattes sur le marbre que, d'un coup de son museau, le chien, lui faisant décrire une parabole dans les airs, l'envoyait retomber à trois pas de là; après quoi celui-ci reprit gravement sa place, mais en fixant toujours sur le mauvais drôle un regard qui semblait lui dire : « Reviens-y ! »

Goby y revint cependant après avoir quelque temps joué l'indifférence, mais cette fois il n'en fut pas quitte à aussi bon marché qu'après sa première tentative; il fut houspillé un peu plus sérieusement par le chien, qui le poursuivit sous les meubles et ne revint à sa place qu'après l'avoir expulsé de la salle à manger.

J'étais un peu plus rassuré sur les destinées de mon petit moineau; la sollicitude de Garçon devait conjurer le plus grand des dangers que je redoutasse pour lui.

Tant que l'oisillon ne sortit pas de sa cage, Garçon continua de lui servir de porte-respect, mais avec assez d'indifférence. Il se contentait d'intervenir lorsque les chats semblaient le menacer; le reste du temps il ne lui accordait qu'une attention fort médiocre et fort distraite.

J'ai dit que j'avais projeté de rendre le moineau à la liberté aussitôt qu'il pourrait se passer de soins : effectivement, lorsque, devenu adulte, il commença de voleter dans la maison, les portes et les fenêtres restèrent ouvertes ; mais, soit que la reconnaissance exilée du cœur des hommes se fût réfugiée chez ce pierrot, soit que l'esclavage ait du bon, quoi qu'on en dise, je m'aperçus, non sans surprise, que mon élève ne songeait pas à rompre une chaîne, bien légère à la vérité, et à user de la clef des champs que je laissais à sa discrétion. Plusieurs fois il prit son vol au dehors, se posant tantôt sur un des orangers, tantôt sur un angle du toit ; mais il rentrait presque aussitôt avec force piaillements, comme effrayé de sa tentative, et se remettait immédiatement à se gorger d'une pâtée de mie de pain et de lait pour laquelle il avait une faiblesse très-prononcée.

Ce fut alors que sa liaison avec Garçon prit le caractère de l'intimité et que, de protecteur assez superbe qu'il avait été jusqu'alors, il devint l'ami de cœur du pierrot.

Agaçants dans leur indépendance, les moineaux ne le sont guère moins dans la vie domestique. Gavroche, c'était le nom que j'avais donné à mon élève, hors le temps où il dormait, voulait absolument que l'on s'occupât de lui. Je jurerais qu'il n'existe pas une jolie femme qui se montre sur ce point aussi exigeante que l'était cet avorton. Lorsque je me refusais à lui servir de partenaire dans ses parties, il me harcelait jusqu'à ma table de travail, se perchant sur ma tête, becquetant mes doigts lorsque j'écrivais, allant, venant sur mes papiers et y laissant toujours d'irrécusables preuves de la générosité avec laquelle il était nourri. A la longue, il me parut assommant, et cinq ou six fois il m'arriva de le claquemurer dans sa cage en manière de pénitence pour lui inculquer des façons un peu moins irrespectueuses à mon endroit.

En philosophe pratique, Gavroche en prit bravement son parti. Il n'était pas moineau à faire le pied de grue auprès d'un cœur récalcitrant. Il s'adressa tout de suite à Garçon, qui, moins affairé que son maître, se trouvait bien mieux en mesure de tenir tête à cette exubérance communicative.

C'est alors que je fus témoin de ce que jamais je n'aurais cru possible : des jeux d'un chien et d'un moineau.

C'était toujours Gavroche qui les provoquait. Ils débutaient par une invite qu'il lançait des hauteurs de quelque meuble où le plus souvent il était perché, un cri aigre plusieurs fois répété.

A cet appel, qu'il fût endormi ou éveillé, la plupart du temps le chien se relevait, et, les oreilles redressées, regardait de tous côtés jusqu'à ce qu'il eût découvert son ami. Quand il l'avait trouvé, ses yeux ne le quittaient plus, et, tout en le fixant, sa tête oscillait de droite à gauche, puis de gauche à droite, comme pour lui répondre : « Allons, viens ! »

Ces témoignages de bonne volonté n'avaient pas besoin de se répéter indéfiniment ; ils ne s'étaient pas plus tôt manifestés que Gavroche descendait de ses sommets, exécutait deux ou trois fois le tour de la pièce en volant, puis venait s'abattre sur le parquet, mais toujours à une très-courte distance de son grand camarade.

Ils se contemplaient ainsi pendant quelques secondes, tous les deux dans une immobilité complète, qui ne tardait pas à peser au turbulent Gavroche, lequel d'un vigoureux coup de bec apostrophait la partie du corps de son ami qui se trouvait le plus à sa portée. Garçon ripostait en allongeant la patte, mais soit involontairement, soit par une maladresse calculée, il manquait son adversaire; celui-ci aussitôt, se remettant à l'essor, décrivait des vols concentriques autour de l'appartement. Le chien, de son côté, commençait un simulacre de poursuite, serrant le fuyard de si près que ce dernier était forcé d'employer crochets sur crochets pour se dérober, et restant cependant si attentif à ménager sa faiblesse, que jamais cette gueule formidable et béante n'essayait de se fermer sur l'oisillon, alors même que celui-ci en passant l'avait effleurée de ses ailes. Lorsqu'on était fatigué, on faisait une halte; le chien reprenait sa position première, Gavroche aussi; puis, après de nouvelles agaceries, le jeu recommençait de plus belle, jusqu'à ce que, exaspéré de tant de tapage, je me décidasse à y mettre un terme.

Il arrivait bien de temps en temps que Garçon, fatigué de quelque chasse un peu trop prolongée, ou très-absorbé par quelques méditations philosophiques, se montrait moins disposé à entamer une de ces parties; mais Gavroche ne plaisantait pas avec ses petits caprices; du dépit il passait rapidement à la fureur; alors, les plumes hérissées, les ailes frémissantes, criant, piaillant comme un forcené, il se précipitait sur le rebelle, s'installait sur son dos et le lardait des plus terribles coups de bec que le bon Dieu ait mis à la disposition des pierrots. Heureusement, en sa qualité de griffon, Garçon avait le cuir aussi coriace que son cœur était tendre; le plus souvent, il se contentait de lever légèrement sa tête, il jetait sur le colérique petit personnage un regard où la compassion se nuançait de reproche, puis il reprenait son somme en laissant le moineau parfaitement libre de s'escrimer sur sa peau. Celui-ci, de son côté, finissait par se calmer, et, sans quitter sa place, il glissait la tête sous son aile et s'endormait à son tour du sommeil du juste; d'autres fois c'était le chien qui cédait, mais en pareil cas la partie était languissante, et le peu d'animation qu'il apportait dans ses poursuites indiquait clairement qu'il ne s'y était déterminé que par condescendance.

Garçon avait une faiblesse que nous partageons généralement avec lui : il n'aimait pas qu'on mangeât dans son écuelle. Un chat qui se laissait aller à une de ces exagérations de familiarité provoquait infailliblement les seuls accès de colère que j'aie surpris chez cette brave bête. Il ne la tolérait pas même de la part de sa chienne Mike, laquelle, en raison des nombreux rejetons qu'elle lui avait donnés, avait cependant quelques droits à cette condescendance. Gavroche, plus favorisé, fut seul à faire exception à la règle. Il faut bien le dire, loin de comprendre tout ce que cette admission au plat d'un aussi gros personnage avait de flatteur pour un simple pierrot comme lui, il s'en montrait peu reconnaissant : lorsqu'il s'était gavé, tous ses efforts semblaient tendre à empêcher son amphitryon de satisfaire à son tour son appétit.

Je n'ai pas besoin de le dire, depuis que Garçon avait élevé Gavroche à la dignité de son copain, les chats, perpétuellement pourchassés et quelquefois étrillés, avaient fini par abdiquer toutes les velléités sanguinaires que la présence de l'oiseau leur avait longtemps inspirées. Goby l'avicide, le farouche Goby lui-même, manifestait à son endroit la vénération d'un Égyptien pour l'ibis sacré. Lorsqu'il arrivait à Gavroche de se percher sur le sommet des hauts landiers de fer de la cuisine, — il était frileux comme une marmotte, — le chat, qui le plus souvent, les pattes emmitouflées, ronronnait sur les cendres, levait à peine un timide regard sur son voisin. Il se contentait probablement de protester, *in petto*, par toutes sortes de sarcasmes contre le singulier caprice avec lequel, les moineaux ayant été bien évidemment créés et mis au monde pour être mangés par les chats, on le condamnait à témoigner à celui-là un respect que les hommes n'ont pas toujours pour les institutions.

Seul, un de mes hôtes se montra peu disposé à se soumettre à la déférence que le chien imposait à chacun à l'égard de son ami. Le malheureux, hélas! fut cruellement puni de sa résistance à cette omnipotente volonté.

Le malveillant était une grosse corneille mantelée qui avait été élevée à la maison et qui, par conséquent, était aussi familière que Gavroche lui-même; on l'appelait Colas, une étiquette élastique, qui se prête aux corbeaux et aux corneilles de tous les sexes et de toutes les variétés. Dès ses débuts, le moineau avait eu plus d'une fois maille à partir avec Colas. Les dispositions hostiles de celui-ci n'avaient pas exclusivement le goût de la chair fraîche pour principe, elles étaient bien plutôt dictées par le désir de s'amuser un brin. Malgré ses habits lugubres, en dépit de sa voix de fossoyeur enrhumé, Colas aimait à rire, et les plus francs accents de sa gaieté étaient toujours provoqués par les plaies et par les bosses qu'il avait ménagées à ses camarades; toutes les badineries de Colas rentraient dans la catégorie du genre de plaisanterie que l'on qualifie de farces de fumiste.

Malheureusement Gavroche était trop taquin pour ne pas fournir au corbeau de nombreuses occasions d'exercer, à ses dépens, les malicieuses tendances de son tempérament. Au lieu de fuir sa compagnie comme la prudence le lui conseillait, il mettait à la rechercher un invincible entêtement dicté peut-être par la vague sympathie qui le poussait vers le seul être vêtu de plumes qu'il vît autour de lui; à la vérité, celui-là était un peu plus gros qu'un pierrot, mais il n'y avait pas là de quoi se montrer si fier! Qui ne sait que ce n'est pas précisément d'après leur taille que se classent les bêtes et les gens? D'ailleurs, et si petit qu'il fût, il avait sur cet énorme oiseau une supériorité incontestable : il avait conservé ses ailes, et Colas, soigneusement éjointé, était réduit à clopiner sur ses pattes; cette supériorité devait nécessairement lui inspirer pour ce dernier le dédain que le cavalier éprouve toujours pour le fantassin.

Quelques coups d'un bec autrement vigoureux que le sien, quelques petits paquets de plumes extirpés, non sans douleur, n'avaient pas du tout guéri Gavroche de la manie de fréquenter les grands de la terre. Lorsque survenait une de ces mésaventures, il criait comme un aigle : Garçon accourait, poursuivait le corbeau jusqu'au fond du jardin. Pendant ce temps, perché sur le chambranle de la cheminée, Gavroche se remettait de son effroi en lustrant son plumage; il n'avait pas fini de déguiser les accrocs de son bel habit marron que la leçon était oubliée, et dès le lendemain, avec son impudence ordinaire, il s'exposait aux mêmes périls.

Comme tous les oiseaux de son espèce, Colas aimait à thésauriser. Que ce fût pour satisfaire ce dernier penchant, que ce fût en raison du malicieux caractère que j'ai signalé, je n'en saurais décider, mais toujours est-il que lorsque chien ou chat avaient laissé quelque chose, soit dans leur gamelle, soit dans leur plat, il se l'adjugeait, le mangeant s'il se sentait en appétit, le transportant morceau à morceau sur le gazon lorsqu'il était repu, et, dans ce dernier cas, exécutant autant de voyages de la cuisine à la pelouse et de la pelouse à la cuisine que cela était nécessaire pour qu'il ne restât pas une seule miette des reliefs à la disposition du propriétaire de la chose.

On avait mis un frein à ces ardeurs de conquête en serrant le contenant et ce qui restait du contenu du repas des convives, dans une armoire, et, n'en tenant que davantage à grossir ses économies, Colas était réduit à glaner sous les tables les miettes qu'il pouvait rencontrer.

Un jour que j'étais assis sur un banc devant la maison, je vis le corbeau qui sortait de la cuisine, tenant dans son bec un morceau de pain de la grosseur d'une noix; suivant ses habitudes, il se dirigea vers les corbeilles, déposa son butin dans l'herbe, et revint en sautillant pour chercher une autre charge.

Mais je n'avais pas été le seul témoin de cette scène : perché sur l'angle d'une persienne, Gavroche n'en avait rien perdu. Le corbeau n'avait pas encore franchi, pour rentrer dans la maison, le seuil de la porte, que le moineau était déjà à la cachette; malgré le poids du fardeau, il l'enleva, prit son vol, s'abattit sur une caisse d'oranger et commença de déchiqueter le fruit de son rapt en poussant des cris véritablement provocateurs.

Ces cris étaient arrivés à leur maximum d'intensité au moment où Colas, chargé d'une nouvelle trouvaille, quittait encore la cuisine; il ne se méprit pas un instant sur leur signification, s'arrêta, et, penchant obliquement sa grosse tête, il aperçut Gavroche à un demi-mètre au-dessus de lui. En reconnaissant son bien, en le voyant si indignement gaspillé, sa surprise, ou plutôt son indignation, furent si grandes qu'il laissa tomber la seconde proie qu'il s'en allait réunir à la première.

Malheureusement le moineau ignorait jusqu'aux éléments du grand art de se modérer soi-même dans le triomphe; enivré du sien, sans se laisser épouvanter par le rayonnement de ces prunelles d'un bleu noir dardant sur lui de menaçants regards, il descendit de sa caisse, et, dans une bravade folle, il essaya de saisir, sous le bec même du corbeau, le second morceau de pain que celui-ci venait de butiner. Colas n'eut que la patte à étendre, Gavroche se trouva enserré dans des griffes presque aussi aiguës que celles de l'oiseau de proie, et les plumes commencèrent à voler de tous les côtés.

Je m'élançai, mais je serais certainement arrivé trop tard. La chance de Gavroche voulut que les cris insolites qui avaient servi de prélude à ce drame eussent mis Garçon à l'éveil : il survenait derrière le corbeau au moment où la situation devenait tout à fait critique. Oubliant lui-même toute mesure à l'aspect de l'effroyable danger que courait son ami, il lança un coup de dent si malheureux que l'infortuné Colas, le crâne troué, se débattit un instant et expira.

J'eus encore quelque peine à délivrer Gavroche de la terrible étreinte. A moitié déplumé, il était si maltraité qu'il fut plus de trois semaines sans recouvrer sa gaieté : mais un petit séjour dans l'enfer n'eût pas triomphé de la légèreté de sa cervelle; si grave qu'eût été cet accident, il l'oublia comme le reste.

Durant les six mois pendant lesquels se prolongea cette liaison d'un chien et d'un moineau, elle prit chaque jour un caractère plus bizarre et plus intéressant. Mais je ne fatiguerai pas nos lecteurs par les incidents que ma mémoire me fournirait encore. Si charmants qu'ils me paraissent, je sens très-bien que la véritable amitié que j'eus pour l'un des deux acteurs peut bien entrer pour quelque chose dans mon enthousiasme, et que je ferais difficilement partager la satisfaction avec laquelle je me les rappelle. Peut-être même ces lecteurs trouvent-ils déjà que j'ai trop accentué les mérites moraux de Garçon. Qu'ils me pardonnent cette faiblesse. Ceux que nous aimons passent si vite, fussent-ils chiens, ils laissent derrière eux un vide si difficile à combler, que nous sommes bien excusables lorsque nos regrets les transfigurent quelque peu.

En dépit des dangers sans cesse renaissants auxquels l'exposaient à la fois la turbulence de son caractère et la fragilité de son organisme, ce ne fut pas le moineau qui manqua le premier à l'intimité que je viens de décrire.

A la fin de l'automne de 1867, fatigué par des chasses trop multipliées, par une chaleur accablante, Garçon mourut, jeune encore, emporté en deux jours par une maladie qui pardonne rarement aux animaux de son espèce, la jaunisse.

Gavroche ne lui survécut que d'une semaine.

Mais il ne mourut pas du chagrin d'avoir enterré un ami fidèle, croyez-le bien; il était parfaitement à l'abri de ces sortes de faiblesses.

Je doute même qu'il l'ait pleuré ; ce dont je suis certain, c'est qu'il bâilla beaucoup ; si mal lui advint, ce fut même parce qu'il bâillait trop.

Cette absence du camarade de ses parties quotidiennes dérangeait ses petites habitudes, et Gavroche tenait à ses habitudes comme une portière à son café du matin.

Cependant, en raison des principes qu'il professait et dont déjà je vous ai dit quelque chose, il crut que la consolation lui serait facile. Le roi est mort, vive le roi ; un ami de perdu, un autre de retrouvé ! Ainsi se disait Gavroche. Garçon était parti, cela n'était, hélas ! que trop vrai ! Mais il lui restait Mike, et, comme il était essentiellement présomptueux, il ne doutait pas un instant que celle-ci ne fût enchantée de se voir pourvue de l'emploi vacant, celui de compère dans les parties que surtout il regrettait.

Mais la veuve du griffon n'avait pas du tout le tempérament débonnaire de son défunt époux; c'était une grave personne, tout entière à ses petites affaires, c'est-à-dire à la chasse, et dont l'humeur devenait tout à fait acariâtre et revêche lorsqu'on se permettait de troubler le repos que ses fatigues lui rendaient nécessaire. Les incitations de Gavroche furent donc très-mal reçues, des grognements significatifs répondirent à ses avances, les avertissements ne lui manquèrent pas. Comme en somme je ne me souciais pas qu'il arrivât malheur au moineau, j'y mêlai les miens, et plusieurs fois, à la suite de scènes assez vives, je le réintégrai dans sa cage depuis si longtemps abandonnée; mais vous savez déjà qu'en fait d'entêtement Gavroche eût rendu des points à tous les mulets du Poitou.

Un jour que, comptant sur la sagesse du pierrot, je l'avais rendu à la liberté, je m'assis devant mon bureau pour terminer un travail très-pressé. Au bout de quelque temps je fus distrait par un bruit d'ailes, de pattes sur le parquet, j'entendis quelques piaillements ou de colère ou de douleur; mais Gavroche m'avait tellement familiarisé avec ce genre de tapage, j'étais si absorbé dans ma besogne que, sans quitter ma place, je me contentai de commander le silence à la galerie.

Au bout d'un instant, lorsque je relevai mes yeux de dessus mon papier, j'aperçus Mike assise sur sa queue devant le bureau, dans l'attitude du chien qui rapporte; je reconnus qu'elle tenait dans sa gueule quelque chose de grisâtre.

Ce quelque chose, c'était Gavroche, dûment étouffé.

Il ne m'avait certainement pas volé; cependant, en songeant à mon pauvre chien, j'avais un regret pour son ami.

Je pris une bêche, j'allai au cèdre Déodora, à l'ombre duquel dormait mon vieux compagnon, j'ouvris la terre qui le recouvrait et je déposai le moineau dans ce trou.

Gavroche sera resté parfaitement indifférent au voisinage que je lui donnais pour l'éternité; mais je jurerais aussi que, dans le monde qu'il habite, Garçon m'en aura su bon gré.

LE COUCOU

En dehors d'un cercle bien restreint d'investigateurs, les curiosités de l'histoire naturelle laissent le public absolument froid; il se passionne volontiers pour certains problèmes de métaphysique dont la solution doit rester conjecturale, il passe indifférent à côté d'étrangetés dont il suffirait d'un peu d'observation pour avoir l'explication. On a reproché aux Parisiens de ne rien savoir des merveilles de leur ville; il n'est personne qui ne soit quelque peu Parisien sur ce point, car personne aussi ne prend la peine de regarder les bêtes qui figurent en si grand nombre sur le théâtre où nous jouons les premiers rôles.

Le commencement d'avril, — ce migrateur est régulier dans ses échéances, — nous a ramené un oiseau dont les singularités ont jusqu'à présent déjoué la subtilité des naturalistes qui se sont occupés de lui. Si, parmi les campagnards, petits et grands sont familiarisés avec ce cri monotone par lequel presque sans trêve il annonce la bonne nouvelle de résurrection, je n'en ai jamais rencontré un seul qui fût en mesure de fournir le moindre renseignement sur ses mœurs et ses habitudes; on en a fait, sans rime ni raison, l'emblème d'un ridicule, et tout le monde en est à apprendre que, des auxiliaires ailés, si pathétiquement recommandés à nos sympathies, il n'en est aucun dont les services soient moins contestables, attendu qu'il est le seul parmi le peuple ailé de nos climats qui mange les chenilles velues, le fléau des forêts comme des arbres fruitiers.

Avec son habit gris-cendre, relevé de roux et de blanc, le coucou est un fort bel oiseau; de plus, je ne crois pas que le chant d'aucun des revenants des pays du soleil, y compris le rossignol, soit écouté avec une plus agréable émotion que celui du coucou, lorsque pour la première fois de l'année nous l'entendons. C'est ordinairement par quelque radieuse matinée où d'éclatants rayons, illuminant les dessous, encore dépouillés, du taillis, dorent son tapis de feuilles mortes et font chatoyer les pousses d'herbes qui, çà et là, en émergent. Nul autre bruit encore que le bourdonnement des essaims de moucherons, un souffle, et les frissonnements des chatons des coudriers entr'ouverts. C'est dans ce silence que retentit tout à coup la voix du voyageur, débarqué dans la nuit probablement, et c'est avec une sorte de ravissement qu'on s'arrête pour l'entendre encore, que l'on veut s'assurer que l'on n'a pas été le jouet d'une illusion, qu'on ne se lasse pas de ses répétitions le plus souvent peu marchandées. Les chansons des artistes du bois sont des mélodies qui caressent plus ou moins agréablement nos oreilles; les deux notes de ce héraut du renouveau, proclamant la fin de nos misères et le commencement de la fête, vont au cœur qui tressaille.

Arrivons aux excentricités de l'organisation de ce curieux oiseau; ce ne sera pas sans vous avoir avoué que, après nous être procuré plusieurs migraines en cherchant à en déterminer les causes, notre sagacité s'est trouvée en défaut, que nous avons été réduit comme et après tant d'autres à donner humblement notre langue aux chiens. Non-seulement la nature a refusé au coucou la faculté de construire un nid, d'élever une famille, mais elle a fort parcimonieusement limité le nombre des œufs de la femelle; enfin elle a établi une disproportion considérable entre leurs sexes; on compterait tout au plus, d'après Montbéliard, deux ou trois femelles pour une douzaine de mâles.

Il y a donc eu là intention flagrante de restreindre autant que possible la multiplication d'un oiseau qui nous est plus utile qu'aucun autre de la sauvagerie, et le fait contrarie d'autant plus singulièrement la doctrine qui représente l'homme comme but final de toute création, que l'exception dont le coucou est l'objet est unique. On lui a donné des explications qui déplacent l'interrogation sans résoudre le problème. M. Hérissant a attribué cette anomalie dans la propagation à la disposition particulière des viscères stomacaux qui s'opposeraient à l'incubation. Au lieu d'être joint au dos et protégé par les intestins, l'estomac du coucou, placé dans la partie inférieure du ventre, recouvrirait ceux-ci complètement, et de telle sorte que, lorsque l'oiseau tenterait de couver, les membranes de l'organe de la digestion, comprimées sur des corps durs par le poids du corps, occasionneraient une sensation douloureuse et contraire à leur travail. Il n'en resterait pas moins à découvrir dans quel but la nature, peu prodigue de caprices, aurait pourvu cet oiseau d'un estomac qui lui interdit de procéder par lui-même à la propagation de son espèce. Mais ce serait prendre une peine inutile; car un savant ornithologiste, M. O. des Murs, conseiller général d'Eure-et-Loir, nous a affirmé, que l'anomalie attribuée par Hérissant aux viscères abdominaux du coucou était une hypothèse que l'anatomie n'avait jamais justifiée.

Remarquons encore que cette nature ne se serait pas bornée à cette disposition organique spéciale; pour assurer l'infraction à la loi générale de multiplication, elle a encore modifié l'instinct des oiseaux nourriciers de coucous, de façon qu'ils se prêtassent à cette étrange adoption.

Il résulte de quarante observations consignées par Lothinger dans son *Discours apologétique*, et pratiquées sur des fauvettes, des bruants, des chardonnerets, des verdiers, des pouillots, que, quelques précautions qu'il ait prises, ces oiseaux ont toujours abandonné les nids dans lesquels il avait ajouté quelques œufs étrangers aux œufs des propriétaires; et, cependant, ces mêmes oiseaux ne repoussent jamais l'œuf dont le coucou vient grossir le contenu de leurs nids, ils le couvent assidûment, ils l'élèvent avec dévouement, bien que l'appétit du nourrisson leur donne une tâche quelquefois au-dessus de leurs forces.

Nous en aurions pour longtemps, si nous devions énumérer tous les détails extraordinaires de ce bizarre système de propagation; en voici, cependant, encore un des plus curieux : on a trouvé un œuf de coucou dans un nid de pouillots, lequel est de forme demi-sphérique, avec une petite entrée sur le côté antérieur, et cela sans que le nid fût le moins du monde endommagé. Comment la mère intrigante et dénaturée avait-elle pu s'y prendre pour l'introduire par une ouverture aussi exiguë ? Évidemment, comme elle serait très-souvent surprise par les maîtres du logis indignés si elle pondait chez eux à la façon ordinaire des femelles, elle doit se débarrasser à terre, ramasser l'œuf, et le transporter de la sorte dans le domicile de la nourrice qu'elle entend lui donner. Mais ce ne sont là que des présomptions, et elles devraient être vérifiées.

Il n'est peut-être pas d'oiseau qui ait servi de prétexte à plus de fables; les uns ont prétendu qu'il se métamorphosait pendant l'hiver en épervier et devenait carnassier comme lui; d'autres qu'il se dépouillait de ses plumes, pour hiverner dans un trou d'arbre, ce qui serait une singulière façon d'avoir chaud; on a dit aussi que la mère visitait de temps en temps le nid auquel elle avait confié son œuf, pour ménager une plus large provende à la voracité du jeune coucou, en supprimant ses frères putatifs les uns après les autres; enfin, que c'était ce jeune coucou qui dévorait ses petits camarades les uns après les autres, et couronnait son œuvre impie par la digestion de sa nourrice; ici même il y a exagération.

Le petit coucou est un profond casuiste, il se garde bien de suivre l'exemple de Caïn en répandant un sang qui crierait sur lui, et cela parce que son estomac est privé du suc gastrique, qu'il a un double cœcum et les instestins longs, un organisme qui se refuse à l'usage de la chair; il ne va pas jusqu'à l'assassinat, il se contente d'expulser ses petits camarades de la chambrée, en se glissant sous eux et en les précipitant en bas du nid. En ce qui concerne cet oiseau, la réalité est assez féconde en curiosités pour qu'on ne lâche pas bride à l'imagination, mais ces curiosités réelles, elles n'en seraient que plus intéressantes à connaître

Un de nos plus éminents confrères, que ses travaux philosophiques et psychologiques ont placé aux premiers rangs de la science moderne, nous a signalé, dans la *Philosophie de l'Inconscient*, d'Hartmann, un passage sur les singularités de la ponte du coucou, et a bien voulu prendre la peine de le transcrire pour nous l'envoyer. Voici cet extrait : « Les œufs que pond le coucou, dit Hartmann, pages 94 et 95 du tome Ier de la traduction française, sont toujours semblables, pour la grosseur, la couleur et le dessin, aux œufs du nid dans lequel il les dépose : pour celui de la *sylvia rufa* (fauvette rousse) ils sont blancs avec des mouchetures violettes ; pour celui de la *sylvia hippolaïs* (fauvette luciniole), roses avec des mouchetures noires ; rouge sombre enfin, pour le *regulus ignicapellus* (le roitelet). L'œuf du coucou est toujours ressemblant, à s'y tromper, aux œufs des autres oiseaux, et on ne peut guère l'en distinguer que par la structure de la coquille. Behm compte une quinzaine d'espèces environ dans le nid desquelles on a constaté des œufs de coucou (*Vie des animaux illustrée*, vol. IV, p. 197). Ce n'est que par mégarde, quand le coucou se trouve surpris par le besoin de pondre, que l'œuf est parfois déposé dans un nid mal approprié ; il peut même arriver que l'œuf soit brisé sur le sol, quand la mère n'a pas trouvé un nid convenable en temps opportum. »

Quand une assertion est émise par un écrivain sérieux, sous une forme aussi peu dubitative, on est mal fondé à la contester quand on n'a pas les mains pleines de faits contradictoires. Nous n'en avons que quelques-uns, et nécessairement on pourrait leur opposer la réserve qu'on s'est prudemment ménagée et nous répondre que la dizaine d'œufs d'une petitesse relative, mais d'une forme, d'un coloris parfaitement identiques, que nous avons eus à examiner, avaient été fabriqués par mégarde par des femelles surprises par le besoin de pondre, etc.; on ajoutera que des centaines d'œufs de coucou ont dû nous passer par les doigts sans que nous nous en doutions, puisque rien ne les distingue de leurs voisins dans les nids qui les contiennent. Nous nous bornerons donc à examiner la miraculeuse faculté que l'on prête à la femelle du coucou à un point de vue purement théorique.

Cette faculté, dont l'importance vous a déjà sauté aux yeux, de modifier au gré de ses impressions la forme, le volume, le coloris de l'être embryonnaire, œuf ou fœtus, de le pétrir, de le modeler dans l'ovaire, comme un sculpteur fait de la glaise, constituerait un étrange privilège. Si les choses se passent comme l'affirme Hartmann, le but de la nature devient tangible. Le coucou est une création de prédilection, spécialement fabriquée pour refréner l'effrayante multiplication de certains insectes rongeurs, et, pour mettre sa multiplication à la hauteur de sa mission, cette prévoyante nature l'aurait déchargé du soin d'élever une famille, pour lui permettre de concentrer ses forces dans le travail de la procréation.

Alors, pourquoi cette disproportion constatée — les plumages ne sont pas les mêmes — entre le nombre des femelles et celui des mâles? Pourquoi ceux-ci forment-ils une si immense majorité dans l'espèce, et non pas celles-là? La nature aurait pris, pensez-vous, une voie détournée pour arriver au même but; ceci n'est guère dans les habitudes de la bonne dame; ce pendant, si quelqu'une est autorisée à avoir des caprices, ce serait bien elle assurément, nous le reconnaissons.

Néanmoins ce but, comme cette fois, elle ne l'atteint pas beaucoup, ce qui lui arrive rarement, il est possible aussi qu'elle ne se le soit pas du tout proposé. Le coucou, en dépit des facilités qui lui ont été accordées pour pulluler, n'est point une espèce très-largement représentée. Il est partout, cela est vrai, mais en petit nombre. La voix de cet oiseau s'entend de fort loin, et au printemps il chante presque depuis le matin jusqu'au soir. Vous en entendez un, il est rare que dix minutes se passent sans qu'un autre lui réponde; l'appel part quelquefois de deux et de trois côtés tour à tour; mais cependant, au début du concert, il y a toujours entre chacun de ces oiseaux une distance assez considérable pour que j'estime qu'il n'en existe pas plus de deux ou trois par kilomètre carré de couverts; si vous voulez bien ne pas oublier que les mâles seuls se font entendre dans l'espèce, vous en conclurez avec moi que son total ne ferait pas honneur à une reproduction si extraordinairement favorisée. Au temps où la poésie était dans l'air, la passion du merveilleux a dénaturé l'histoire naturelle du coucou; il ne faudrait, cependant, pas que la nécessité de trouver des arguments à l'appui d'une thèse philosophique la reléguât à jamais dans le domaine de la légende; nous y aurions plus perdu que gagné.

Parmi les oiseaux nourriciers de coucous, désignés par Hartmann, figure le *regulus ignicapellus*, — nous dirons le roitelet, si cela ne vous contrarie pas. — Le roitelet couronné de feu, commun en Allemagne, niche rarement en France, où nous avons surtout des troglodytes, auquel nous décernons généreusement le titre glorieux de son cousin germain. L'œuf du roitelet est brunâtre, plutôt que du rouge sombre dont l'auteur de la *Philosophie de l'Inconscient* le décore; toutefois la nuance est encore assez tranchée pour que l'écrivain allemand ait tenu à le faire figurer dans une liste destinée à témoigner de la puissance des aptitudes coloratrices de la femelle du coucou; enfin, passons à M. Hartmann son œuf rouge, et tenons-nous-en au volume de l'œuf du roitelet qu'il s'agit d'égaler. Cet œuf est de la dimension d'un gros pois. Nécessairement, ce ne sera pas seulement le contenant, la coquille dont la mère coucou aura dû réduire les proportions; elle n'a pu y réussir sans diminuer le contenu, c'est-à-dire le jaune et le blanc de son œuf. Comment un vitellus semblable à un grain de chènevis, comment trois ou quatre gouttes d'albumine fourniront-ils les éléments suffisants au développement d'un embryon, destiné à arriver plus tard à la taille d'un petit pigeon? Un autre miracle est nécessaire. Notre femelle partage probablement avec Liebig l'honneur d'avoir résolu le problème de la concentration des sucs nourriciers.

Nous préférerions chercher le secret de la reproduction anormale du coucou dans un ordre de conjectures beaucoup plus simple. En le vouant à la destruction de certaines chenilles, peut-être la nature n'a-t-elle pas voulu qu'il allât jusqu'à leur extermination. La consommation qu'ils eussent faite de ces chenilles pendant la période de l'alimentation régulière de leur famille eût été considérable; de plus, les petits eussent été exposés à jeûner dans les années où ces chenilles sont relativement rares. L'inconvénient est évité en livrant les jeunes coucous à des éducateurs non-seulement moins spéciaux en matière d'insectes, mais omnivores (1).

« Pourquoi, direz-vous, ce souci de la conservation d'odieux insectes qui ne servent qu'à dépouiller nos bois de leur parure et à la remplacer par des toiles absolument dégoûtantes? » On peut vous répondre : « Êtes-vous bien sûrs qu'ils sont inutiles? Le microscope a montré, dans l'eau, dans l'air soi-disant pur que nous respirons, des légions d'animalcules dont la présence nous échappe. Qui sait s'il n'existe pas certaines relations entre ce monde des invisibles et quelques créations minuscules, et si celles-ci ne sont pas le trait d'union par lequel il se rattache aux ordres supérieurs? S'il est vrai que parmi les insectes il en est dont l'œil a la puissance d'une lentille grossissante, la supposition cesse d'être aussi absurde qu'il le semble. » Ce qui m'a quelquefois consolé de mon ignorance, c'est qu'il est pas mal de questions comme celle-là, auxquelles les plus savants seraient aussi embarrassés que moi pour répondre.

(1) La femelle dépose ses œufs dans les nids des fauvettes, des pipis, des alouettes, des lavandières, du rouge-gorge, des pouillots, du troglodyte, du rouge-queue, de la linotte, de la grive, du merle, de la mésange charbonnière. Ajoutons que le coucou est baccivore dans une certaine mesure; cependant, sa vocation de destructeur des chenilles velues est si bien déterminée, que l'on trouve dans l'estomac des jeunes des boules de poils enlacés formés de crins qu'ils arrachent au nid et qui rappellent les résidus de poils de chenilles que l'on trouve dans l'estomac des coucous adultes. Probablement les titillations de ces poils et de ces crins sur les parois de l'organe en favorisent le travail digestif.

LES HIPPOCAMPES

C'est un drame que j'entends vous servir.

Rien n'y manque : ni le prologue, ni l'épilogue, et il n'est pas moins riche de mise en scène que la *Poule aux œufs d'or* et *Rothomago,* ces deux chefs-d'œuvre de la menuiserie contemporaine.

Avec un peu de bonne volonté et une forte loupe, vous aurez le droit de vous croire à la Porte-Saint-Martin ou à la Gaieté.

Seulement, je vous en préviens, les sièges que je vais vous offrir relèveront dans votre opinion les grands confortables de feu le Grand-Théâtre-Parisien, sur lesquels les folliculaires ont exercé de si cruelles représailles.

Si vous tenez à assister au spectacle, il faudra vous coucher à plat ventre, non sur l'herbe tendre, mais sur un tapis de roches dont depuis six mille ans la mer aiguise les aspérités.

Si vous possédez une cuirasse dans votre garde-robe, je ne crois pas que vous trouviez une meilleure occasion de l'utiliser.

Dans cette position, vous aurez la scène au-dessous de vous.

Un seul coup d'œil vous suffira pour l'embrasser depuis l'orchestre jusqu'à la toile de fond.

C'est une de ces flaques d'eau que le reflux laisse dans les excavations des rochers.

Dans le demi-cercle de son étendue, la multitude, la variété, la splendeur de son ornementation végétale, fatigueront votre regard et confondront votre imagination.

La mer est aussi grandiose dans chacun de ses détails que dans son ensemble.

Cette goutte de son eau a les aspects d'une forêt vierge et les magnificences d'un écrin.

La flore terrestre, aussi riche peut-être, n'a pas, comme la flore maritime, de continuelles oppositions de ces nuances omnicolores qui se sont donné la tâche d'épuiser toutes les combinaisons du prisme solaire.

L'herbe marine a la variété et la vivacité de véritables fleurs.

Cette cuvette de deux pieds carrés vous montre des végétaux de tous les rouges, de tous les gris, de tous les bruns, aussi merveilleux de formes que de coloris :

Des fucus étranges qui ressemblent à des animaux, des animaux que vous prendrez pour des plantes ; des *laminaires* bistrées et luisantes qui se meuvent entre deux eaux comme des serpents, des *thorea* si soyeuses, si déliées, que vous cherchez l'oiseau au plumage duquel elles ont échappé.

Et le pur cristal à travers lequel tout cela vous apparaît, avive l'éclat, rehausse la valeur des tons de chacune de ces plantes.

Vous n'êtes qu'au prélude de vos étonnements :

Ici, il n'est pas besoin de personnages pour animer la scène : la vie se révèle dans le décor lui-même.

Ces perles oblongues, dont les arêtes gros bleu se fondent graduellement dans une belle couleur noire, ce sont des moules.

Les cônes grisâtres qui adhèrent si fortement à la pierre que vous les avez acceptés comme une de ses protubérances, ce sont des balanes.

Regardez-les : les uns se soulèvent, les autres s'entr'ouvrent pour aspirer les radiaires microscopiques que le flot charrie et l'en débarrasser.

Ils déjeûnent en faisant leur office de purificateurs.

Salaire médiocre, si on le compare à l'étendue du service qu'ils nous rendent.

Mollusques et crustacés obéissent au même mot d'ordre.

Laissez tomber dans l'eau cette moule que vous avez détachée de sa coquille, elle n'aura pas touché le fond que vous verrez apparaître la légion des assainisseurs actifs :

La crevette aux bonds inégaux, la sauterelle diaphane, le bernard-l'hermite roulant sa maison d'emprunt, et un grouillement de petits crabes verts, la plèbe, mais la vaillance de ces soldats de la salubrité.

L'épave est étreinte ; en un clin d'œil elle aura disparu ; la vie aura triomphé de la corruption.

La terre dissimule tant qu'elle peut son œuvre génésique ; la mer nous livre les mystères de la sienne, et la curiosité y trouve d'autant mieux son compte qu'elle est le plus laborieux des foyers de la transformation.

Considérez plus attentivement la plante singulière qui tapisse l'angle du côté *cour* de notre petit théâtre.

Sur un tronc épais et charnu s'élance un faisceau de tiges rondes, régulières comme les pétales d'une fleur, mais infiniment plus nombreuses.

Remarquez que, bien que l'eau soit morte, bien que la brise n'en ride pas même la surface, ces tiges, ces pétales, ces rayons s'agitent d'un mouvement lent, mais continu dans son irrégularité.

Ce mouvement anormal trahit son état civil.

Vous avez sous les yeux une des singulières créatures par lesquelles la nature a comblé les vides du grand tout, ménagé une transition entre les ordres les plus dissemblables, harmonisé son œuvre sublime.

Cette plante est un être : elle végète et elle vit.

Elle se nomme l'anémone de mer.

Celle-ci est d'un beau vert d'émeraude ; deux pas plus loin, vous en trouverez de rouges, de roses, de grises et de noires.

Notre grand poète a immortalisé la pieuvre.

L'anémone de mer est la pieuvre des infiniment petits.

Ces rayons, ce sont des bras, des tentacules.

Ils ne sont pas pourvus de suçoirs destinés à comprimer la résistance d'une proie énergique ; mais touchez-les, vous jugerez que les rugosités de leur écorce suffisent à retenir des êtres secondaires.

Les anémones ne chassent pas comme la pieuvre que j'ai observée, se livrant au sport dans la Méditerranée ; elles sont condamnées à l'embuscade ; tapies dans l'ombre de la fissure dans laquelle elles ont poussé, comme une giroflée sur un mur, pour y vivre et pour y mourir, elles attendent avec l'inertie d'une véritable végétation qu'un animalcule se hasarde sur leur domaine.

Elles doivent cependant exercer sur lui la fascination du serpent sur l'oiseau : quand il se sent à sa portée, la terreur le paralyse. L'agile crevette elle-même perd ses facultés de locomotion; immobile, déjà morte, elle se résigne.

Alors, on voit les bras enlacer doucement la victime ; c'est comme une caresse ironique ; ils s'accumulent autour d'elle, ils la pressent, ils se croisent, ils se confondent; le même mouvement imperceptible rapproche la proie du gouffre toujours ouvert, et tout est dit. Cette fois, c'est la mort qui a vaincu la vie.

Les facultés digestives de l'anémone doivent être d'une incroyable puissance. Dans toutes celles que j'ai ouvertes, j'ai trouvé de petits mollusques absorbés avec leur coquille.

Vous devinez qu'elle va jouer le troisième rôle dans notre drame.

Les autres personnages sont des hippocampes ou chevaux marins.

Le profil équestre de ce fantastique petit monstre vous est certainement familier ; mais ceux que vous aurez observés dans les collections d'histoire naturelle ne vous auront point donné l'idée de l'originalité de leur physionomie tant qu'ils existent.

J'avais découvert deux hippocampes, au plus profond de la flaque d'eau, abrités par une touffe de goëmons.

A l'aide de sa queue flexible, dont l'extrémité s'enroulait autour de la tige d'un fucus, l'un se tenait dans une position verticale, virant à droite et à gauche ses petits yeux indépendants et mobiles, deux perles montées sur deux pédoncules.

Il était visiblement si inquiet de sa présence insolite en ce lieu, aussi bien que de la mienne, qu'il devait avoir charge d'âmes.

L'autre, qu'à sa nageoire abdominale j'avais reconnu pour la femelle, allait et venait dans l'étroit bassin, avec l'insouciante légèreté et les capricieuses allures qui caractérisent peut-être le sexe faible chez les hippocampes comme chez les hommes.

Je supposai immédiatement que ce compromettant vagabondage n'était pas étranger aux angoisses que je croyais avoir surprises chez le premier; et ce dévouement conjugal lui concilia sur-le-champ mon intérêt.

Malheureusement, je ne lui en ménageai pas suffisamment les témoignages.

Briser son joujou pour en surprendre le mécanisme est une tradition que l'enfance transmet à l'âge mûr et que celui-ci passe à la vieillesse.

Je m'amusai pendant quelques instants des manœuvres de mes hippocampes dans leur prison nacrée; puis, je fus travaillé par la curiosité d'admirer de plus près leur cuirasse aux reflets mordorés, et j'allongeai sournoisement la main entre les goëmons.

Cette maladroite intervention fut l'occasion d'une véritable péripétie dramatique.

Je venais de jouer le rôle de ce dieu borgne que l'on nomme le Hasard, et dont l'acharnement à mettre la vertu aux prises avec les sombres passions qui agitent le traître, est le plus puissant des ressorts d'une pièce en cinq actes.

La mienne n'en eut qu'un, mais bourrelé d'émotions poignantes.

L'hippocampe mâle avait échappé à ma tentative; il nageait à l'autre extrémité du bassin, étendu horizontalement dans une double courbe qui lui donnait l'aspect d'un S.

La femelle tournait autour de lui, aussi troublée

qu'elle s'était montrée irréfléchie dans son école buissonnière de tout à l'heure.

Un regard me révéla les causes de cette révolution subite.

Au-dessous du pauvre petit ménage, je voyais onduler avec un frémissement de sinistre augure, les redoutables rayons tentacules d'une énorme anémone.

Mais je ne crus pas au danger.

Il me paraissait impossible que cette agglutination inerte eût raison d'un être de cinq à six centimètres de longueur, vif, remuant, et défendu par sa cuirasse à nervures brillantes.

Convaincu que le dénouement serait tel que le souhaitaient mes sympathies pour l'hippocampe, je me promis de ne pas faire concurrence au destin en me mêlant de ce qui ne me regardait pas.

La femelle aperçut les anémones, un mouvement de ses nageoires la porta loin.

Le soin de surveiller celui que, bien à tort, il regardait comme son plus terrible ennemi, l'homme, absorbait le mâle.

Peu à peu son petit corps s'inclina, ses extrémités inférieures s'abaissèrent; je vis sa queue se vriller pour saisir quelque herbe à sa portée, et s'y fixer dans cette attitude verticale qui lui semblait sans doute favorable à son rôle de sentinelle.

Cette queue rencontra un des rayons de l'anémone, ce contact produisit sur lui l'effet d'une secousse électrique.

Les deux axes au bout desquels étaient fixés les yeux, se projetèrent dans une direction verticale, et instantanément la double arqûre de son corps se distendit.

Il ne nageait plus, il flottait.

Et l'agitation augmentait chez les anémones.

Naguère si insensible aux préoccupations du danger, le second des hippocampes vit le péril de son compagnon.

Par un mouvement rapide comme la pensée, il se projeta en avant et vint le heurter de son museau.

Tentative inutile pour réveiller chez le malheureux le sentiment de la conservation.

Il tournoya deux fois sur lui-même, mais sans trouver la force nécessaire au salut.

Et je voyais se rétrécir la distance qui le séparait de ses ennemis.

Il descendait, descendait toujours.

On eût dit qu'un souffle irrésistible l'aspirait, l'attirait dans les griffes de son bourreau.

Sa compagne ne renouvela pas son héroïque avertissement.

Elle croisait à distance des polypes avec une vertigineuse vélocité de virages.

Peut-être espérait-elle que sa vue inspirerait à son compagnon quelque résolution suprême.

Puis elle resta immobile dans une situation verticale qu'elle n'avait pas encore prise. Une sorte de trépidation de son corps agitait l'eau autour d'elle; elle regardait.

L'œuvre de destruction allait toujours.

Les tentacules des anémones convergeaient à l'envi autour de la riche proie que la fortune leur envoyait. Les adhérences se multipliaient, l'étreinte se compliquait de nouveaux nœuds, la victime disparaissait lentement.

Au bout de dix secondes, on ne voyait plus de l'hippocampe que la tête et le buste.

J'ai trop souvent maugréé contre l'incroyable indifférence avec laquelle la Providence assiste à nos vilenies pour supporter ce rôle passif, lorsque par hasard je me trouve substitué à elle.

Je tirai mon couteau, j'en glissai la lame entre les parois du rocher et la soudure de l'anémone, et, du même coup, je tranchai l'existence de celle-ci et le dénouement de la tragédie.

Hélas! comme il arrive toujours en pareil cas, le *Deus ex machinâ* avait trop tardé.

Lorsque j'eus débarrassé l'hippocampe des liens gluants qui l'enlaçaient encore, je reconnus qu'il n'était plus lui-même qu'une masse inanimée; la pression qu'il avait subie avait broyé la partie inférieure de son corps.

Je ne pouvais me dissimuler l'échec que mon amour-propre d'auteur venait de subir, et je tins d'autant plus à donner au drame l'empreinte de ma collaboration.

Je m'emparai de la veuve de l'hippocampe avec des précautions infinies, je la portai à la grande mer, dont le flot montant léchait le sable.

— Va! dis-je à la prisonnière en lui rendant la liberté; la nature est à la fois la plus cruelle et la plus généreuse des mères. Elle te garde un autre compagnon et d'autres joies en échange de ceux qu'elle vient de te ravir. — Va les chercher, pauvre petite!

LE CRAPAUD

Nous traquons la taupe par irréflexion, le plus souvent elle nous échappe; mais voici un autre être qui a bien autrement à se plaindre de la légèreté de notre esprit, c'est le crapaud. Celui-là qui, jamais peut-être, ne s'est tiré sain et sauf de sa rencontre avec un représentant, grand ou petit, vieux ou jeune, de l'espèce humaine, celui-là, nous n'avons pourtant à lui reprocher aucun attentat à notre propriété sacrosainte. Ni nos grains, ni nos légumes, ni nos fruits ne figurent parmi les menus de l'infortuné batracien, et ces précieuses productions ont en lui un défenseur aussi zélé qu'il est modeste; sa laideur, voilà le seul prétexte des cruautés sans nombre dont il est l'objet. Cependant, qui sait si, au point de vue de l'esthétique des crapauds, il ne se croit pas parfaitement fondé à nous renvoyer le reproche? Et puis, sans compter qu'il nous est infiniment plus facile de nous habituer à ses imperfections, qu'il ne l'est à lui de les modifier, il faut reconnaître que la nature s'est arrangée de manière que la vue de ce reptile-gnome n'offensât que bien rarement notre délicatesse, puisqu'il ne quitte sa retraite qu'aux heures crépusculaires où tous les chats sont devenus gris, où il se confond lui-même avec sa sémillante commère, la grenouille aux yeux d'or.

Il va sans dire que les poètes ont surenchéri sur ces préjugés irréfléchis. Milton veut que l'honnête crapaud, qui n'a jamais persécuté que les limaces et les moucherons, soit un emblème de l'esprit du mal! Shakespeare le traite plus sévèrement encore ; chez tous les autres il devient une sorte de personnification de l'horreur. Comme si ce n'était pas assez, la superstition, cette poésie des fous ou des imbéciles, s'en mêle à son tour; non-seulement elle le fait figurer dans tous les ragoûts diaboliques qu'elle appelle des philtres, mais elle veut qu'à l'occasion il serve de doublure au souverain des enfers et dirige le sabbat au lieu et place de son président empêché! L'acharnement contre cet inoffensif ermite des crevasses va si loin que, à une certaine époque, un mouvement de compassion trop accentué pour son infortune pouvait conduire celui qui y cédait au bûcher. Nous ne sommes plus aussi simples, sans doute, mais nous n'en sommes que plus coupables puisque l'effet survit à la cause et que, n'admettant plus les accointances du crapaud avec Satan, nous ne le traitons guère moins rigoureusement que ceux qui voyaient en lui un suppôt du diable.

Cette persévérance, cet entêtement dans une sotte injustice est œuvre féminine. L'enfant, voilà l'ennemi implacable du batracien, et c'est la mère qui le dresse à lui faire une guerre sans merci. La femme a peur du serpent, elle en a bien rarement l'horreur; toute son aversion, toute sa haine se sont concentrées sur un autre reptile dont le corps lourd et ramassé, la peau terne et verruqueuse, la marche pénible, provoquaient chez elle une profonde sensation de dégoût, et ce sentiment, elle l'inculque fidèlement à sa progéniture. Si dans les promenades du soir le bambin signale un crapaud se traînant sur le sable de l'allée, la mère saisit le petit par la main et l'entraîne avec des cris de poule effarouchée par un milan. La leçon n'est jamais perdue. Seul, en présence d'une pareille rencontre, le petit bonhomme, au lieu de fuir, regarde curieusement le monstre, il reconnaît qu'il est faible, sans défense, qu'il ne peut pas même fuir; autant de raisons pour se montrer brave. Il ramasse des cailloux, il lapide le paria, et désormais il lapidera tous ceux qui se trouveront sur son chemin; aux jours de désœuvrement, il ira peut-être les quêter dans leurs retraites pour leur faire subir le même sort.

Le grand argument que l'on invoque pour légitimer cette cruauté n'est rien de moins qu'une nouvelle calomnie; on prétend que la morsure du crapaud est venimeuse, ce qui est une fable; le crapaud ne mord pas. On aurait le doigt pris entre ses lèvres, qu'il n'en résulterait aucune conséquence, car elles ne sont munies d'aucune espèce de venin; la seule défense que ce reptile oppose à ses ennemis, il la trouve dans une liqueur blanchâtre et nauséabonde que sa peau sécrète, lorsqu'il est irrité, mais qu'il n'a point la faculté de projeter au loin, ainsi qu'on l'a prétendu. Un chien, lorsqu'il a pris un crapaud dans sa gueule, subit une salivation extraordinaire, son malaise se prolonge pendant deux ou trois jours, mais il n'en meurt jamais. Nous le répéterons, cette sécrétion ne se manifeste que lorsque l'animal est sous l'impression de la terreur ou de la colère, et nous aurions de nombreux exemples à citer de crapauds apprivoisés que leurs maîtres prenaient dans leurs mains, caressaient, mettaient sur la table, sans que ce contact ait produit sur leur peau le moindre effet. Un docteur anglais, le professeur Bell, avait un très-gros crapaud qu'il portait dans sa poche, et auquel il donnait à manger sur une de ses mains en le tenant dans l'autre.

Ce n'est point pour propager le goût de ces éducations excentriques que nous avons essayé de réagir contre des répugnances qui se traduisent par une inqualifiable barbarie; laissons les crapauds dans les anfractuosités des vieux murs, dans les trous des saules creux, dans leurs lentes promenades de nuit autour des bordures des plates-bandes; contentons-nous d'écouter cette note unique si singulièrement douce et plaintive qui est une des harmonies d'une soirée sereine, sans essayer d'entamer avec eux de plus intimes relations; mais du moins, quand par hasard nous les rencontrons, ne les assommons pas, sous prétexte qu'ils sont vilains. Le crapaud nous rend de nombreux services, et ce qui est utile ne devrait jamais paraître difforme.

LA GRIVE

La grive est-elle un gibier?

A cette question, je vois les chasseurs classiques, les purs, les sportsmen à tous crins, sourire et hausser dédaigneusement les épaules. Blaze n'a-t-il pas déclaré, au nom des premiers, que oncques elle ne sauva qui que ce fût de la bredouille? Les autres sont beaucoup trop imbus du sentiment de leur dignité cynégétique pour envoyer aux moineaux leur plomb aristocratique. Nécessairement, pour des messieurs si bien gantés, sont moineaux tout ce qui n'est pas caille, perdrix, bécasse ou faisan.

J'avoue ne pas comprendre grand'chose à ce besoin de *hiérarchiser* ce qui est le moins susceptible de l'être; il me semble que la chasse se caractérise bien moins par la valeur plus ou moins grosse de l'objectif que par le plaisir que l'on trouve à sa poursuite. J'ai tué quelques grands fauves dans ma vie, et je n'ai jamais retiré qu'un fort mince agrément de ce métier de boucher; en revanche jamais mon chien ne m'a rapporté une bécasse patiemment, laborieusement quêtée, jamais je n'ai arrêté de bécassine dans ses crochets, voire même une grive dans ses zigzags, sans que mon cœur palpitât d'aise et de plaisir, sans que je me crusse un petit conquérant.

Cette opinion, elle sera partagée, j'en suis certain, par les chasseurs rustiques, par ceux qui exploitent les vignobles principalement, et ceux-là riront à leur tour de ces dédains pour la grive. Quand octobre sera venu empourprer les pampres dégarnis de leurs grappes vermeilles, que les compagnies décimées ne seront plus une ressource suffisante, vous verrez bien si les chasseurs susdits ne traitent pas, avec toute la considération qu'elles méritent, les aimables mangeuses de raisin qui viennent si à propos servir d'intermède entre la chasse en plaine et la chasse au bois.

Les pauvres oiseaux ont le droit d'être insensibles à l'honneur avec lequel on les traite; mais il ne les relève pas moins du rang inférieur que certains fusils trop dégoûtés ont entendu leur assigner, et cette estime des vrais chasseurs leur constitue d'irrécusables droits à ce titre de gibier que l'on prétend leur refuser.

Ces contempteurs des mérites de la grive n'ont pas réfléchi qu'ils s'exposaient à se voir accuser du crime monstrueux de lèse-gastronomie; la grive est un manger de premier ordre: à ce titre seul elle mériterait cent fois la qualification susdite.

Les Romains, de si loin nos maîtres dans la grande science de la cuisine et auprès desquels nous restons de bien pauvres fourchettes, tenaient les grives en haute estime; ils les conservaient dans d'immenses volières, où ils les engraissaient avec des aliments choisis, et ces volières étaient si nombreuses que, suivant Pline, non-seulement la fiente de ces oiseaux servait de fumier pour les terres, mais qu'on l'utilisait encore pour mettre en chair les bœufs et les cochons. — Une méthode à expérimenter par quelque disette de fourrage.

Il s'agit de bien s'entendre sur la valeur comestible de la grive, car il y a grives et grives, tout comme fagots et fagots. Dans le Nord, dans les Ardennes, les Vosges, en Allemagne, on prend au lacet des quantités considérables de ces oiseaux; ils y sont l'objet d'un commerce considérable : mais la chair de ces grives, qui ne sont pas arrivées encore à la région de la vigne et se sont nourries de baies de genévrier, de sorbier et de gui, se caractérise par une amertume qui, très-prisée là-bas, n'est pas du goût de tous les palais. La véritable grive, la bouchée de roi, est celle que nous tuons dans nos vignobles, où, rapidement gonflée de raisin, elle nous ménage un agréable mélange de nectar et d'ambroisie.

Je dois encore vous avertir que vous n'apprécierez la grive que si vous n'êtes pas affligés de la possession de l'un de ces cordons-bleus encroûtés et têtus, qui prétendent que le café sans chicorée est échauffant, que toute chair peu cuite est malsaine, et vous empoisonnent par philanthropie. N'oubliez pas qu'une cuisson prolongée volatilise l'arome délicat de la grive, dissout sa graisse parfumée et la réduit en carton-pierre. — C'est en établissant la différence qui peut exister entre un gibier traité suivant les conditions scientifiques et normales du goût, et un autre gibier mis en broche, d'après des procédés routiniers et barbares, que l'on reconnaît la vérité de l'axiome de Brillat-Savarin : On devient cuisinier et l'on naît rôtisseur.

Je ne pense pas qu'il y ait, pour un débutant, de tir plus instructif que celui de la grive. Au départ, elle donne ordinairement quelques coups d'aile en rasant le sol entre deux rangées de ceps, puis elle se montre ordinairement à vingt-cinq ou trente pas du chasseur; quelquefois elle file droit, mais le plus souvent elle va s'élevant et s'abaissant tour à tour; son vol, beaucoup moins rapide, est plus irrégulier, plus saccadé que celui de la bécassine; c'est le lapin de la plume. Ce tir ne saurait être l'objet d'aucune règle, et c'est là précisément ce qui fait son excellence; il habitue à jeter le fusil à l'épaule avec vivacité et c'est une leçon dont on ne tarde pas à reconnaître les bénéfices.

On tire dans les vignes toutes les variétés de grives à peu près, et par-ci par-là quelques merles qu'un proverbe fort sage vous engage à ne point dédaigner; cependant, le mauvis, la grive, dont le dessous des ailes porte deux taches d'une belle couleur orangée, dominera toujours dans le butin, dans des proportions considérables. Ne vous en plaignez pas, cette variété est la plus petite, mais elle est aussi la plus succulente. La chair de la draine et de la litorne est de beaucoup inférieure. Quand la première a donné au gui des pommiers et des peupliers, malgré sa taille, c'est tout au plus si elle mérite les honneurs du coup de fusil.

Pour tuer des grives, il faut se lever matin. En sa qualité d'ivrogne, cet oiseau n'a pas plutôt l'œil ouvert qu'il fête le jus de la treille. — Toujours, suivant les mêmes traditions, il se retire dans les bois lorsqu'il est repu, afin de cuver son vin. Lorsque le soleil sera au zénith, ce sera en vain que vous battrez les coteaux, ce que vous rencontrerez de grives ne vaudra pas la fatigue à laquelle vous vous serez exposé.

Vers trois heures elles reparaissent et font ripaille jusqu'au coucher du soleil; cependant le tir du soir est toujours moins productif que celui du matin, soit qu'il y ait quelques échantillons de sobriété chez les grives, comme il y en a de désintéressement chez les hommes, soit, ce qui me paraît infiniment plus probable, que les détonations les aient mises en méfiance.

Prenez toujours le vent quand vous abordez une vigne, et ce n'est pas tant pour les grives que je vous adresse cette recommandation que pour les hasards heureux qui peuvent surgir; car il est bien entendu que vous n'aurez pas la grandeur d'âme d'un de mes amis qui, chassant au miroir, présenta les armes à un lièvre maladroit qui passait à dix pas de lui, sous le spécieux prétexte qu'il n'était venu que pour tuer des alouettes.

Tantôt ce seront des perdrix qui se lèveront dans ces meilleures des remises, tantôt un lièvre, un lapin qui débouleront entre deux ceps, quelquefois une caille, attardée par une surcharge de graisse, une proie opime. Pour traiter ce petit monde avec les égards qui leur sont dus, chargez un coup avec du neuf, l'autre avec du six, qui dans les vignes, où l'on tire de près, suffit pour le poil d'un respectable format. Seulement, comme, si chanceux que vous soyez, ces quines ne se présenteront pas aussi multipliés que les simples ambes, lisez les grives, et qu'il ne faut pas fatiguer outre mesure votre coup droit, mettez de temps en temps la cendrée dans le coup gauche.

C'est aussi en prévision des petits bonheurs qui vous attendent que je vous engagerai à ne point vous mettre en campagne sans votre chien. La fréquentation des grives aura, il est vrai, l'inconvénient de décider votre collaborateur à marquer l'arrêt sur ces oiseaux; mais vous l'éviterez un peu en les lui laissant rapporter le moins souvent possible; et puis, n'en déplaise aux puristes, le malheur est mince, le passage des grives est essentiellement transitoire et, en dehors des vignes, il n'y a guère que les champs de betteraves où votre camarade soit exposé à se fourvoyer.

Faut-il tirer une grive qui se pose? Dussiez-vous crier à l'abomination et à la désolation, je vous répondrai nettement : « Oui. » — Cependant ne la cherchez pas sur les arbres, d'abord parce que c'est un métier peu digne d'un chasseur, ensuite parce que le jeu n'en vaut pas la chandelle.

Tant qu'elle festine, toute à sa petite affaire, la grive se laisse approcher de très-près. A l'éveil et à l'essor c'est tout différent. Ses instincts méfiants et rusés déjoueront toutes les précautions que vous voudrez prendre. Quand elle se pose dans un arbre, elle monte ou descend plusieurs branches au-dessus ou au-dessous du point où vous l'avez vue s'abattre, se masque derrière le tronc, se tient coite, et vous attraperez des bluettes en écarquillant vos yeux, sans parvenir à la découvrir. Dans un pommier encore garni de ses feuilles, comme ils le sont en octobre, elle est introuvable. Chassez donc noblement devant vous et tirez au cul-levé; mais si une grive vient à se percher sur un échalas, sur un arbrisseau, à votre portée, pas de fausse et sotte honte, tirez; comme dit la chanson : Fallait pas qu'elle y aille!

LES TÉTRAS

Le sentiment de la conservation des animaux utiles existait profond chez les peuples à l'état de nature : ils avaient conscience des devoirs de protection que leur imposait Dieu envers leurs tributaires ; ils usaient sans abuser ; ils redoutaient par-dessus tout de tarir la reproduction dans ses sources. Chez les indigènes de l'Amérique septentrionale, la mort d'une femelle dans certaines conditions devenait un deuil public, qu'il fallait expier par la prière et le jeûne, quelquefois une cause de guerre entre les tribus ; ailleurs, après avoir immolé la victime, le chasseur s'agenouillait, se justifiait, implorait son pardon ; superstition fort touchante et dont le sens moral ne prêtera à rire qu'aux esprits superficiels. Malheureusement, ce respect de l'être qui nous nourrit a disparu chez les sauvages avec toutes les pieuses traditions emportées par un simple contact avec les Européens. Dans leur marche, dans leurs conquêtes, les civilisations ont leurs vices pour pionniers ; avant de régénérer, elles corrompent ; si donc, dans l'état de décomposition morale que nous avons faite, livrés à toutes les misères qui sont les corollaires de l'ivrognerie par laquelle nous les avons asservis, les indigènes américains massacraient le dernier des animaux de leurs forêts, nous n'aurions pas même le droit de les blâmer.

En revanche, lorsque, en Europe, au dix-neuvième siècle, dit le *siècle des lumières,* malgré les avertissements, malgré les supplications de ceux qui possèdent l'intelligence de la véritable mission de l'homme sur la terre, un être, quel qu'il soit, se trouve, par notre faute, effacé de la création, c'est plus qu'une calamité, c'est une honte.

Simple usufruitier du sol, l'homme est tenu de jouir des biens qu'il y trouve, ainsi que le commande la locution usuelle du contrat légal, en *bon père de famille*. Il a droit de dîme sur tout ce qui peuple la terre, les airs et les eaux, mais son droit d'extermination s'arrête aux espèces qui mettraient la prospérité de l'héritage en danger; il ne pourrait sans folie songer à celles qui en sont le bienfait, la joie, la richesse, l'ornement.

Ce sont là des principes d'une telle banalité que, s'il s'agissait des rapports que les individualités ont entre elles, personne ne songerait à en contester l'équité. Ce qui oblige l'homme isolé n'oblige-t-il pas plus virtuellement encore les hommes à l'état collectif? Ce qui serait répréhensible chez un particulier devient-il donc digne d'éloge par cela seul que la responsabilité en incombe à un peuple tout entier? En s'appliquant aux sociétés, ce qui était la justice et le droit change-t-il de nature et de nom? Qui oserait répondre affirmativement? D'ailleurs, cette obligation de transmettre intact à ses descendants le dépôt dont soi-même on n'a pas été déshérité, ce devoir de la conservation des êtres utiles, ils sont inscrits dans les livres saints de toutes les religions, bases et germes de toutes les civilisations; ils étaient dans le grand code de la nature avant de s'écrire dans nos lois.

Lorsque les rangs de la création sont menacés d'un nouveau vide, lorsqu'un animal, poisson, oiseau, quadrupède, est tout prêt à son tour de passer à l'état légendaire, et cela dans un pays dont les richesses ornithologiques sont médiocres, il y a lieu de pousser un cri d'alarme et de détresse, et de dire à ceux qui regretteront tôt ou tard cette disparition : « Avisez ! »

L'outarde est perdue pour nous, exilée par la mise en culture des plaines arides, que nous sommes loin de déplorer, mais longtemps avant que sa réduction et que sa domestication l'aient constituée à l'état d'oiseau de basse-cour, et cela nous paraît regrettable pour les générations qui vont se trouver sevrées d'un aliment d'une valeur si exceptionnelle. La canepetière devient de plus en plus rare ; enfin le tétras de la grande et de la petite espèce, ce royal gibier de nos forêts, ce manger aussi recommandable par son volume que par la distinction de sa chair, n'est plus représenté que par quelques échantillons bien clairsemés dans quelques-unes de nos montagnes forestières. Encore quelques années, et le tétras aura vécu pour la France, sans que, dans ce qui le regarde, nous ayons à accuser autre chose que la sottise des chasseurs et l'insatiable cupidité des braconniers.

Il est loin de nous le temps où Belon écrivait : « L'on ne sçauroit passer les monts en aucune saison de l'hyver, qu'on n'en puisse voir ès boutiques de chair-cuitiers ou ès hostelleries des villages de Savoie ou Auvergne situez par les montaignes. » Aujourd'hui on admire encore de loin en loin quelque grands tétras chez les héritiers directs des *chaircuitiers* de Belon, mais non plus chez les *chaircuitiers* savoyards ou auvergnats : c'est un privilège maintenant réservé à quelques magasins de comestibles de la Babylone dans laquelle l'industrie de la gueule fait converger ce qu'il y a d'opime dans les productions du monde entier. Combien sont indigènes, parmi ces magnifiques oiseaux? A peine le centième. Dernièrement, un habitant des Vosges, la seule région française, avec le Jura et quelques parties des Pyrénées, où l'on puisse se vanter d'avoir vu voler le grand coq de bruyère; dernièrement, dis-je, un habitant des Vosges m'assurait qu'il était sans exemple qu'un chasseur de son pays fût parvenu à abattre une demi-douzaine de grands tétras dans une année. Cette annihilation de l'espèce ne s'explique pas, comme celle de l'outarde et de la canepetière, par des défrichements de terres incultes ou marécageuses, par l'accroissement des populations, par la multiplication des agglomérations; la responsabilité de cette disparition revient tout entière à l'inintelligence humaine. Les forêts montagneuses, séjour exclusif des tétras, ne sont ni moins étendues ni moins solitaires; le soleil d'août n'a pas cessé de rougir les baies de myrtille de leurs bruyères; les aigrettes d'émeraudes des conifères ne sont pas moins tendres que par le passé. Au souffle tiède du printemps, les branches des coudriers se chargent toujours de ces pendeloques jaunâtres que les coqs affectionnent; ni les vivres ni le couvert ne leur manquent : ce qui leur aura manqué, aux pauvres oiseaux, ce sera un peu de modération chez les chasseurs qui les traquent, un peu de prévoyance chez les possesseurs des bois où ils pullulaient au temps de Belon ; faute de l'une et de l'autre, le dernier des tétras français sera bientôt abattu, et cela lorsque l'Angleterre conserve et propage les siens, concurremment avec les grouses, dans les montagnes des Highlands, et cela lorsque les traditions conservatrices perpétuent l'*auerhahn* dans les forêts de l'Allemagne. Avais-je tort de dire que cette inclémence et cette indifférence sont déplorables, et même quelque chose de pis ?

Hâtons-nous donc de parler des tétras ; les morts vont vite par le temps qui court : nous serons bientôt au printemps, saison des amours, et aussi, hélas ! saison des fins tragiques pour les coqs de bruyère. Qui sait si, dans l'heure qui va sonner, le fusil des braconniers nous aura laissé le prétexte de nous entretenir de ce noble oiseau à titre de gibier ?

De tous les oiseaux, les tétras sont ceux dont les dénominations ont le plus varié, et cela, comme le fait remarquer spirituellement Toussenel, sans qu'aucune des applications qui leur ont été décernées soit complètement justifiée. « On n'a jamais pu savoir, dit-il, pour quelle raison Aristote, Pline et les modernes ont donné le nom de *tétras*, qui veut dire *quatre*, à divers genres d'une famille dont le principal caractère est de gratter le sol et de porter des pantalons de duvet au lieu de culottes courtes. » Le nom de coq de bruyère ne lui convient pas davantage, puisqu'il n'a point de membrane sous le bec et point d'éperons aux pieds ; que ses pieds sont couverts de duvet et bordés d'une espèce de dentelure ; qu'il a dans la queue deux pennes de plus que le coq ; que cette queue n'ondoie pas en panache, mais se relève en éventail, comme chez le paon et le dindon ; enfin que son volume est bien plus considérable, qu'il se plaît dans les pays froids tandis que l'espèce galline proprement dite prospère beaucoup mieux dans les pays tempérés. On pourrait, par les mêmes raisons, contester le titre d'*auerhahn, coq sauvage*, que les Allemands donnent à la grande espèce, ainsi que celui de *birkhahn* par lequel ils désignent la petite. Les sobriquets de *faisan bruyant* et de *faisan sauvage* ont encore moins leur raison d'être, non plus que celui de *paon sauvage*. Le seul de ces capricieux baptêmes qui me paraisse s'être passablement inspiré du caractère de l'oiseau est celui dans lequel les Grisons, agissant comme parrains, l'ont appelé *stolzo*, de l'allemand *stolz*, qui signifie imposant, fastueux, superbe, et dont un dérivé, *stolziren*, se pavaner, s'applique merveilleusement à la mise en scène de ses drames matrimoniaux. Malheureusement, en fait de dénomination ornithologique, comme de beaucoup d'autres choses, il ne suffit pas d'avoir le bon sens pour soi; le mot *stolzo* n'a point dépassé les montagnes de la Suisse, et l'oiseau qui nous occupe est resté le tétras pour les naturalistes, le coq de bruyère pour les chasseurs.

Les tétras étaient connus des anciens : « L'oyseau nommé *tetrix*, ou bien *ourax* des Grecs, dont Aristote a fait mention, est possible une mesme chose avec le *tetrao* des Latins, » dit Belon, et il est hors de doute que les deux espèces de *tetrao* que Pline décrit fidèlement ne soient nos coqs de bruyère grand et petit. Ceux que l'on voyait en Italie venaient probablement de l'Apennin et des montagnes du Frioul, où le même Belon déclare qu'ils étaient communs. Cependant cet oiseau était assez difficilement observé pour que les ornithologistes soient excusables si, à son occasion, ils se sont abandonnés à leur amour du merveilleux. Pline prétend qu'il n'a point de langue. Cette opinion s'explique par la contraction singulière qui, après la mort de l'oiseau, ramène cet organe dans le gosier. Cette croyance, résultat d'observations trop superficielles, s'est perpétuée jusqu'à nos jours dans certaines contrées. Un vieux chasseur des Vosges me jurait ses grands dieux que jamais il n'en avait découvert chez les coqs qu'il avait tués. Comme je lui faisais observer que cette absence de langue était difficile à concilier avec la véhémence et l'éclat du chant du tétras : « Monsieur, me répondit mon homme, ils chantent avec leur estomac, comme les ventriloques. » Ainsi que déjà je l'ai indiqué, on compte plusieurs espèces : le grand tétras, *tetrao urogallus*, de Cuvier, *auerhahn* des Allemands ; le tétras à queue fourchue, *tétras*, *tétrix*, *birkhahn*, coq des bouleaux ; enfin la grouse, petit tétras de Buffon. Toutes les trois sont européennes.

Pour plus d'exactitude, à la courte nomenclature des régions françaises que le coq de bruyère n'a pas complètement abandonnées, j'ajouterai les départements du Rhin, des Alpes et de l'Isère, où l'on peut encore affirmer, de loin en loin, que l'on a rencontré un de ces oiseaux sans être exposé à passer pour un menteur : mais c'est là tout ce que nous possédons. « La fixation du nombre des coqs de bruyère qui foulent encore, à l'heure qu'il est, le sol inhospitalier de la France, de leur pied léger et pattu, n'exigerait pas de grands calculs. Mettons une centaine de têtes, deux cents si vous voulez, mais n'allons pas plus loin. » C'est Toussenel qui parle ainsi. En revanche, la grande espèce des coqs de bruyère reste largement représentée en Souabe, en Bohême, en Hongrie et dans plusieurs autres parties de l'Allemagne; on la trouve encore en Russie, en Norvège et en Écosse; mais elle y est plus rare que le tétras à queue fourchue. Ainsi que le démontrent ses pattes garnies de fourrures, c'est un oiseau destiné à braver les basses températures et à piéter dans les neiges. Il serait inutile, même dans le pays qu'il habite, de le chercher dans les forêts de la plaine; on ne le rencontre qu'à de certaines altitudes.

Le grand tétras est aussi remarquable par ses belles formes que par le magnifique coloris de son plumage. C'est un énorme oiseau dont le poids commun varie entre 5 et 8 kilogrammes; son envergure est médiocre, et son vol, bien qu'assez puissant, n'a point les audaces du vol des rapaces; mais sa physionomie et sa prestance respirent cette fierté calme et sereine que donne le sentiment de la force et de l'indépendance. Sa tête et son cou sont d'un noir ardoisé; une sorte de plaque d'un bel écarlate garnit la partie supérieure de l'œil; le bec est fort et tranchant, propre à briser les cônes des sapins dans lesquels il cherche quelquefois sa nourriture; ce bec est gris roux chez les jeunes coqs, il prend chez les adultes la couleur de l'ivoire jauni. Buffon lui donne une huppe, il n'en a pas; mais en revanche, le dessous de son bec est garni d'une barbe de plumes noires, à reflets chatoyants, qui souvent, lorsque l'oiseau vole, pend complètement et s'aperçoit d'assez loin. Sa poitrine est d'un vert foncé à reflets métalliques, lesquels vont s'effaçant et en diminuant d'intensité sous le ventre, qui reste d'un beau noir. On remarque sur cette partie de son corps des taches blanches dont le nombre et l'intensité varient suivant l'âge des individus. « Quelques-uns, dit Buffon, prétendent que le tétras, lorsqu'il est jeune, a beaucoup de blanc dans son plumage et que ce blanc s'efface à mesure qu'il vieillit. » Des chasseurs des Vosges m'ont assuré que c'était le contraire qui est exact; que ces taches blanches sont plus nombreuses et plus nettes chez les vieux tétras que chez les jeunes. Le dos est brun ainsi que les ailes; les grandes rémiges de ces dernières sont marquées de blanc. Les plumes de la queue sont longues et brunes; il semble que le nombre de pennes qui la composent soit susceptible de varier. Dans sa *Fauna suecica,* Linné le fixe à dix-huit; Schwenkfeld prétend que les mâles n'ont que douze plumes, et M. Brisson, dans son *Ornithologie,* leur en donne dix-huit; enfin les pattes, courtes et trapues, sont couvertes de poils bruns et épais qui s'étendent jusqu'aux doigts.

La femelle du grand tétras est incomparablement plus petite que son mâle; les plus grosses pèsent rarement plus de 2 kilogrammes. Buffon a encore commis une grosse erreur en lui attribuant une livrée aussi brillante que celle du mâle : « Elle l'emporte sur le mâle, dit-il, par l'agréable variété des couleurs, ce qui n'est point l'ordinaire dans les oiseaux. » C'est à peu près comme s'il disait que la poule faisane est plus richement habillée que son coq, et le surnom de *rousse,* que l'on donne à la femelle du coq de bruyère dans les Vosges, indique péremptoirement la nuance dominante de son costume. Elle est uniformément tachée de brun foncé sur le dos, le dessus de la gorge est roux, le blanc domine dans les parties inférieures; les plumes de la queue sont assez systématiquement mêlées de brun et de blanc; la tête est tachetée de roux, de brun et de blanc; elle a la caroncule sourcilière rouge du coq, mais moins accusée, moins large; les tarses des pattes sont également garnis de plumes.

Le grand tétras habite la partie intermédiaire des versants des montagnes. Bien rarement, et seulement lorsqu'il est attiré par des semis résineux, il s'égare dans les bois qui garnissent leurs dernières ondulations. Il mange les feuilles et les sommités de sapin, de genévrier, de cèdre, de saule, de bouleau, les baies de myrtille, de la ronce et du framboisier sauvage, les fruits du hêtre, les amandes qu'il trouve dans les pommes de pin, etc., etc. Dans sa jeunesse, il est comme tous les gallinacés, très-friand d'œufs de fourmis, et recherche les lieux abondants en fourmilières. Ses habitudes sont très-sédentaires. Il passe du bois à la bruyère, et de la bruyère au bois, mais sans se montrer aux gagnages dans les champs cultivés qui avoisinent les forêts. Très-fort, très-brave, il se défend avec avantage contre les petits carnassiers; et les oiseaux de proie, l'aigle excepté, ne s'attaquent pas à lui.

C'est vers le milieu du mois de février que commence, pour les tétras, la période de reproduction. Un peu avant le jour, à cette heure douteuse où les blanches vapeurs des vallées commencent à se dessiner sur le fond grisâtre du ciel, où les habitants des grands bois, bêtes fauves et bêtes noires, carnassiers et rongeurs, regagnent silencieusement leurs retraites, où les oiseaux n'osent pas encore entonner l'hymne du matin, qui les révélerait à leurs tyrans, le chat-huant, l'orfraie, dont on entend encore le houlement lugubre, de la cime de l'arbre où il a passé la nuit, ordinairement quelque pin gigantesque, le coq de bruyère jette son cri de ralliement aux poules éparpillées dans son canton. Ce cri caractéristique s'entend de fort loin : c'est une explosion véhémente à laquelle succède une série de grincements aigres, saccadés, aigus, semblables au bruit de la pierre à aiguiser sur le faux, qui se termine par un *da capo* du gloussement sourd et grave, lequel semble jouer le rôle de ritournelle dans ce singulier épithalame. Après chacun de ces appels, il fait une pause de quelques secondes, et il les continue pendant une heure environ, jusqu'à ce que le disque du soleil s'échancre entre les nuages de pourpre de l'orient. A ce signal de tous les côtés les poules se dirigent en piétant vers l'arbre où leur seigneur et maître les appelle et se rassemblent à la base du grand pin.

A la fin du mois de mai, au commencement du mois de juin, la ponte est terminée. Le nombre des œufs est très-variable : quelquefois il est de six, quelquefois il est de quatorze. Cette inégalité dans la production n'est pas particulière au grand tétras, elle caractérise l'espèce tout entière. Dans l'Ardenne belge, où j'ai beaucoup chassé le tétras à queue fourchue, on attribue la disproportion du nombre des œufs dans les pontes de cet oiseau aux différences d'âge de la femelle. Ce nombre augmenterait à mesure que la poule avancerait en âge, pour s'arrêter au chiffre de douze chez les tétras à queue fourchue, à celui de quatorze chez les grands coqs de bruyère.

Leur nid est fait sans beaucoup d'art. Les femelles déposent leurs œufs au pied de quelque sapin, et ne prennent d'autres précautions que celle de garnir ce nid de quelques brins de mousse et de feuilles sèches.

Comme tous les mâles d'oiseaux polygames, le mâle du coq de bruyère ne partage pas les soins de l'incubation avec ses compagnes. La femelle couve assidûment. Elle est tellement attachée à ses devoirs maternels, que non-seulement l'apparition d'un homme ou d'un chien ne la décide pas à quitter son nid, mais qu'elle s'élance quelquefois contre celui qui essaye de lui ravir ses œufs.

Les jeunes coqs courent en sortant de leur coquille, comme tous les gallinacés. Les larves d'insectes sont la nourriture presque exclusive de leur premier âge. La mère les mène à la chasse des fourmilières. Ce n'est que plus tard qu'il picorent les baies de myrtille, qui deviennent le fond de leur cuisine. Ils préfèrent le myrtille à fruits rouges, que l'on trouve dans les bruyères, aux myrtilles à fruits noirs, qui croissent exclusivement dans les bois. C'est la première de ces variétés qu'il faudrait propager, si l'on songeait à acclimater le grand coq de bruyère, aussi bien que le tétras à queue fourchue.

Ce petit tétras n'a pas été plus heureux que le chef de file de son espèce. Fort répandu autrefois dans les montagnes des Pyrénées et de l'Auvergne, il en a complètement disparu. Toussenel affirme qu'il en reste quelques spécimens sur les versants alpestres du Dauphiné, dans le Jura et le Bugey : je le crois probable, mais je suis certain qu'on ne saurait plus trouver un seul exemplaire de cette espèce dans l'Ardenne française. En revanche, ils se sont conservés en quantité honorable dans certaines parties de l'Ardenne belge, dans l'espace, assez circonscrit, il est vrai, qui s'étend de la jolie ville de Spa à celle de Saint-Hubert. Ils sont assez multipliés dans les forêts de la rive gauche du Rhin, très-communs en Suède, en Pologne, en Russie et en Écosse.

Plus petit des deux tiers que le grand coq de bruyère, d'un volume qui ne dépasse pas celui d'un bon faisan, d'un poids qui ne va pas au-delà de quatre livres, le petit tétras reproduit la forme et les dispositions du plumage de son congénère de la grande espèce. Cependant, avec tant de points de contact et de similitude, il y a entre ces oiseaux des dissemblances autant extérieures que de mœurs et d'habitudes qui sont assez essentielles pour qu'il soit impossible de considérer celui-ci comme étant la reproduction en miniature de celui-là. Les reflets métalliques du plumage sont plus vifs, plus chatoyants sur la robe du petit tétras que sur celle du grand coq de bruyère. Cette robe, moins largement et moins fréquemment maculée de taches blanches, est d'une teinte plus harmonieuse. Le blanc des ailes se trouve en revanche plus étendu et plus net. La membrane sourcilière est plus large, et d'un rouge plus carminé. Il se caractérise par cette bifurcation de la queue qui a servi à le dénommer. Les plumes rectrices de cette queue se partagent et s'inclinent mi à gauche et mi à droite, dans la forme de volute, et de façon à former une espèce de lyre.

La femelle de cette variété est également habillée de gris et de roux. Disons-le en passant, ce n'est probablement pas sans intention que la nature les a condamnées, comme les poules des faisans et de plusieurs autres oiseaux polygames, à cette modestie, à cette sévérité d'un costume qui, se confondant, soit avec avec la terre, soit avec les feuilles desséchées, peut servir à les préserver, et assure la reproduction, tandis que la prodigalité avec laquelle cette même nature répandait sur le plumage des mâles les plus riches couleurs de son écrin ne témoignerait que de la profonde indifférence que lui inspirait la destinée de celui-ci.

La poule du tétras à queue fourchue choisit pour son nid une petite excavation au pied d'un arbre, une touffe de genévrier ou de sureau; la construction de ce nid est toujours informe et ne consiste qu'en quelques feuilles rassemblées. Des écrivains ont prétendu que le nombre des œufs d'une ponte de petits tétras pouvait être de quinze à vingt. Ces naturalistes n'ont exagéré que de moitié.

Les jeunes sont faciles à prendre pendant les deux premiers mois de leur existence. Isolée, privée de l'appui du mâle dans les soins à donner à sa progéniture, la mère a pour cette progéniture une tendresse infinie, mais non point l'admirable instinct avec lequel la perdrix parvient à préserver la sienne. Lorsqu'on surprend la jeune compagnie, la poule s'envole, s'abat à peu de distance, revient courageusement en piétant pour rallier ses enfants; mais, hélas! souvent trop tard, car aussitôt qu'ils se sont sentis abandonnés, les petits coqs n'ont plus essayé de se défendre en fuyant; ils se sont cachés dans l'herbe et dans la bruyère, où, avec un bon chien, il est facile de les ramasser vivants les uns après les autres.

Jusqu'à la fin de septembre les petits tétras restent en compagnie; alors ils se débandent. Pendant l'hiver, les mâles se réunissent, les femelles restent isolées. A cette dernière époque ils se tiennent peu dans les bois pendant la journée, hantent les bruyères, et principalement les bruyères marécageuses, comme il s'en trouve même sur les hauteurs. Pendant qu'ils glanent ou font la sieste aux pâles rayons d'un soleil d'hiver, il en reste toujours quelqu'un pour faire sentinelle, et, comme ils sont doués d'une ouïe d'une extrême délicatesse, le moindre bruit suffit à donner l'éveil à leur méfiance. Dans la saison rigoureuse les petits tétras accomplissent certaines migrations irrégulières et indéterminées. Dans les Ardennes belges, il m'est souvent arrivé d'en *apercevoir*, car, la plupart du temps, c'était de fort loin, des troupes dont l'ensemble pouvait être de soixante à quatre-vingts oiseaux, éparpillés sur les immenses plateaux couverts de bruyères que, dans les Ardennes, on appelle des *fagnes*. Cependant, non-seulement tous les versants de la montagne sur laquelle je me trouvais étaient bien loin d'avoir produit un nombre de tétras aussi considérable, mais je voyais moi-même ces compagnies diminuer et se fondre quand venait janvier, et bien qu'aucun de ceux qui les composaient n'eût été abattu.

Les tétras de la petite et de la grande espèce sont-ils susceptibles de s'acclimater dans les pays de montagnes autres que ceux dont ils sont autochthones? Est-il possible de les domestiquer? Buffon a décidé négativement en s'appuyant sur l'insuccès de nombreuses expériences de ce genre tentées par le maréchal de Saxe dans son parc de Chambord. D'un autre côté, des propriétaires des environs de Liège m'ont raconté qu'ils avaient inutilement tenté d'introduire le tétras à queue fourchue dans leurs bois, bien que ces bois fussent fortement accidentés et qu'une distance de quelques lieues seulement séparât ces bois des derniers contre-forts des Ardennes, d'où les oiseaux sur lesquels on expérimentait étaient originaires. Je ne pense pas que l'on doive considérer l'avortement de ces différentes tentatives comme décisif : les essais de Chambord sont peu concluants en raison du peu d'identité du sol, du climat et des productions végétales de la Sologne avec ceux des contrées montagneuses. Peut-être les expérimentateurs liégeois ont-ils, de leur côté, négligé quelques-unes des précautions préliminaires indispensables à l'œuvre qu'ils se proposaient d'accomplir, comme celle d'ensemencer leurs bruyères de myrtilles ; en tous cas, le voisinage immédiat de la véritable patrie des tétras, les sollicitations que ce voisinage exerçait sur eux, me semblent avoir joué un grand rôle dans les résultats signalés, et je persiste à croire qu'on parviendrait à acclimater les tétras dans tous les pays dont les conditions climatologiques se rapprochent de celles des districts où ils existent.

Quant à la seconde des questions que j'ai posées, à celle de la domestication, il y a longtemps qu'elle a été résolue. En Pologne, en Sibérie, on élève en basse-cour non-seulement le petit tétras et la gelinotte, mais l'*auerhahn* lui-même, et les premiers du moins se reproduisent parfaitement en esclavage. Dans un charmant opuscule où il traite de la chasse du coq de bruyère avec infiniment de verve et d'humour, un écrivain belge, M. Léon de Thier, a cité deux exemples concluants de la réduction des tétras à l'état de domesticité :

« M. X... m'entraîna sur ses pas, nous pénétrâmes dans une petite enceinte où croissaient des sapins et des bouleaux nains, au milieu desquels j'aperçus bientôt, tout effrayés de notre apparition, plusieurs couples de grands et de petits tétras.

— Voilà, dit M. X..., vos hôtes sauvages en excellente santé, je pense, et qui protestent eux-mêmes contre l'opinion des savants. Il en est, parmi ces tétras, qui vivent dans ma volière depuis plusieurs années. Voyez ces gelinottes : il y a deux ans que je les garde ici et je ne sache pas qu'elles aient l'air de se plaindre de ce régime. Cet auerhahn a été acheté en Suisse à un pauvre diable qui faisait métier de les dénicher.

« Un de mes amis, ajoute un peu plus loin M. Léon de Thier, M. le baron de Vielsalm, chasseur intelligent et observateur érudit, auquel je dois plusieurs précieux renseignements sur les mœurs des tétras, a démontré un des premiers, dans notre pays, que le petit coq de bruyère s'habituait sans peine à la privation de sa liberté. J'en ai vu chez lui de fort beaux spécimens. »

J'ai tenu à citer ces passages dans leur entier, afin de combattre une opinion adoptée trop légèrement par les naturalistes et passée à l'état d'article de foi chez les amateurs qui s'occupent pratiquement de domestication. Je suis convaincu que c'est à ces convictions erronées qu'il faut attribuer le vide regrettable que laissent les gelinottes et les coqs de bruyère dans la magnifique collection que possède notre Société zoologique d'acclimatation.

LE SANGLIER

De tous nos animaux européens, le sanglier est celui dont la poursuite présente le plus d'attrait. La chasse du cerf a un caractère grandiose qui, dans certains esprits, doit lui assigner le premier rang; mais c'est en raison de ce même caractère et de l'attirail qu'elle nécessite qu'elle n'est pas du goût de tout le monde; la chasse du loup, et par loup il est bien entendu que c'est des vieux loups que j'entends parler, se complique de difficultés si grandes qu'elle reste dans les attributions de quelques équipages d'élite. La chasse du sanglier, au contraire, est à la portée de tout le monde, et il n'en est pas qui puisse passionner le chasseur à un égal degré, parce qu'il n'en est pas non plus qui lui réserve d'aussi multiples et d'aussi vives émotions.

On s'abuserait étrangement en jugeant de la résistance qu'un sanglier peut fournir à la poursuite d'une meute, d'après la mollesse et le peu de vigueur de son arrière-cousin, l'hôte dégénéré de nos basses-cours. Moins rapide que le cerf, mais plus robuste, le sanglier marche avec une vitesse que l'on serait loin d'attendre d'un animal aussi massif; dans sa fuite, rien ne l'arrête et rien ne le dérange; il fait sa trouée dans les fourrés les plus épais, dans les haies les plus épineuses, les plus solidement entrelacées; il dédaigne de se jeter de côté pour éviter les gaulis, il les courbe s'il ne les brise pas, et va ainsi, d'un train égal et soutenu, pendant des journées entières. Il n'est pas rare dans les fastes de la vénerie qu'un *ragot*, qu'un sanglier à *son tiers-an* ait fourni un courre de huit à dix heures devant des chiens de vitesse moyenne. Devant un équipage ainsi composé, s'il s'arrête, c'est encore plus par ennui que par fatigue. Ces abois qui retentissent derrière lui lui sont devenus insupportables; il est décidé à livrer bataille pour se débarasser de cette nuée de criards importuns, ou tout au moins pour les châtier. Cette confiance dans sa force est si absolue chez un vieux sanglier, un solitaire, qu'il dédaigne souvent de quitter sa bauge, même devant une vingtaine de chiens d'attaque; les sons de la trompe, les coups de fusil sont nécessaires pour le décider à marcher, et encore n'ira-t-il jamais loin sans s'arrêter, sans livrer une de ces batailles dont on n'oublie jamais les péripéties quand on a eu la chance d'y assister.

Heureusement pour les chiens, qui payent très-souvent de leur vie la gloire dont, en pareille occasion, ils se couvrent, les grands sangliers sont assez rares. Marcassin et bête rousse, il lui a fallu compter avec les loups; plus tard, l'affût et les pièges en ont détruit des quantités beaucoup plus importantes qu'on ne suppose, en dehors des chasses régulières. Cependant, si considérable que soit chez ces annimaux le nombre des perdants à la loterie de la vie, il se trouve quelques privilégiés pour amener le quine, c'est-à-dire pour conquérir le beau titre de solitaire, et cela suffit pour que nous nous trouvions autorisé à ébaucher le portrait de celui qui le porte.

Une petite maîtresse se déciderait difficilement à le trouver joli, mais jamais chasseur ne lui marchandera le qualificatif autrement flatteur de superbe. Vivant, il excite chez tous ceux qui ont la bonne fortune de le contempler un petit mouvement nerveux que j'attribuerai poliment à la surprise; mort, il conserve le privilège d'impressionner les plus braves. Si nous en exceptons les grands pachydermes tropicaux, je ne crois pas qu'aucun être résume dans son ensemble une plus saisissante expression de la force brutale. L'excessif développement de la partie antérieure de cette masse fait rêver à ces puissants engins que l'art militaire ancien utilisait pour pulvériser les remparts des forteresses. Hérissé, souvent fangeux, l'œil sanglant, farouche même dans son repos, son inculte sauvagerie n'est pas dénuée d'une certaine majesté. Il représente à merveille le génie familier de ces solitudes, le roi des bas-fonds épineux, des massifs abrupts de la forêt.

Il y règne effectivement, sans conteste, respecté par les carnassiers de ses demeures, redouté des grands et des petits fauves, même des bêtes de sa race, des laies surtout qui le soupçonnent, à tort, je l'espère, d'être enclin à s'approprier les façons de Saturne, d'être capable, comme ce dieu dénaturé, de dîner non pas avec, mais de sa progéniture. Sa royauté est morose et chagrine comme celle de tous les vieux tyrans, égoïste surtout. Il ne souffre rien de ce qui pourrait apporter le moindre trouble dans ses triples jouissances des *mangeures*, du *souil* et de la *bauge*, de la réfection, du bain et du sommeil, et il faut que les siens se le tiennent pour dit. Quant aux petits désagrements que le mandataire du destin, l'homme, peut réserver aux ci-devant frères et amis, il n'en a cure ; ce n'est pas lui qui apporterait quelque bonne grâce à se prêter à un change.

Maintenant voyons-le mourir. Le grand vieux sanglier, ayant livré ses traces à tous les chemins, a été un beau matin rembuché et mis debout par les procédés ordinaires. En dépit de son âge, de sa corpulence, il semble d'abord avoir retrouvé dans ce moment critique l'ancienne vigueur de ses jarrets d'acier. Il ne court pas, il roule, marchant à un trot égal et soutenu qu'un cheval a quelque peine à suivre. Il va bien, mais il n'ira pas trop longtemps, car l'haleine ne tardera pas à lui manquer, et d'ailleurs son tempérament batailleur ne s'accommode pas de cette fuite. Il s'arrête bientôt, choisissant avec sagacité un terrain favorable à sa défense, où il puisse difficilement être tourné, où ses ennemis soient contraints à l'aborder de front. Deux fois, trois fois, les fermes se renouvellent, mais les chasseurs serrant la meute de très-près, il est bien probable que celui que le sanglier va tenter deviendra définitif.

Cette fois, il s'est acculé à un rocher, c'est là qu'il attend la meute ; elle arrive comme une avalanche hurlante, elle l'entoure. Les soies hérissées du solitaire doublent le volume de son corps, elles donnent le caractère léonin à cette physionomie un peu triviale ; ses petits yeux, flamboyants comme deux braises incandescentes, se détachent de la masse poilue au milieu de laquelle ils sont enfouis ; de sa gueule sanglante s'échappe un souffle rauque auquel se mêle, par intervalles, le bruissement de ses mâchoires qui s'entre-choquent; tantôt, immobile, il semble défier ses ennemis; tantôt il piétine dans un cercle étroit avec une agilité indicible; et tantôt enfin, las d'attendre, il s'élance, charge à droite, charge à gauche, ayant un coup de boutoir pour tous les coups de dent, refoulant les masses d'assaillants, les couchant les uns sur les autres, le ventre ouvert, les entrailles traînantes, se débarrassant par de formidables secousses des plus vaillants qui sont pendus à ses *écoutes*, ne se laissant pas plus décourager par la multiplicité des attaques que par le nombre de ses ennemis. Il est tellement enivré de sa fureur meurtrière qu'il ne recule plus, même lorsque l'homme est devant lui, lorsque l'œil béant de la carabine, qui va vomir la mort, croise son regard toujours menaçant. La détonation retentit; il tombe aussi fièrement, aussi intrépidement qu'il a combattu; un frisson suprême agite ses membres, son corps se roidit dans la dernière convulsion, et, tandis que la horde aboyante se rue sur le cadavre, les hallalis triomphants annoncent à la forêt qu'elle est veuve de son vieil hôte, que le solitaire a vécu.

LES HIBOUX

Tous les journaux ont raconté les sinistres pressentiments que la capture d'un hibou dans son appartement avait éveillés chez Félicien David, les uns excusant, les autres s'étonnant de cette faiblesse. Nous sommes avec les derniers ; elle nous surprend chez un homme qui avait si longtemps habité le pays des nuits crépusculaires où le cri du hibou — à peu près le seul tort à sa charge — perd beaucoup du caractère funèbre que les imaginations septentrionales lui ont prêté. C'est ainsi que les Grecs, moins forts sans doute que le monde moderne dans les classements méthodiques des espèces, mais autrement observateurs des mœurs des animaux et des choses de la nature, ne l'ont jamais considéré comme un épouvantail, puisqu'ils avaient donné pour attribut à la déesse de la sagesse cet oiseau, sagace, réfléchi, dont l'œil sait percer les ténèbres.

La terreur superstitieuse dont les hiboux et les chouettes sont l'objet a dû prendre naissance dans nos contrées du Nord où la durée, l'intensité de l'obscurité se prête si bien à la comparaison avec la grande nuit, la nuit finale ; l'horreur de la mort devait nécessairement s'étendre à tout ce qui la rappelle.

Et puis, si nous avons inventé quelquefois, souvent

aussi nous n'avons été que des plagiaires des animaux. La haine implacable que les petits oiseaux manifestent pour les rapaces nocturnes, haine inspirée par la soif de légitimes représailles, par l'âpre jouissance que trouve le faible à accabler le puissant quand il le trouve à sa merci, haine qui éclate furieusement chaque fois que le pauvre noctambule se hasarde hors de la retraite où il fuit les rayons d'un soleil qui l'aveugle, n'a-t-elle pas eu son influence sur l'aversion que nous lui témoignons, comme sur le frisson involontaire que provoque son hoûlement mélancolique modulé au milieu du silence ? L'impression populaire a été confirmée par la poésie, affamée d'images, toujours prête à accepter un préjugé qui lui fournit une rime, sans s'inquiéter de savoir s'il cadre avec la raison.

Oh! les poètes! les poètes! Si Platon, si Proudhon se sont montrés pour eux un peu trop sévères, il est en revanche une république dont on ne saurait trop les bannir, celle des sciences naturelles. La royauté de l'aigle, la générosité du lion, la lâcheté du tigre, la sottise de l'âne, l'ardeur du cheval pour les combats, etc., etc., poésie! Dans le monde végétal lui-même, elle a commis de bien autres hérésies : ce ne sera que dans son herbier que vous trouverez la plante appelée *cithare* qui, au souffle de certains vents rend des sons harmonieux, et l'*halinde,* qui croît sur les bords du Don, et dont le suc a la propriété de rendre le corps insensible aux plus grands froids, et le *charisium,* qu'il suffit de s'attacher autour du col pour être tendrement aimée de son mari, et enfin le *leucoïum,* une violette blanche aussi grincheuse que ses sœurs sont modestes, qui se flétrit aussitôt que l'on prononce le nom de belle-mère.

Ces contes de la Mère l'Oie ont amusé les petits enfants, sans causer de dommage à personne; l'aigle, le lion avaient beau avoir été sacrés sur le Pinde, cela n'a jamais empêché le chasseur d'envoyer tantôt du plomb dans l'aile, et tantôt une balle dans la tête de Leurs Majestés. Mais, en sanctionnant les tendances de nos populations à transformer les oiseaux de nuit en messagers de la mort, les poètes ont commis une action pernicieuse contre laquelle il est important de réagir; en illustrant, avec leurs magnificences de langage, des craintes encore plus puériles que mal fondées, ils ont enraciné un préjugé aussi funeste à nous-mêmes qu'à celui qui en est l'objet, car, en dehors du grand-duc, ces oiseaux ne nous rendent que des services, car, en fait d'auxiliaires, puisque le mot est à la mode, nous n'en avons pas de plus laborieux, de plus actifs, de plus méritants que ceux-là.

Qui donc a prétendu que le lustre de l'habit entrait pour quelque chose dans la considération dont chacun jouit ici-bas? L'exemple de la nombreuse tribu des chats-huants, hiboux et chouettes lui donne un démenti. Elle a été traitée par la nature avec une complaisance, une prodigalité qui donne une haute opinion de l'importance qu'elle attachait à leurs espèces; il est des oiseaux qu'elle a parés de couleurs plus tapageuses; jamais elle n'a poussé aussi loin le luxe de haut goût des nuances discrètement harmonieuses; presque tous ont été dotés d'un admirable plumage où la main de l'ouvrier a épuisé la gamme des gris, où tous les tons veloutés, satinés du blanc, du fauve, du brun, se juxtaposent et se repoussent pour se fondre dans l'ensemble le plus séduisant. Je connais une chouette herminée qui est une véritable merveille de parure somptueuse dans sa simplicité, le dernier mot de l'élégance.

Le soin particulier que le grand Artisan a apporté dans l'outillage et dans l'armement de ces êtres indique encore le rôle considérable qu'il leur réservait dans son œuvre. Appelés à contre-balancer les prodigieuses facultés de multiplication des rongeurs, ils ont reçu un bec crochu propre à briser les plus solides carapaces, des ongles recourbés dont la contraction défie les efforts de la proie qu'ils enserrent et le privilège de voir aux heures du crépuscule, où leurs objectifs désignés se mettent en campagne. Ce n'était pas assez : les ténèbres opaques pouvant paralyser cette vue, il fallait que l'ouïe fût en mesure d'y suppléer; aussi le mécanisme de cet organe a-t-il été singulièrement développé. Les cavités attenant à la caisse de leur tympan sont d'une étendue considérable; ils entourent même la base du crâne chez l'effraie; l'orifice extérieur de l'oreille est fort large, revêtu d'une espèce de peau nue, repliée en cloison qui en fait une conque comme chez l'homme. Vous n'avez peut-être pas oublié ce conte de fée dans lequel un des serviteurs du héros, Oreille-Fine, se vante d'entendre pousser l'herbe; le hibou perché sur la branche entend une souris trotter dans le gazon, et ceci n'est pas une hyperbole. Non moins parfaites sont les rames à l'aide desquelles il se meut ou plutôt il glisse dans les ténèbres, deux ailes courtes, nerveuses, mais si soigneusement capitonnées de duvet et de soie qu'elles caressent l'air sans l'agiter; lorsque, dans quelque virage subit, elles le fouettent, malgré vous vous accepterez leur frou-frou pour le soupir d'une âme en peine.

Si libéralement doué pour la mission qui lui était assignée, le hibou l'accomplit avec conscience ; le nombre des scarabées, des coléoptères, des mulots, des souris, des musaraignes qu'une paire de ces oiseaux détruit dans une année est incalculable. Nous n'en savons pas qui rende à l'agriculture de plus réels services, et c'est pitié que, sur la foi de sottes légendes, les habitants des campagnes s'acharnent sur des oiseaux dont leur intérêt bien entendu leur commanderait de favoriser la multiplication. Ce serait se montrer trop exigeant que de demander aux chasseurs de s'abstenir d'envoyer leur plomb à tout oiseau de nuit, fût-ce l'engoulevent, qui, dans les bois, se lève devant eux : il vole, il vit, donc il faut que je le tue ; il n'y a rien à objecter à cette argumentation qui est la leur. Les propriétaires que sollicite un double intérêt seront, nous l'espérons, moins farouches, et, s'ils s'obstinent à laisser les grands rapaces nocturnes figurer parmi les oiseaux dont la tête est mise à prix, nous espérons que, plus soucieux de leurs intérêts, ils consentiront à rayer les moyennes et les petites espèces de nocturnes de ces listes de proscription.

LE CHEVREUIL

Ce que l'on doit admirer dans le chevreuil, c'est que l'affection qu'il porte à sa compagne n'est pas fugitive, éphémère, subordonnée à certains mouvements des sens, comme dans les espèces voisines de la sienne. Il semble qu'il ait un besoin d'aimer indépendant de tout autre. Les ménages étant ordinairement formés du frère et de la sœur, leur union est successivement fraternelle, conjugale et puis basée sur l'amour de la famille.

Ce dernier sentiment s'accuse avec plus de vivacité et de relief chez la femelle; la tendresse maternelle, voilà le sentiment le plus caractérisé chez ces animaux, celui qui devrait le plus sûrement leur assurer notre sympathie. Oh! l'admirable mère que cette chevrette! Ce n'est plus de l'amour, c'est de la passion, une passion sagace, inquiète, prévoyante, ombrageuse, pleine de sollicitude, sans défaillance et emportant quelquefois la pauvre bête qui l'éprouve au-delà des bornes naturelles de tout sentiment, le soin de sa conservation. Quand elle sent que l'heure de mettre bas va venir, elle se sépare du brocard, elle cherche les endroits les plus fourrés pour se recéler; elle allaite les nouveau-nés pendant quatre mois, et, pendant toute cette période, montre pour défendre sa progéniture une énergie que l'on serait bien loin d'attendre d'un être aussi timide.

Si l'ennemi n'est point d'une force disproportionnée à la sienne, elle le charge hardiment, l'attaque en face, et le frappe de ses pieds de devant jusqu'à ce qu'elle soit parvenue à l'éloigner. Très-souvent le brocard, qui a rejoint sa compagne dans les premiers jours de l'allaitement, se joint à elle, et, à grands coups d'andouillers, il l'aide à repousser l'agresseur. Lorsque le renard, renonçant à la surprise, essaie de la force ouverte pour s'emparer du faon qu'il convoite, il est bien rare qu'il s'en tire à son honneur et gloire. Contre le loup, le plus terrible ennemi des chevreuils, toute résistance serait inutile ; aussi a-t-elle recours à la ruse. La sienne ne lui est point spéciale, une communauté d'amour maternel inspire à la perdrix et à ce quadrupède une communauté de tactique. Si un loup, si un homme, — elle confond l'un et l'autre dans la même appréhension, ce qui est médiocrement flatteur pour le dernier, — se dirige du côté de l'endroit où reposent les faons, elle les quitte, se donne à vue, quelquefois à plusieurs reprises, fuit lentement en affectant de courir avec peine et, par l'espoir d'une proie facile, en les attirant sur ses traces, elle parvient à les écarter de ses chers enfants. La Fontaine a décrit la scène en vers charmants qui sont dans toutes les mémoires, mais cette fois ils ne traduisent pas une fable.

Avec tant d'aimables qualités, le chevreuil n'en est pas moins affecté d'un assez vilain penchant, celui des jouissances bachiques. Il est vrai qu'il ne lui donne satisfaction qu'une fois par an, et c'est là une circonstance atténuante. Au printemps, il se jette avec avidité sur les jets tendres et savoureux de la bourdaine, et cette nourriture chargée de sève, fermentant dans son estomac, l'enivre, au point qu'il abandonne ses cantons, pour se montrer, comme affolé, partout où le hasard le conduit. Il y a quelques années, un homme du village de la Queue-en-Brie, qui regagnait sa demeure, en battant non pas les murailles, mais les tas de pierres, car il se trouvait lui-même dans cet état où un simple mortel a le droit de se croire l'égal des dieux, aperçut dans un des fossés de la route, un animal fauve qui lui parut endormi. C'était un chevreuil qui, sous la pernicieuse influence du *brout*, était venu induire les passants en tentation. Sans se laisser attendrir par la similitude de leurs situations réciproques, recouvrant immédiatement ce qu'il fallait de raison pour calculer la valeur de l'aubaine, le paysan saisit l'animal, lui attacha les pieds avec son mouchoir, et, l'ayant chargé sur ses épaules, il essaya de l'emporter.

Ces préparatifs, dissipant les vapeurs des pousses de bourdaine, avaient aussi ramené l'ivrogne à quatre pattes au sentiment de sa situation ; il protesta et se débattit si bien que l'autre, qui était inventif, ôta sa blouse, fit passer la tête de la bête par le collet, et, rapprochant la partie inférieure en forme de sac, improvisa une sorte de camisole de force qui paralysait les mouvements du prisonnier. Il venait de terminer ces ingénieuses dispositions, lorsqu'il entendit une voix railleuse lui demander s'il avait besoin d'aide : en se retournant, il se vit entre deux gendarmes qui, sans plus de préambule, lui déclarèrent procès-verbal; car il paraît que, plus heureux que nous qui y laissons notre supériorité humaine, le chevreuil ne perd point dans l'ivresse ses droits au beau titre de gibier.

Tout en écrivant les noms et prénoms du paysan, ces représentants de la loi avaient enjoint au délinquant de rendre son captif à la liberté ; malheureusement, dans son trouble, le pauvre diable ayant commencé par détacher le mouchoir qui entravait les pattes de l'animal, celui-ci n'en fut pas plus tôt débarrassé qu'il s'élança dans la direction des bois, un peu gêné dans sa marche par la blouse qu'il n'avait pas pris le temps de restituer à son propriétaire, mais cependant assez rapidement, grâce aux nombreux accrocs que ses pinces pratiquaient dans la toile, pour enlever à ce dernier tout espoir de la recouvrer. Je vous laisse à penser quel dut être l'étonnement de la chevrette quand elle vit arriver son conjoint ainsi déguisé.

On vante beaucoup, et avec raison, la chair de chevreuil, mais sa délicatesse dépend de son âge et du pays où il a vécu ; quand l'animal a passé trois ans, elle a perdu beaucoup de son mérite. La chevrette est préférable au brocard, elle est plus tendre et plus fine. Le roi Antoine de Saxe ne mangeait que des chevrettes pleines, prétendant que leur chair était plus succulente, ce qui nous a tout l'air d'un solécisme gastronomique, en même temps que d'une barbarie sauvage. Les meilleurs chevreuils sont ceux qui proviennent des pays secs et élevés, et dont le pelage est roux.

GASPARD L'AVISÉ

Vers la fin de l'hiver 1867, en fin fond de forêts, dans une excavation, double produit de la nature et de l'industrie paternelle, un jeune sauvage venait au monde sur un douillet matelas de cette mousse jaunâtre qui croît sur le tronc des arbres centenaires, et à l'abri d'une vigoureuse cépée de chênes dont le feuillage luxuriant devait servir à son innocence de rempart, de rideau et de parapluie.

Les parents de ce petit citoyen des grands bois étaient gens assez mal famés. Ils ne connaissaient en ce monde d'autres droits que ceux de la force, d'autres lois que celles de la guerre, d'autres principes que ceux de la ruse. Ils continuaient, à notre époque, les traditions des âges féodaux, prélevant la dîme sur le troupeau du prochain, tondant partout où il y avait à tondre, méprisant ceux qui les traitaient de bandits, et riant dans leur barbe de l'épouvante qu'ils inspiraient aux petits enfants de dix lieues à la ronde.

Afin de ne pas prolonger l'équivoque, nous dirons de suite que le papa et la maman de ce nourrisson, qui va devenir notre héros, étaient deux grands loups également célèbres par leurs méfaits et par l'habileté diabolique avec laquelle ils déjouaient la vindicte publique.

Si, comme il est permis de le soutenir, l'influence du territoire ne s'arrête point à notre espèce, il devient évident que ces deux drôles qui, à leurs chevrons, ajoutaient la qualité de loups normands, devaient être les plus madrés de tous les loups. Or, comme ils avaient appliqué toutes les ressources de leurs instincts et de leur stratégie à la conservation de leur progéniture, il fallait certainement que la Providence eût des desseins particuliers sur le rejeton de ces détrousseurs de bergeries, pour que les précautions qu'ils avaient prises afin d'élever paisiblement leur descendance se trouvassent un jour en défaut.

La mère louve avait judicieusement choisi son fort. Il était situé dans un canton éloigné de toutes les coupes en exploitation, au centre du plus épais des fourrés de la forêt; une centaine d'arpents de houx aux feuilles épaisses et acérées, croissant drus et serrés sous la futaie, servaient d'ouvrage avancé au liteau. Cette impénétrable fortification offrait encore l'avantage de ménager une ample provision d'étrilles aux animaux qui, plusieurs fois par jour, avaient à la traverser.

Toutes bêtes de proie qu'étaient nos deux maraudeurs, ils n'oubliaient pas que leurs appétits devaient céder devant leurs devoirs de chefs de famille. Depuis qu'ils avaient progéniture, ils se gardaient de commettre, dans les environs, le moindre délit qui eût révélé leur présence. Les veaux, les moutons, les oies avaient beau beugler, bêler, caqueter dans leur voisinage avec l'agaçante stupidité des espèces destinées à être mangées, ils demeuraient insensibles à ces invites, stoïques en présence de ces tentations, et c'était toujours au loin qu'ils exécutaient leurs razzias quotidiennes. En outre, jamais sauvage n'avait été aussi prodigue de soins minutieux pour dérober la trace de ses pas que ne l'étaient nos deux compères quand ils rentraient au logis la panse pleine.

Il y avait quinze jours que les cinq jeunes brigands au poil roussâtre, aux oreilles noires et pointues, qui composaient la famille des vieux loups, grouillaient dans la mousse, se gavant de lait, se gorgeant de douce chaleur, savourant les jouissances à l'aide desquelles la nature affriande le jeune être au triste métier qu'elle lui destine sur la terre, lorsque le hasard amena un des ennemis les plus acharnés de leur race dans la solitude qui les avait vus naître.

Cet ennemi des loups servait en qualité de piqueur chez le marquis de Brichanteau, grand chasseur et lieutenant de louveterie de l'arrondissement.

Landouiller, c'était le nom du piqueur, n'était point un de ces veneurs de rencontre qui ont pu hésiter un instant entre la trompe et le plumeau. Il était doué, en venant au monde, de prédispositions natives qui pourraient nous servir à le faire descendre de Nemrod, si l'on pouvait admettre qu'un homme de si piètre qualité puisse posséder une généalogie, et qui le prédestinaient à la profession qu'il avait embrassée. Il éprouvait, du reste, pour tout état qui n'était point le sien, ces mépris hautains qui caractérisent essentiellement les vocations sérieuses, et particulièrement celles qui vous mettent un outil tranchant au côté.

Cependant la passion de persécuter les lièvres et de châtier les loups ne régnait pas sans partage dans le cœur de Landouiller : s'il aimait la chasse avec fureur, il aimait aussi le vin avec frénésie. Il n'avait même jamais pensé à classer ses préférences, bien que, par des expériences multipliées, il eût cherché à s'en rendre compte.

Or, on était à cette époque de l'année où la loi, fidèle au rôle providentiel qu'elle joue ici-bas, protège avec une égale sollicitude la multiplication des bons et des méchants, celle de l'innocent gibier et celle des animaux malfaisants.

Condamné à une inaction momentanée, Landouiller appréciait les avantages que l'on trouve à ne point borner ses appétits à l'unité. Il avait perdu le droit de tuer un lapin, il lui restait celui de boire double.

La veille, précisément, il avait si largement usé de ce système compensateur, en compagnie d'un sien confrère, que lorsqu'il quitta le cabaret pour donner à ce confrère un bout de conduite auquel celui-ci avait acquis des droits bien légitimes, il lui semblait que la lune et les étoiles dansaient un menuet avec des attitudes peu compatibles avec leur dignité, et que la terre oscillait sous ses pieds comme le pont d'un vaisseau. Parvenu au milieu de la forêt, lorsqu'il eut dit un tendre adieu à son compagnon et qu'il voulut revenir sur ses pas, il s'égara complètement dans le dédale de ces sentiers qui lui étaient cependant si familiers. Il fit mieux : dans une hallucination que l'on pouvait, il est vrai, pardonner à sa double qualité de chasseur et d'ivrogne, il prit un hallier pour sa chambre à coucher, il crut reconnaître son lit dans un fossé tapissé d'herbes, et, comme de juste, il s'y coucha et s'y endormit du sommeil de l'homme de bien.

Lorsqu'il s'éveilla, le soleil colorait d'une légère teinte blonde les cimes les plus élevées des hêtres et faisait luire leurs feuilles naissantes comme autant d'émeraudes enchâssées dans des chatons d'or bruni. Les oisillons gazouillaient leur chansonnette printanière. Landouiller ne se souciait nullement de cette poésie. En reprenant le sentiment, sa première pensée fut pour la gourde, ordinairement suspendue au chevet de son lit. Son bonjour à l'astre qui le saluait de ses rayons fut un formidable juron à l'adresse de la chambrière du château qu'il accusait d'avoir malicieusement garni sa couche de draps humides.

Ce juron, Landouiller ne l'acheva pas.

A travers le double rideau que formaient devant ses yeux et les brouillards de son ivresse de la veille, et les vapeurs qui s'échappaient de la terre, il venait d'apercevoir, à cent pas de lui, une brune silhouette qui avait suffi pour restituer à ses idées toute la limpidité dont elles étaient susceptibles.

Cette silhouette était celle d'un loup.

L'animal, avec des précautions infinies, allongea la tête entre les baliveaux qui bordaient le chemin. Ses yeux inquiets cherchaient à percer les ombres de chaque buisson; ses larges narines ne se lassaient pas de humer la brise; ses oreilles se dressaient, se repliaient, se tendaient en avant, cherchant évidemment à classer les mille bruits qui sont le silence des forêts. Il disparaissait pour apparaître de nouveau et pour procéder à une seconde reconnaissance aussi minutieuse que l'avait été la première.

Landouiller s'était immédiatement tapi au fond de son fossé, et ne bougeait pas plus que s'il eût été pierre. Il avait sur le loup l'avantage du vent, il en concluait que en ne faisant aucun mouvement, il pourrait, à loisir, observer les manœuvres de la bête.

Effectivement le loup, n'éventant aucun péril, se hasarde dans le chemin qu'il avait à franchir pour regagner ses demeures. Seulement, au lieu de marcher comme les loups marchent d'ordinaire, c'est-à-dire avec le museau en avant, ce fut l'arrière-garde qui se présenta la première; ce fût à reculons qu'il traversa.

Quelques instants après, un autre individu de la même famille, mais plus épais de corsage, passa en employant le même procédé.

Tout autre que Landouiller eût crié au miracle, mais le piqueur était un vieux routier, il n'ignorait pas qu'il n'est point sans exemple que des louves en gésine cheminent ainsi à rebours à leur rentrée, afin de dérouter les curieux qui essayeraient de suivre la trace de leurs pieds pour arriver à leur liteau.

Il attendit, en faisant tourner ses pouces, que la louve eût eu le temps de procéder à la distribution du déjeuner, et que le vieux couple se fût endormi; alors, se levant sans bruit, il s'éloigna après avoir marqué par une brisée l'endroit où les animaux étaient rentrés dans le fourré.

Le lendemain, avant l'aube, il revenait au bois conduisant au trait son limier Matador.

Il fit le tour de l'enceinte, trouva la sortie, mit son chien sur le contre-pied, se glissa dans le taillis de houx en rampant sur ses mains et sur ses genoux, et arriva à la clairière.

La louve avait si habilement distribué les feuilles et la mousse sur l'excavation dans laquelle elle laissait ses petits que l'on eût marché sur le nid sans soupçonner qu'il y eût là-dessous des créatures vivantes. Mais le nez de Matador n'était point de ces nez qui restent en défaut. Il avait éventé ceux que tout chien considère comme ses plus implacables ennemis, en raison de leur qualité de cousins-germains probablement, et se démenait comme un diable au bout de son trait.

Landouiller commença par se débarrasser de ce coadjuteur trop passionné en l'attachant à un arbre; il alla au liteau, dégagea la mousse qui le recouvrait, et découvrit les cinq louveteaux.

Nos lecteurs sensibles, au cœur toujours prêt à se laisser attendrir par les grâces captieuses de l'enfance, ont déjà frémi; ils voient Landouiller cueillant une à une cette graine de brigands, leur brisant le crâne sur quelque pierre, ou les abandonnant aux dispositions peu bienveillantes de Matador.

Qu'ils se rassurent, les choses ne se passèrent pas ainsi.

Nous avons dit que Landouiller était au service d'un lieutenant de louveterie; or, s'il n'y avait plus de loups, il n'y aurait plus de lieutenants de louveterie, et le piqueur était un serviteur trop fidèle pour ne pas être de cet avis, qu'il faut que tout le monde vive et principalement les loups.

En comptant et en recomptant les cinq louveteaux, la face barbue de Landouiller s'épanouissait avec une véritable expression de jubilation. Il passait l'index et le pouce sur les reins grassouillets des petits animaux, il évaluait le poids de chacun d'eux avec une grimace approbative à l'adresse de celle qui les avait nourris. Enfin il en choisit un, le plaça dans son estomac entre sa chemise et sa chair, puis il replaça pieusement les quatre autres dans le liteau, avec des soins qui eussent attendri le cœur de la louve si elle se fût présentée en ce moment; alors, détachant son chien, il s'éloigna, non moins enchanté des espérances d'hallalis qu'il laissait derrière lui que de la conquête qu'il emportait.

Le piqueur n'était pas encore à la grille du château que le louveteau avait déjà un nom. Sur les prémisses du museau pointu, des oreilles allongées, de la mine déjà rusée de son petit prisonnier, Landouiller l'avait nommé Gaspard. Et ce fut ainsi que Gaspard, tournant le dos aux aventureuses péripéties de l'existence du batteur d'estrade, fit, par la porte du baptême, son entrée dans la civilisation, où il était appelé à jouer son petit rôle.

Mis en demeure par les vagissements du jeune sauvage de pourvoir celui-ci d'une nourrice, le piqueur avait tout de suite songé au biberon. Il improvisa un de ces instruments à l'aide d'un sabot d'enfant qu'il perça à sa pointe et qu'il garni d'un tampon de linge, et Gaspard ne fit point le dégoûté, au contraire.

Landouiller et lui avaient décidément été créés pour se rencontrer et se comprendre : dans un âge si tendre, l'élève se montrait déjà affligé d'une soif qui, bien qu'elle ne s'assouvît pas au même tonneau, ne le cédait en rien à celle de son maître.

— Ce n'est pas un louveteau, c'est une éponge! disait de lui le piqueur avec une admiration mêlée d'envie.

Mais ce dernier ne tarda pas à s'apercevoir que s'il est malaisé de servir deux maîtres à la fois, donner satisfaction à deux gosiers aussi altérés que l'étaient le sien et celui de son jeune disciple est une tâche bien autrement difficile à accomplir; et il chercha un suppléant.

Il y avait en ce moment au chenil une chienne qui

venait de mettre bas et dont on n'avait conservé qu'un seul des enfants. Landouiller les transporta tous les deux dans sa chambre, avec la résolution bien arrêtée de contraindre la lice à se substituer à lui dans la laborieuse besogne de gorger de lait ce petit tonneau des Danaïdes.

L'entreprise était scabreuse. Perçante, c'était le nom de la chienne, appartenait à cette race des griffons de Vendée chez laquelle la chasse du loup est une vocation. Elle n'eut pas plutôt entrevu le nourrisson qui lui était destiné qu'elle manifesta des sentiments à peu près aussi sympathiques que l'avaient été ceux de son collègue Matador, lorsque celui-ci avait éventé le liteau. Mais tout ce qu'elle gagna à ces démonstrations furibondes fut d'être muselée et garrottée par Landouiller, qui était bien autrement entêté que la pauvre bête ne pouvait être implacable dans sa haine, et elle n'en subit pas moins l'affront de livrer ses mamelles à cet ennemi de son espèce. Au bout de quelques jours, soit effet de l'habitude, soit que l'effet de la torture qu'elle avait à endurer eût eu raison de son antipathie, elle commença par tolérer l'étranger entre ses pattes, puis, comme en toute chose il n'y a que le premier pas qui coûte, elle finit par ne plus faire de différence entre celui-ci et le fruit de ses entrailles, leur prodiguant les mêmes soins, leur faisant la part égale dans ses tendresses.

Les hommes ont cru probablement atténuer les vilenies dont ils sont coutumiers en leur cherchant parmi les bêtes des éditeurs responsables, mais ce sont là des calomnies que celles-ci ne se font pas faute de démentir par des faits. En dépit de l'exécrable réputation que nous avons faite à sa race, le petit

Gaspard se montra susceptible de reconnaissance ; la sienne s'étendit de la brave lice qui lui donnait son lait au ravisseur qui l'avait enlevé à ses forêts, mais que vraisemblablement il considérait comme son père adoptif.

Son attachement pour le piqueur se révéla, au moment du sevrage, par un trait caractéristique.

Landouiller était un de ces esprits positifs qui mettent en pratique l'axiome de Shylock et disent, comme lui : « Rien pour rien. » S'il s'était levé matin, s'il avait dérangé Matador pour cueillir Gaspard dans le liteau maternel, ce n'était nullement dans le but anacréontique de conquérir une recrue à la civilisation, mais tout simplement afin d'avoir sous la main un jeune sujet à l'aide duquel il pourrait mettre sa remonte dans la voie du loup. Aussi, lorsque la nourrice et le frère de lait eurent été réintégrés dans leurs chenils respectifs, il jugea parfaitement inutile de conserver le nourrisson pour son commensal, il le plaça dans une étable avec une écuelle de mouée et un seau d'eau, en ferma la porte et en mit la clef dans sa poche.

Une séparation et le *carcere duro* d'un seul coup, c'était beaucoup trop pour Gaspard ; il hurla, il gémit tout le jour et toute la nuit. Mais nous savons de reste que, si Landouiller n'avait pas le cœur tendre, il avait le sommeil bien plus dur encore : gémissements et hurlements furent perdus.

Le lendemain, lorsque le piqueur eut lavé son chenil, étrillé ses pensionnaires et préparé la soupe, il pensa à son petit prisonnier. Ne l'entendant plus, il en conclut que son grand chagrin s'était calmé et qu'il était devenu raisonnable ; mais, en arrivant devant l'étable, il remarqua dans l'angle inférieur de la porte un petit trou qui lui donna à supposer que le captif avait agi autant au moins qu'il avait raisonné. En effet, la cage était vide; si faiblement armé que fût le louveteau, l'ais vermoulu lui avait offert si peu de résistance qu'il y avait pratiqué une brèche qui lui livrait la clef des champs.

Landouiller ne perdit point son temps à accuser son élève d'ingratitude; il courut au chenil, appela Matador, lui passa une botte, et s'étant armé du plus cinglant de tous ses fouets, il commença à explorer le verger que le fugitif avait nécessairement traversé en s'évadant.

Ils n'avaient pas fait cinquante pas que le limier commença à se rabattre, et, tendant le trait, se dirigea du côté des bois.

— Ah! ah! mon gaillard, disait le piqueur en se mordant la moustache, le grand air est de votre goût, je comprends cela; mais laissez faire, quand je vous aurai repincé, et avec Matador ce ne sera pas long, j'ai là-haut une bonne chaîne qui vous inculquera l'amour du foyer domestique.

Mais cela fut beaucoup plus long que Landouiller ne l'avait supposé. Après avoir promené longtemps son maître sous les couverts, le limier tomba à bout de voix. Le piqueur brisa une branche et commença de décrire des cercles autour de l'endroit où le limier tombait en défaut. Cette manœuvre sembla d'abord devoir être couronnée de succès; le chien se rabattit de nouveau, mais, avec son expérience, Landouiller ne tarda pas à reconnaître qu'ils revenaient pied pour pied sur la piste qu'ils avaient déjà suivie; il accusa l'infaillible Matador de se laisser abuser par le contre, et, d'autant plus irrité que le dénouement de l'escapade de Gaspard devenait plus problématique, il envoya force saccades à son limier en les accompagnant des reproches les plus sanglants, des adjurations les plus pathétiques du répertoire de la vénerie.

En vieux routier sûr de son fait et dédaigneux de la présomption humaine, le chien n'en continuait pas moins de suivre d'assurance, et, comme la terre était trop sèche pour essayer d'en revoir, Landouiller prit le parti de le laisser aller. Matador ramena son maître dans le verger, du verger il le conduisit à la basse-cour, s'arrêta en remuant la queue et en poussant des abois étouffés au pied de l'échelle de meunier qui conduisait aux appartements du piqueur, et, cette échelle, il commença de la gravir en donnant à chaque échelon des signes évidents de sa satisfaction.

Landouiller était convaincu que le limier avait perdu la tête : aussi, au moment où celui-ci, arrivé devant la chambre, s'élançait et en poussait la porte entre-bâillée, il lui cingla les reins d'un maître coup de fouet qui tempéra immédiatement ces ardeurs croissantes. Jamais injuste correction n'avait été administrée avec plus d'à-propos, car elle empêcha ce rembucher de se métamorphoser en hallali ; en effet, au moment où le pauvre Matador se rejetait en arrière, le piqueur aperçut, sur la peau de sanglier qui lui servait de descente de lit, le fuyard couché en rond et reposant du sommeil de l'innocence.

Cette surprise inattendue transporta Landouiller au septième ciel. Depuis il raconta cette histoire à tous ceux qui lui faisaient l'honneur de choquer leur verre contre le sien, mais sans jamais parvenir à déterminer s'il avait été plus fier du nouvel exploit de Matador, qu'il n'avait été heureux de ce témoignage de la fidélité précoce de son louveteau.

La reconnaissance comme la flatterie prend sa valeur de la bouche dont elle émane. Cet attachement d'un animal dont il connaissait l'humeur peu sociable toucha singulièrement Landouiller. Non-seulement le nouveau Régulus se vit de nouveau réintégré dans la chambre à laquelle il était si généreusement revenu, mais, à dater de ce jour, son maître le traita avec une condescendance dont il n'était pas coutumier. Ainsi cultivées, les dispositions du louveteau s'affirmèrent de plus en plus. Il avait cinq mois lorsque nous fûmes admis à faire sa connaissance; il était aussi soumis, aussi caressant, aussi démonstratif qu'un jeune chien. Lorsque le piqueur rentrait après une absence, son retour était pour Gaspard l'occasion d'une joie indicible; il le saluait avec des cris d'allégresse, sautait à ses jambes, s'efforçait d'arriver à ses mains, rampait à ses pieds en laissant derrière lui d'irrécusables preuves de la surexcitation à laquelle il était en proie et qui ne se calmait que lorsque son maître lui avait rendu caresses pour caresses. Ces séparations étaient du reste assez rares. Landouiller n'allait pas plus sans son loup que saint Roch sans son chien, que saint Antoine sans son compagnon. Gaspard le suivait dans toutes ses allées et venues, dans les basses-cours, à l'office, le nez sur les mollets du piqueur, réglant son pas sur le sien; il l'accompagnait encore lorsque son service l'appelait au chenil, mais, dans ce dernier cas, il restait prudemment à la porte. La cour de ce chenil était close par une grille placée sur un mur d'appui. Dans le principe, la présence de cet odieux petit étranger y soulevait de véritables tempêtes. Aussitôt qu'il apparaissait les chiens se ruaient sur les barreaux, se bousculant, se culbutant, criant, hurlant à l'envi, et protestant contre cette audace par trop insolente. D'abord épouvanté de ce tapage, Gaspard avait fini par reconnaître qu'il était aussi inoffensif qu'étourdissant, et, tranquillisé par la solidité du rempart, il s'asseyait sur sa queue en regardant les assaillants d'un air narquois qui pouvait bien passer pour une bravade. Ceux-ci, de leur côté, s'étaient habitués à sa présence; le plus souvent, ils se contentaient de témoigner leurs dédains en multipliant les uns après les autres, et contre la muraille derrière laquelle il s'abritait, le plus méprisant des gestes que la nature ait mis à la disposition de la race canine.

Landouiller n'était pas seul à honorer le jeune sauvage de son amitié; grâce à l'amabilité de son caractère, Gaspard était devenu la coqueluche de toute la domesticité de Brichanteau; les hommes d'écurie, les valets de chambre en raffolaient; les marmitons se disputaient à qui le gorgerait de friandises, et les filles de chambre elles-mêmes daignaient passer la main sur son épaisse toison. En même temps la réputation de douceur et d'honnêteté de ce loup sans pareil s'étendait dans les environs, il devenait une des curiosités du château; il n'arrivait pas un visiteur au château que le piqueur et son disciple ne fussent mandés au salon où chacun s'extasiait sur les grâces et la gentillesse du charmant animal, tandis que Landouiller qui, la toque à la main, restait respectueusement debout devant la porte, se rengorgeait en s'attribuant une bonne moitié des compliments que l'on adressait à son élève. Quant au coup que

M. de Brichanteau l'engageait à aller boire à l'office après chacune de ces séances, nous n'avons pas besoin de dire qu'il le gardait pour lui tout seul.

Mais, si heureusement doué qu'il soit et si puissante que puisse être l'influence de l'éducation, un loup n'est pas un agneau et ne saurait le devenir. Quand Gaspard passa louvard, l'idylle finit, et Landouiller apprit à ses dépens qu'essayer de blanchir un nègre était du temps parfaitement perdu.

Les premiers de ces retours au tempérament héréditaire firent peu de bruit et furent facilement étouffés. Deux ou trois poules, autant de canards, un dindon disparurent. On accusa tout le monde, le renard, les fouines, les maraudeurs, jusqu'à d'honnêtes chiens de berger; on eût admis que ces volailles, lasses de l'existence, s'étaient suicidées plutôt que de faire à cet adorable petit Gaspard l'injure de le croire pour quelque chose dans leur disparition.

— Toutes les poules viennent picorer dans son écuelle et il ne les regarde seulement pas, disait l'un.

— Et puis il est si doux que je ne sais pas s'il a le courage de tuer ses puces, ajoutait un autre.

— Gaspard et moi, c'est tout un, reprenait péremptoirement Landouiller, en ce qui regarde la sobriété!

Ce rapprochement provoqua quelques sourires, aussitôt réprimés, car le piqueur n'était pas commode; mais le jeune loup n'en sortit pas moins blanc comme neige de cette épreuve.

A quelque temps de là un chat superbe, l'orgueil et la joie des servantes de la basse-cour, prit le chemin où les poules, les canards, le dindon, l'avaient précédé : il manqua comme eux à l'appel.

Cette fois, et en raison des habitudes sédentaires de l'ami de ces demoiselles, il fallait bien supposer quelque meurtre ténébreux. Il n'y avait point, il est vrai, de témoins oculaires, mais il se trouva qu'un groom se souvint que l'avant-veille au soir, à l'heure où le dîner réunissait les gens à l'office, il avait entendu les cris du matou en détresse. L'assassinat était patent.

Cependant, quand il s'agit d'en rechercher l'auteur, on se divisa de plus belle. La médiocre sympathie dont la victime jouissait chez les hommes disposait ceux-ci à traiter l'attentat dont elle avait été l'objet avec une déplorable légèreté; les amies du défunt, au contraire, donnaient à l'évènement une importance considérable, et, guidées par l'intuition des cœurs sensibles, elles insinuèrent que Gaspard n'était peut-être pas aussi étranger au crime qu'il le semblait.

Il va sans dire que Landouiller prit la supposition comme une offense personnelle, et que les péronnelles furent tancées plus rudement encore que ne le méritait leur imprudence. Un incident inattendu donna raison à cette indignation du maître et affranchit l'aimable disciple de ces premiers soupçons.

Dans un coin de la basse-cour, devant le mur des écuries, et, par conséquent, à une faible distance de la résidence ordinaire de Gaspard, se trouvait une niche vermoulue qu'habitait un vieux braque auquel M. de Brichanteau, en raison de ses bons et loyaux services, avait accordé les invalides. Blanchi, raidi, cassé, édenté, un peu sourd, n'y voyant pas trop clair du seul œil qui lui restât, Castor, c'était le nom du vétéran, finissait dans cette retraite des jours qui avaient été brillants. En proie à une sorte de misanthropie philosophique, dédaigneux de la génération présente, préludant par des sommes de vingt-trois heures sur vingt-quatre au grand sommeil vers lequel il s'acheminait rapidement, insensible à tout ce qui se passait autour de lui, on ne le voyait plus remuer le tronçon de queue qui avait marqué des quêtes si magnifiques lorsque son maître venait le visiter dans sa retraite.

Gaspard avait maintes fois essayé d'entreprendre un petit commerce d'amitié avec son voisin; ses avances n'avaient eu aucune espèce de succès auprès de ce grave personnage décidé à se maintenir dans son superbe et maussade isolement; mais les rebuffades par lesquelles il avait été accueilli n'empêchaient point le jeune intrigant de rôder sans cesse autour de Castor.

Or, en passant devant la niche, le groom dont nous avons déjà parlé remarqua parmi les débris de paille qui en jonchaient l'entrée un objet qui ressemblait terriblement à une patte de chat à demi rongée; il la ramassa, la porta à l'écurie. On s'assembla, les filles de basse-cour furent appelées et, avec une émotion bien naturelle, elles se montrèrent unanimes à déclarer que cet objet avait appartenu à l'animal si misérablement décédé. Cette découverte inspira nécessairement l'idée de pratiquer une visite domiciliaire dans le logis de ce pauvre Castor, qui, en ce moment, vautré au soleil, dormait paisiblement et sans se douter de l'orage qui s'amoncelait sur sa tête. La perquisition eut les résultats les plus graves. La niche de Castor était un véritable antre de brigands. Non-seulement on y trouva des morceaux de peau qui ne laissaient, hélas! aucun doute sur le rôle qu'il avait joué dans la triste fin du matou, mais ce sybarite avait poussé la scélératesse jusqu'à se faire un édredon de la dépouille de ses victimes antérieures. Plumes de dindon, de poules et de canards, tout était là.

Le cas parut si grave que l'assistance fut d'avis d'en référer à M. de Brichanteau. Celui-ci se refusait à croire à la culpabilité de son vieux serviteur; mais, devant la montagne de pièces de conviction que chacun étalait sur le perron, il dut se rendre. Il en coûtait au châtelain de se séparer tragiquement de son compagnon; on lui représenta que Castor était tellement infirme qu'il ne fallait pas songer à le mettre à l'attache, qu'il serait plus humain de le débarrasser d'une vie qui devait être pour lui un fardeau et d'une vieillesse qu'il déshonorait. M. de Brichanteau prononça l'arrêt avec des larmes dans les yeux. L'exécuteur ordinaire de ses hautes œuvres, Landouiller, conduisit le condamné dans le verger et le pendit à un pommier.

Il était, cependant, un des témoins de l'expiation qui savait mieux que personne que le pauvre Castor, comme l'infortuné Lesurques, était victime des vaines apparences et de la débilité de la justice humaine. Ce témoin, c'était le louvard qui, suivant ses habitudes, n'avait pas quitté son maître. Nous devons le dire, et cela n'est pas à sa gloire, il assista au supplice de l'innocent d'un œil sec et avec une indifférence qui indiquait qu'il avait déjà fait quelque chemin dans la carrière du crime.

Eût-on été pétri de la main des grâces, les fées les plus aimables et les plus généreuses se fussent-elles pressées autour de votre berceau, que l'on ne plairait pas à tout le monde : aussi avons-nous été un peu loin lorsque nous avons parlé des sympathies que Gaspard était parvenu à se concilier; aussi sommes-nous forcés de reconnaître que cette règle générale n'était pas sans exceptions, et que plusieurs habitants du château professaient pour notre jeune héros une aversion à peine dissimulée.

A la tête de ces dissidents et de ces ennemis du louvard figurait Mme la marquise douairière de Brichanteau, la mère du lieutenant de louveterie. Imbue des préjugés de l'ancien régime, fort absolue dans ses opinions, la bonne dame n'admettait point que l'éducation pût remédier aux torts de la naissance; essayer de décrasser un vilain, c'était, à l'entendre, perdre son temps et ses peines; elle tenait que le monde ne marcherait pas si mal si on se décidait à laisser chaque chose et surtout chacun à sa place; elle se montrait particulièrement courroucée du singulier caprice de son fils, lorsque celui-ci se permettait d'introduire dans le salon une bête d'aussi mauvaise compagnie. Le caractère altier de Mme de Brichanteau était sans doute pour quelque chose dans son antipathie pour Gaspard, mais, en y cédant, elle subissait surtout l'influence de deux personnages qui jouissaient d'un immense crédit sur son esprit, et qui, l'un et l'autre, s'étaient toujours montrés animés d'une haine farouche envers le petit sauvage. Ces deux personnages se nommaient Brimborion et Cobourg. Le premier était un des rares rejetons d'une race de chiens jadis nombreuse et célèbre, aussi remarquable par sa laideur que par l'humeur hargneuse qui la caractérisait, les carlins. Le second était un magnifique ara au plumage bleu et orangé, mais dont le tempérament n'était pas moins grincheux que celui de son camarade Brimborion.

L'inimitié du trio ne laissait jamais échapper une occasion de se traduire. Cobourg, qui habitait le vestibule, était toujours le premier à entamer la manifestation. D'aussi loin qu'il apercevait l'ennemi commun trottinant sur les talons de Landouiller qui l'amenait au salon, il s'agitait sur son perchoir comme un diable dans un bénitier, fouettait l'air de ses ailes, et, élevant d'une octave la tonalité déjà si perçante de son organe, il jetait des cris assourdissants. Puis, son hostilité ne s'en tenait pas à cette pantomime, il gagnait précipitamment l'échelon le plus rapproché du sol, s'y suspendait par les pattes, la tête en bas, et s'évertuait à envoyer un coup de son énorme bec au pauvre louvard qui, pour franchir la porte, était forcé de passer devant le bâton.

Ce charivari indicateur avait le privilège de tirer Brimborion de l'engourdissement dans lequel se passaient les neuf dixièmes de son existence. Le carlin n'avait pas plutôt entendu ce signal, qu'il quittait la bergère dans le duvet de laquelle il sommeillait, sautait sur les genoux de sa maîtresse, aussi lestement que sa majestueuse rotondité voulait bien le lui permettre, et, crispant son masque d'arlequin, il commençait à gronder pour éclater en abois furibonds aussitôt que Gaspard entrait dans le salon.

Moins bruyantes que celles de ses deux favoris, les malveillantes dispositions de la marquise n'étaient pas moins manifestes; elle s'armait de son mouchoir et de son flacon, tonnait avec un redoublement d'aigreur contre les travers de l'esprit du siècle, menaçait de s'évanouir chaque fois que l'infect petit animal se rapprochait de son fauteuil et ne cessait ses doléances que lorsque M. de Brichanteau avait congédié le visiteur. Or, comme, se modelant sur leur maîtresse, et tant que l'intrus restait dans l'appartement, Brimborion et Cobourg ne cessaient pas de vociférer de toute la puissance de leurs poumons, ce concert ne laissait pas que de nuire au succès de la représentation. Quel qu'en fût le charme, il inspirait aux spectateurs un certain désir de la voir s'abréger.

L'amour-propre des artistes est implacable dans ses ressentiments : Gaspard ne pouvait pas pardonner à ses trois adversaires les humiliations que ceux-ci lui ménageaient; mais, comme chez lui la prudence avait devancé l'âge, si vive que fût son irritation, il n'avait garde d'en rien témoigner, même vis-à-vis de ceux que leur condition sociale ne mettait pas à l'abri de ses vengeances, et c'était à peine si, en passant devant l'un et l'autre de ces deux contempteurs de ses mérites, certain regard de côté indiquait qu'il nourrissait l'espoir d'une revanche.

Cette vengeance, hélas! devait être terrible.

Un soir que le louvard sortait du salon, Cobourg qui avait guetté son départ, prit si bien ses petites mesures, que son bec, au lieu de se refermer dans le vide, comme cela lui arrivait le plus souvent, se planta comme un harpon dans les alentours de la queue du pauvre Gaspard et enleva de ces œuvres basses non-seulement un beau bouquet de poils, mais encore la peau qui y adhérait.

La pauvre petite bête jeta un cri de douleur qui se confondit avec les glapissements d'orfraie par lesquels l'ara célébrait son triomphe. Ce fut à peine si Landouiller prit garde à cette altercation; M. de Brichanteau venait de le rappeler. Il rentra en fermant inconsidérément la porte derrière lui et en laissant, par conséquent, les deux champions en tête à tête.

L'absence du piqueur dura à peine deux minutes. Un des hôtes de son maître venait de lui glisser une pièce ronde dans la main, et le futur emploi de cette aubaine préoccupait si fort Landouiller, qu'il ne remarqua point le silence de mort qui régnait dans le vestibule quand il y reparut ; il siffla son élève et se dirigea vers sa chambre, en s'enfonçant de plus en plus dans ses graves méditations.

Cependant, en montant son escalier, et comme il venait de décider qu'il serait du dernier mauvais goût d'aller contre la volonté du donataire, en détournant un pourboire de sa destination, il fut frappé d'un bruit insolite qui retentissait derrière lui, et qui semblait produit par le choc d'un corps dur sur chacun des degrés qu'il escaladait. Assez curieux de reconnaître ce que son compagnon pouvait voiturer de la sorte, il alluma sa chandelle, et, à sa lueur vacillante, il aperçut un spectacle qui faillit lui faire tomber des mains le flambeau. Gaspard, l'œil béatement voilé, les oreilles coquettement projetées en avant, se tenait gravement assis sur cette partie de sa personne qui venait d'être endommagée, et il portait triomphalement dans sa gueule l'auteur même de ces avaries, l'infortuné Cobourg, dont la tête et la queue inertes et pendant à droite et à gauche, indiquaient qu'il avait cruellement expié sa victoire éphémère !

Landouiller poussa un rugissement de fureur, il saisit le louvard de sa main gauche, de la droite il lui arracha feu Cobourg, et commença une fustigation terrible dans laquelle la victime jouait le rôle d'un martinet, et dans laquelle il apporta tant de conscience que le cadavre du pauvre ara avait fini par s'allonger comme une lanière.

Quand le piqueur fut las de frapper, il commença à réfléchir. Cette révélation des déplorables instincts de son élève indiquait assez clairement que le louvard n'avait point été aussi étranger qu'il l'avait soutenu aux forfaits antérieurs; mais, pour le quart d'heure, ce n'était pas de ceux-là qu'il se préoccupait; il songeait avec terreur à la gravité de ce nouveau crime, au retentissement qu'il allait avoir, et, connaissant l'humeur acariâtre de la marquise et son attachement pour l'ara défunt, il ne doutait pas que son ressentiment ne s'étendît jusqu'à lui.

Or, Landouiller tenait d'autant plus à sa place que, la saison de chasse étant commencée, il lui eût été bien difficile de trouver une autre condition. Il ne fut pas plus tôt entré dans cet ordre d'idées, qu'il commença par découvrir à la détestable action dont son élève s'était rendu coupable quelques circonstances atténuantes. Après tout, ce n'était pas déjà une si grosse perte que celle de ce perroquet, qui ne savait pas même dire la phrase classique : As-tu déjeuné, Jacquot? et que ses cris rendaient insupportable à tout le monde; et puis, enfin, si malheur lui était arrivé, Cobourg ne devait s'en prendre qu'à lui-même, puisqu'il avait été l'agresseur. Cependant, comme il n'était pas bien certain que Mme de Brichanteau se rendît à ses raisons et s'en rapportât à son témoignage, il pensa qu'il serait sage de lui dissimuler l'évènement, et, devenant le complice du meurtrier, il ramassa pieusement la dépouille mortelle de l'ara décédé, la mit dans un sac qu'il lesta d'une pierre, et s'en alla jeter le tout au plus profond de la pièce d'eau.

La disparition de Cobourg fit grand bruit au château ; mais, grâce aux précautions du piqueur, son élève ne fut pas soupçonné. On supposa que le captif avait pris la clef des champs et Landouiller poussa la duplicité jusqu'à organiser une battue dans les massifs du parc, où il jurait que le fugitif avait dû se réfugier. Ces recherches furent parfaitement inutiles. Maîtres et gens se consolèrent aisément de cet insuccès ; mais il fut loin d'en être de même de la vieille marquise, qui ne pouvait se faire à l'idée que l'ingrat ne reviendrait pas à la chaîne qu'elle lui avait rendue si douce.

Le ciel lui réservait une épreuve bien plus cruelle encore.

A quelque temps de là, la bonne dame, accompagnée de Brimborion, sur lequel se concentraient toutes ses tendresses, s'était promenée dans le parc pendant la matinée, demandant Cobourg à tous les échos, et cherchant à reconnaître sa voix au milieu des cris des pies et des geais qui voltigeaient de chêne en chêne. On était à la fin de septembre, et la chaleur était accablante. La douairière avait apporté tant d'ardeur dans ses explorations qu'elle se sentit fatiguée ; elle s'assit sur un banc perdu au milieu d'un massif et entouré de broussailles, et ne tarda point à s'assoupir. De son côté, Brimborion, qui ne s'arrangeait guère de ce métier de batteur d'estrade, ayant avisé une belle touffe d'herbes à quelque distance, y fit son trou et s'y endormit de ce sommeil torpide qui caractérise le chien obèse.

Tout à coup un cri aigu, déchirant, arracha Mme de Brichanteau à sa somnolence ; elle ouvrit les yeux, essaya de se lever, mais retomba aussitôt sur son banc, muette, paralysée par la terreur et le désespoir. Elle venait d'apercevoir l'affreux louvard, objet de ses aversions, qui s'enfuyait à travers les buissons en emportant dans sa gueule l'infortuné Brimborion, dont les hurlements désespérés allaient en s'affaiblissant et devenaient des râles.

Ce ne fut qu'au bout de quelque temps que la pauvre dame, recouvrant ses sens, put regagner le château, et raconter d'une voix entrecoupée de sanglots ce qui venait de se passer. Tous les domestiques se précipitèrent à l'envi, mais, hélas! ce ne fut que pour retrouver dans un bosquet le cadavre du malheureux carlin dûment étranglé. D'autres ramenèrent le meurtrier qui, selon ses habitudes hypocrites, avait déjà regagné son domicile, et affectait les attitudes les plus innocentes.

Mais cette fois son astucieuse diplomatie fut inutile; le crime était patent, et M. de Brichanteau décida que le lendemain Gaspard serait donné aux chiens, et chassé jusqu'à ce que mort s'ensuivît.

En serviteur soumis, Landouiller n'avait point protesté contre l'arrêt que M. de Brichanteau venait de rendre contre son élève, mais il n'en restait pas moins aussi péniblement affecté de sa rigueur que sa rude nature pouvait le lui permettre. Jamais il ne s'était senti aussi désagréablement impressionné depuis le jour où il avait eu à dépêcher dans l'autre monde un vieux limier nommé Timballeau qui, pendant dix ans, avait été son frère. Il avait songé à implorer un adoucissement de la sentence; mais l'irritation ou plutôt le désespoir de la marquise affectait de telles proportions, elle menaçait si énergiquement de quitter le château si le coupable échappait au châtiment, si les mânes de l'infortuné Brimborion restaient sans vengeance, qu'il se fût inutilement compromis en sollicitant en faveur du louvard. Il le comprit, et renfonça son chagrin, qui se traduisit par un accès d'humeur grincheuse dont ses divers subordonnés bipèdes et quadrupèdes eurent fortement à souffrir.

Le piqueur ne dormit guère, et, lui qui ne songeait guère, il rêva toute la nuit au drame du lendemain. Cependant, fidèle à la consigne, il se leva avant le jour, s'habilla, et, ayant donné une longue accolade à sa gourde pour se raffermir le cœur, il se rendit à l'étable dans laquelle le condamné avait été renfermé. En apercevant son maître, le pauvre animal s'élança, se tendit sur sa chaîne, et, par ses caresses, lui témoigna la joie qu'il éprouvait à le revoir. Ces démonstrations affectueuses de celui qu'il allait conduire à la mort ajoutaient au chagrin de Landouiller, et c'était avec une espèce de confusion qu'il les recevait. Il détacha le louvard et s'achemina avec lui vers les bois. Mais il s'aperçut alors que le plan de M. de Brichanteau n'était pas d'une réalisation facile.

Ce fut en vain qu'il tenta de décider Gaspard à prendre la clef des champs; comme s'il eût pressenti le sort que lui réservait cette prétendue liberté qu'on lui offrait, il se refusait obstinément à quitter son instituteur d'une semelle. Il ne fut pas plus heureux en essayant de l'égarer dans les massifs où il le conduisit. Le louvard avait pour le retrouver un guide un peu plus sûr que les miettes de pain du petit Poucet. Quelques minutes après l'avoir abandonné, le piqueur l'entendait trottiner derrière lui. A bout d'expédients, Landouiller prit une corde dans sa poche, la passa autour du cou de l'animal, attacha l'autre extrémité à un brin de cépée et s'éloigna rapidement. Mais si Gaspard avait un bon nez, il avait aussi d'excellentes dents : le piqueur n'avait pas fait deux cents pas que la corde était coupée et qu'il était rattrapé. Ce fut l'homme qui se déclara vaincu par la fidélité de la pauvre bête. Landouiller regagna piteusement le logis pour exposer ses embarras à M. de Brichanteau, avec l'espoir secret que ce dernier se laisserait attendrir par ces nouvelles preuves de l'excellent naturel du condamné.

Il n'en fut rien, mais le lieutenant de louveterie imagina une combinaison assez ingénieuse, et qui avait de plus l'avantage d'épargner au piqueur le regret d'avoir à livrer lui-même son jeune ami aux trente mâchoires qui avaient mission de le mettre en pièces.

Un valet de chiens prit le louvard à la chaîne, gagna une enceinte assez éloignée et reçut l'ordre de détacher son prisonnier et de monter dans un arbre lorsque la meute, que l'on aurait découplée dans la voie, serait à une distance de 500 à 600 mètres.

L'homme exécuta ponctuellement ses instructions, et ce fut Gaspard qui dérangea quelque peu le résultat de ce plan machiavélique. Aussitôt qu'il fut livré à lui-même, sans plus se soucier de celui qui l'accompagnait que des sourds abois qui roulaient déjà comme de lointains tonnerres, il revint pied pour pied dans le chemin qu'il venait de parcourir, et ce ne fut qu'à une cinquantaine de pas de la meute, au-devant de laquelle il allait, que, épouvanté par ces abois tapageurs, il se jeta de côté, mais toujours dans une direction qui le ramenait à la maison.

Gaspard venait du premier coup, et sans s'en douter probablement, de pratiquer une des manœuvres les plus savantes de la tactique des animaux, un hourvari, d'autant plus difficile à démêler qu'il était plus prolongé.

Il arriva ce qui arrive toujours en pareille circonstance : les chiens emballés sur la voie la suivirent avec d'autant plus d'ardeur qu'étant doublée, elle était plus chaude; puis, quand ils furent au pied du chêne où avait commencé le hourvari, tombant à bout de piste, ils s'emportèrent dans toutes les directions. Lorsque M. de Brichanteau et ses gens arrivèrent, le valet, descendant de son poste, leur raconta ce qui s'était passé; mais on perdit du temps à rallier la meute, à mettre le gros du bataillon sous le fouet, tandis que Landouiller ramenait quatre vétérans au retour.

Cette manœuvre, toujours longue et laborieuse, donnant du répit au fuyard, il en profita pour se forlonger. Sa réclusion de la veille, ce visage inconnu qui l'avait entraîné dans les bois, le tapage qui s'ensuivait, lui donnaient à penser et lui inspiraient une certaine inquiétude; il revint donc tout droit à son liteau, c'est-à-dire à la chambre de Landouiller. Malheureusement la porte du rez-de-chaussée était fermée et il dut chercher un autre gîte. Il rôda autour du château; c'était l'heure du déjeuner des domestiques, et les abords étaient déserts. Il finit par trouver une porte de service entre-bâillée, se glissa dans l'intérieur et, montant l'escalier, il arriva à un corridor; une chambre était ouverte; il y pénétra sans que le bruit de ses pas, amorti par le tapis, eût éveillé l'attention d'une dame qui, assise au coin du feu, était du reste très-absorbée par la lecture de la *Gazette de France.*

Cependant, le défaut ayant été relevé et le gros de la meute ayant rallié, Landouiller sonna un bienallez.

— Piquez, et piquez ferme, Landouiller! lui cria M. de Brichanteau devant lequel il passait. Ce ne sera pas une bouteille, vous en aurez six pour arroser l'hallali.

Ce mot d'hallali et la lugubre perspective qu'il évoquait gonflèrent d'une nouvelle amertume le cœur de Landouiller et amenèrent un soupir sur ses lèvres; mais il pensa philosophiquement que, puisque son élève ne devait pas échapper à sa misérable destinée, autant valait ne pas perdre la récompense offerte, et il poussa derrière les chiens avec une ardeur que, il faut bien le reconnaître, il n'avait pas montrée jusqu'alors.

— Par le massacre du diable! nous le viderons au coin du feu, dit le premier valet de chiens qui galopait derrière son supérieur, car nous voilà sur le chemin de la cuisine.

Effectivement la meute venait d'entrer dans le parc. Devant les écuries il y eut un léger balancer, mais il ne dura que quelques secondes, et la vivante avalanche se dirigea vers le corps de logis principal, en traversant les corbeilles, en préludant au futur hallali par l'extermination de leur parure automnale, en saccageant les dahlias, les œillets d'Inde, les chrysanthèmes, qui faisaient au château une ceinture fleurie.

Landouiller qui accourait aperçut une porte entr'ouverte et, devinant ce qui s'était passé et ce qui allait suivre, il sauta en bas de son cheval et s'élança le fouet haut. Il était déjà trop tard et il ne parvint à arrêter que les retardataires; le gros de la meute était entré et, culbutant la domesticité mâle et femelle qui, trop tard aussi, avait essayé de s'opposer à l'envahissement, elle faisait retentir le corridor de ses abois auxquels des cris de détresse ne tardèrent pas à se mêler.

Hélas! c'était précisément dans la chambre de celle qui avait déjà contre lui tant et de si sanglants griefs que le malheureux Gaspard avait été conduit par sa mauvaise étoile. Surprise par ces aboiements insolites, la douairière s'était arrachée à son intéressante lecture, mais, au moment où elle se dirigeait vers la porte, cette porte violemment poussée s'ouvrait avec fracas, une vingtaine de chiens se ruaient dans l'appartement, renversaient les sièges, les guéridons, brisaient cristaux et porcelaines, et enfin, se groupant autour du lit, faisaient rage des griffes et des dents pour arriver jusqu'au fuyard, qui, plus svelte qu'aucun d'eux, les bravait dans son asile.

Ce ferme d'un nouveau genre ne manquait certainement pas d'intérêt, mais la pauvre dame n'était point dans une disposition d'esprit qui lui permît d'en apprécier les charmes. Ne comprenant rien à ce qui se passait, épouvantée par cette bruyante invasion, elle avait appelé au secours, et, succombant à son émotion, elle avait fini par s'évanouir. M. de Brichanteau arriva avec son monde, il fit porter sa mère dans une autre pièce et lui donna des soins. Pendant ce temps-là les chiens furent recouplés et reconduits au chenil, et Landouiller, resté dans la chambre, appela son louvard, qui, tout tremblant qu'il était, n'en arriva pas moins en rampant aussitôt qu'il reconnut sa voix.

Au moment où il descendait l'escalier, il rencontra M. de Brichanteau dont le visage était pâle et contracté par la colère.

— Landouiller, lui dit sévèrement celui-ci, renfermez votre maudite bête où vous voudrez, mais je vous préviens que vous quitterez mon service si on l'aperçoit dans la cour ou dans les écuries. Dans trois jours nous allons en déplacement à Perseigne, on l'emmènera. Il ne trouvera pas en forêt des refuites aussi ruineuses que l'ont été les siennes aujourd'hui, et, s'il échappe à mes chiens, vous serez autorisé à ajouter le surnom de l'Avisé au nom que vous lui avez donné.

Landouiller s'en alla la tête basse, et, décidé à jouir de la compagnie de son élève pendant les trois jours de répit qui venaient d'être accordés à celui-ci, il le réintégra dans sa chambre.

Ce qui se passa pendant ces trois jours pourrait fournir un argument péremptoire à ceux qui soutiennent que les animaux ne sont pas absolument dépourvus de certaines facultés raisonnantes. Un revirement aussi radical que subit s'opéra dans le caractère du louvard. A la suite de la scène que nous venons de raconter, il devint aussi triste, aussi morose qu'il avait été jusqu'alors insouciant et folâtre. Il comprenait évidemment le danger auquel il avait échappé, il en concluait qu'une modification considérable s'était opérée dans les bienveillantes dispositions que chacun lui témoignait jadis, il pressentait qu'il avait beaucoup à craindre et peu à espérer, et, devinant qu'il était sur un volcan, il n'avait pas la moindre tentation de danser sur son cratère, comme cela nous arrive si souvent. Il ne se laissait plus, comme autrefois, caresser par tout le monde ; il était rentré dans l'humeur farouche de sa race. Pendant les trois jours qu'il passa dans la chambre de son maître, aussitôt qu'il entendait le pas d'un indifférent dans l'escalier, il se réfugiait sous le lit, et non-seulement ni prières, ni objurgations ne le décidaient à en sortir, mais il montrait les dents, et ses yeux, brillant comme des escarboucles dans ces ténèbres, indiquaient quelques velléités de se servir de sa mâchoire. En revanche, jamais il n'avait été aussi prodigue de démonstrations affectueuses envers le piqueur : aussitôt qu'ils étaient seuls, il sautait sur les genoux de celui-ci, promenait son museau sur ses mains et sur son visage, et se mettait en rond pour s'endormir.

Ces nouvelles preuves de la reconnaissance qu'il avait inspirée à son élève gonflaient le cœur du piqueur d'orgueil et d'amertume à la fois ; la contrariété que lui avait causée le prochain et lugubre dénouement d'une liaison si touchante devenait de l'affliction, et cette affliction résistait aux nombreuses consolations alcooliques qu'il lui prodiguait. Le soir, rentré dans sa chambre, il faisait monter le louvard sur son lit, et, l'œil humide, la voix fortement émue, il s'adressait à lui, comme si l'animal eût pu l'entendre.

— N'est-ce pas pitié, disait-il en promenant sa main des oreilles à la queue de son ami, de condamner à mort une bonne et belle bête comme toi, pour un méchant perroquet qui assourdissait tout le monde et un affreux roquet qui ne se serait pas même rabattu sur un lapin? Ah! si nous étions seulement de quelques mois plus avancés dans la saison, mon pauvre Gaspard, ce serait moi qui donnerais mon compte à Monsieur et nous nous en irions tous les deux, l'un traînant l'autre. On m'a justement parlé d'une place dans un département où le vin ne coûte que deux sous; nous serions là comme des coqs en pâte, toi et moi.

Et, de plus en plus attendri, Landouiller déposait sur le front de son élève un baiser que celui-ci lui rendait en monnaie.

Le jour fatal arriva. L'équipage se rendit à la forêt de Perseigne, qui fait partie de ce vaste massif qui commence à Senonches, se continue par la Ferté, le Perche et Bellême, et s'étend jusqu'à la basse Normandie par Écouves, Andaine, etc. Gaspard suivait dans un fourgon.

En raison des conditions nouvelles et exceptionnellement favorables dans lesquelles on allait opérer, M. de Brichanteau ne jugea point à propos de modifier le procédé précédemment employé. Un homme fut chargé de conduire le louvard en fin fond de forêts, dans un triage qu'on lui indiqua, et de le lâcher quand le moment serait venu. Mais Landouiller manifestait ses sentiments secrets avec si peu de diplomatie que son maître jugea prudent de le dispenser d'un service pour lequel il éprouvait tant de répugnance; il lui signifia que, pour ce jour-là, le premier valet de chiens prendrait sa place à la tête de l'équipage, et que, s'il voulait suivre, ce serait en amateur. Cette mesure ajouta à la mauvaise humeur du piqueur un violent ferment d'irritation.

Les débuts de cette chasse ne rappelèrent pas du

tout ceux de la première. Gaspard dépaysé ne tenta pas le moindre hourvari; mais elle ne fut pas davantage ce qu'est ordinairement une chasse de louvards.

Attaqués par les chiens, ceux-ci quittent rarement leurs demeures; ils passent successivement dans les quelques enceintes dont ils ont connaissance et s'y font battre, d'abord parce que les refuites leur en sont familières, ensuite parce qu'ils n'ont dans leurs forces qu'une confiance médiocre, enfin parce qu'ils comptent sur le change dont leurs frères et sœurs fourniront l'occasion et que, quelquefois, la louve elle-même se décide à donner.

Gaspard, au contraire, prit son parti en vieux loup; il mit le nez dans le vent et commença de percer droit devant lui.

Quand Landouiller, qui suivait à une trentaine de pas derrière son maître, eut apprécié cette manœuvre, il grommela un juron qui, pour être contenu, n'en exprimait pas moins une désapprobation formelle de la tactique de son élève. Cette tactique était effectivement déplorable. Bien que, plantureusement nourri, élevé à l'état de liberté, le louvard fût à huit mois d'une force et d'une vigueur peu communes chez ses congénères du même âge, il ne pouvait lutter ni de vitesse ni de fond avec les bâtards anglo-poitevins de M. de Brichanteau. En tenant les couverts, en recherchant les forts, il pouvait encore conserver des distances pendant quelque temps; mais, acculé sur les lisières, il devait fatalement être forcé de débucher, et, en plaine, il ne fallait pas plus de dix minutes aux chiens pour l'avoir rejoint.

Tandis que le piqueur déplorait cette maladresse de son ami, celui-ci travaillait à lui prouver qu'il le jugeait mal. Arrivé sur les bordures, au lieu de se jeter dans les champs, il les longea, et, comme ces bordures, qui font face à la vallée du Mesle-sur-Sarthe, situées sur le versant de coteaux abrupts, sont épineuses et fourrées, il gagna encore un peu de terrain sur la meute. Mais ce n'était point là le but auquel il tendait. Ne sachant qu'une note, le louvard pensait, comme Bilboquet, que cette note, il ne devait pas se lasser de la jouer. Il cherchait des maisons, parce que, la veille, elles avaient été pour lui d'un bon secours; il aperçut un clocher, des habitations : il crut au salut et se dirigea de ce côté. Mais, au moment où il enfilait effrontément la grande rue, des paysans le signalèrent, et, s'armant de fourches et de pioches, s'élancèrent à sa poursuite; il se jeta dans une ruelle, et, de là, dans les jardins qu'il traversa.

M. de Brichanteau arriva sur ces entrefaites; mais, ahuris par les cris des villageois qui, s'improvisant piqueurs, prétendaient tous les mettre sur la voie, déroutés par les allées et venues de tant de monde, les chiens étaient complètement en défaut. Le maître d'équipage supposa que son louvard devait avoir eu recours à la ruse qui lui avait si bien réussi quelques jours auparavant, et il n'eût pas plus tôt engagé les paysans à visiter leurs maisons et leurs étables, que l'émotion et la confusion redoublèrent; les femmes criaient, les enfants pleuraient, tandis que les plus valeureux des habitants d'Allières procédaient aux visites domiciliaires les plus minutieuses.

Il y avait déjà quelque temps que le village était ainsi en révolution, lorsqu'un petit pâtre accourut tout effaré : le loup avait passé à dix pas de lui, il était maintenant en forêt. M. de Brichanteau, laissant les paysans poursuivre leurs investigations, fit rallier sa meute et la conduisit à la rentrée, que le jeune bonhomme lui indiqua. Mais l'avance de Gaspard s'était triplée, et les voies du fuyard étaient déjà assez hautes pour que la menée ne fût plus courante. Cependant, le rapprocher alla en s'animant, et bientôt les chiens repartirent avec un entrain qui indiquait que le louvard n'avait pas mis à profit les loisirs que le hasard, bien plus que son habileté, lui avait procurés. Effectivement, n'ayant point été élevé à la rude école de l'infortune, Gaspard croyant naïvement que, comme les autres animaux, les loups ont le droit de se reposer quand ils sont las, s'était arrêté pour reprendre haleine. D'un autre côté, la forêt de Perseigne est une des plus sourdes que nous sachions; montueuse, entrecoupée de collines et de gorges profondes, elle étouffe le bruit d'une meute, fût-elle bien gorgée. Il résultait de tout cela que les chiens étaient presque sur lui avant qu'il eût soupçonné le danger. Un tonnerre d'abois, éclatant tout à coup à cinq pas de lui, au moment où les chiens arrivèrent sur la crête, le lui révéla, et il partit comme un trait. Malheureusement, dans son effroi, il détala sur le terrain qui s'ouvrait devant lui, et que couvrait une de ces futaies de hêtres si communes en Normandie, et dont les dessous sont aussi unis, aussi dépourvus de plantes parasites que le parquet d'un salon. Gaspard n'avait pas fait un kilomètre que les chiens, le gagnant de vitesse, lui soufflaient au poil, et que trois trompes sonnant l'à-vue ajoutaient à ses terreurs. Un taillis broussailleux qu'il atteignit le préserva des coups de dents que, tout en galopant à ses côtés, ses terribles adversaires essayaient déjà de lui envoyer. Mais, s'il eut la satisfaction de ne pas entendre bruire ces menaçantes mâchoires, sa situation n'en était pas beaucoup meilleure. Trop essoufflé pour revenir aux grands partis, il n'osait plus quitter son couvert; il se fit battre dans l'enceinte, buissonnant, se couvrant des ronciers, multipliant les hourvaris mal indiqués, et se donnant si souvent à vue que M. de Brichanteau, qui ne se sentait pas d'aise, ordonna de sonner l'hallali courant.

Il était quelqu'un qui, comme le maître d'équipage, mais avec de tout autres sentiments, ne doutait pas que le dénouement ne fût proche; ce quelqu'un, c'était Landouiller. Du moment où son élève s'était donné aux chiens sous la futaie, le piqueur avait jugé qu'il était perdu, et, comme il se disait dans son langage imagé, il n'aurait plus placé une chique sur sa peau. Comme nous l'avons dit, la méfiance que lui avait témoignée son maître ajoutait à la sourde colère que lui causait le sacrifice que l'on avait exigé de lui, et avait même fini par la dominer. Il eût voloniers consenti à ne boire que de l'eau pure pendant une semaine entière, — un supplice dont la seule pensée lui donnait la chair de poule, — pour que le subordonné qu'on lui avait substitué dans le commandement du bataillon essuyât un honteux échec. Aussi, quand, aux abois de plus en plus multipliés de la meute, à la violence des reprises, il jugea que son élève infortuné était sur ses fins, avait-il ralenti l'alure de son cheval, autant pour échapper au spectacle de l'agonie de Gaspard que pour ne pas assister au triomphe de son nouveau rival.

Il se trouvait à près d'un kilomètre des veneurs, lorsqu'il entendit la fanfare. Redoutant que son absence ne fournît un nouveau grief à M. de Brichanteau, il s'était mis au trot pour rejoindre, lorsqu'il entendit derrière lui un gémissement plaintif; il se retourna, il aperçut le louvard qui venait de sortir de l'enceinte, et d'un pas chancelant s'efforçait de le rejoindre.

Le pauvre animal était dans un misérable état : son poil mouillé, souillé de poussière, se collait sur son corps déjà singulièrement efflanqué; sa langue baveuse pendait démesurément hors de sa gueule, ses yeux étaient injectés de sang, son flanc palpitait avec violence et il chancelait comme un homme ivre. Le piqueur s'était arrêté; le pauvre Gaspard vint à lui, se dressa sur ses pattes de derrière pour essayer d'atteindre à la botte de son maître, et, épuisé par cet effort, retomba lourdement sur le sol, où il resta tout haletant.

Mais, à sa vue, une inspiration soudaine avait traversé le cerveau de Landouiller; elle était si réjouissante qu'elle se traduisit sur son visage par une grimace des plus malicieuses.

— Te voilà bien malade, mon pauvre Gaspard; mais à ton âge et dans ta famille on revient de plus loin. Sois tranquille, ils ne t'auront pas aujourd'hui, et cela apprendra à M. le marquis à donner ses chiens à conduire à un infirme!

En parlant ainsi, le piqueur était descendu de cheval, il avait pris le louvard par la peau du cou, l'avait placé sur ses arçons, et, se remettant en selle, pinçant son cheval des deux éperons, il était parti au galop dans une direction opposée à celle dans laquelle était la meute.

Il était temps : après un balancer de quelques minutes occasionné par le dernier, le suprême hourvari que le louvard fût en mesure de tenter, la meute avait redressé la voie et arrivait comme une tempête.

Landouiller galopa quelque temps. Lorsqu'il fut dans les buissons de Neufchâtel, il gagna une enceinte de houx qui lui était familière, attacha son cheval à un arbre, prit son élève entre ses bras, se glissa dans le fourré, et le déposa au plus épais de l'épineux massif.

— Mon garçon, lui dit-il, lorsqu'il l'eut placé sur un tas de feuilles sèches, et tandis que le louvard, comme s'il eût deviné que c'était l'heure des adieux, se ranimait pour le caresser, mon garçon, il faut rester ici et tâcher de te tenir coi, si tu tiens à ce que ta patte ne figure pas au milieu d'un bouquet. En somme, tu n'es pas trop à plaindre; tu n'auras plus sans doute ton café au lait tous les matins, des aras à déplumer et des carlins de marquise à te mettre sous la dent; mais Perseigne vaut un peu mieux que les boqueteaux où je t'ai cueilli, les oies et les moutons ne manquent point sur les bordures, et les paysans savent qu'ils sont faits pour être tondus. Sois sage et prudent, et, quand tu seras grand loup, ce qui ne tardera guère, que la petite leçon d'aujourd'hui te profite : toujours tout droit, mon vieux Gaspard, c'est le seul moyen d'échapper aux griffes du diable, pour les loups comme pour les hommes. Surtout n'oublie jamais ton ancien maître, et, si ta mauvaise fortune te ramenait devant ses chiens, exécute-toi de bonne grâce, afin qu'il n'ait pas le nez aussi allongé que doit l'être en ce moment celui de son camarade Valentin. Adieu, Gaspard ! »

En achevant ces mots, le piqueur fit tournoyer son fouet avec un sifflement menaçant, pour empêcher le louvard de le suivre; mais, soit que celui-ci eût compris que la séparation devait être définitive, soit qu'il fût à moitié fourbu, il n'essaya point de quitter son liteau.

Landouiller rejoignit l'équipage en défaut sur le chemin, à l'endroit précis où le louvard avait quitté terre, pour cheminer d'une façon qui n'est point celle de ses pareils tant qu'ils sont en vie. Ses présomptions ne l'avaient point trompé : le camarade Valentin faisait effectivement la plus piteuse des figures ; mais celle de M. de Brichanteau lui sembla un peu moins réjouissante à regarder. Furieux de sa déconvenue, honteux d'avoir à sonner la retraite manquée sur un loup de boîte, le veneur criait, jurait, tempêtait, et il n'aperçut pas plus tôt Landouiller que, soit qu'il soupçonnât que celui-ci n'était pas étranger à ce dénouement inconcevable, soit que dans sa colère il fût heureux de trouver quelqu'un sur lequel il lui fût possible de la décharger, il lui signifia immédiatement son congé.

Huit jours après, Landouiller quittait le château, sans avoir la consolation d'emmener avec lui celui pour lequel il perdait sa place, et convaincu qu'il ne reverrait jamais ce Gaspard l'Avisé qui lui coûtait si cher.

En cela il se trompait, comme vous l'allez voir.

Cette double perte de son élève et de sa place affligea profondément Landouiller, mais la seconde de ces mésaventures fut celle dont il se consola le plus aisément. Il trouva facilement un emploi chez un maître d'équipage du département de la Sarthe. Non-seulement la nouvelle condition n'était pas au-dessous de l'ancienne, mais il trouvait une source inépuisable de consolations dans le nectar du cru, un petit vin blanc très-estimable et qui laissait derrière lui un goût de pierre à fusil.

Les regrets que lui causait Gaspard furent infiniment plus vivaces, et ce même vin blanc ne contribuait pas médiocrement à les entretenir. Au deuxième verre, ils se réveillaient avec vivacité dans son cœur; au troisième, il cédait à leur pression, il entamait, au profit de l'assistance, la légende de ce loup comme on n'en avait jamais vu. Puis, à mesure qu'il parlait et qu'il levait le coude, son émotion allait croissant, jusqu'à ce que, étranglant d'attendrissement, l'histoire se terminât par un hoquet dans lequel expiraient à la fois le récit et la voix du narrateur.

— Tenez, ajoutait-il en manière de péroraison, il n'y en a pas un seul ici qui puisse se figurer ce que j'ai éprouvé en me séparant de cette bête-là, à moins qu'il n'ait vu mettre sa femme en terre!

Le brave Landouiller allait peut-être un peu loin, mais ce ne sera pas nous qui blâmerons le choix d'une comparaison qui fait tant d'honneur à ses sentiments.

Ce culte pour la mémoire de son ancien ami survivait à son ébriété. Lorsque son limier se rabattait sur une voie de loup, son cœur palpitait toujours un peu en étudiant les connaissances. Il savait les espaces considérables que ces animaux franchissent non-seulement pour faire leurs carnages ou pour obéir aux lois de la reproduction, mais souvent aussi en raison de l'humeur vagabonde qui les pousse à changer de demeures, et il tremblait toujours que la mauvaise chance, en ramenant Gaspard devant ses chiens, ne le mît une seconde fois dans l'obligation de jouer ce rôle de Brutus dont il s'était si mal acquitté.

Cette douloureuse épreuve lui fut épargnée; mais le ciel lui en réservait d'autres non moins amères.

On était en 1870 : notre gloire militaire sombrait dans une guerre follement entreprise et plus follement conduite; nos victorieux bataillons, disséminés sur un espace de cinquante lieues, sans cohésion et sans soutien, étaient écrasés et décimés tour à tour; les coups de foudre se succédaient sans s'attendre. Après Wissembourg, Reichshoffen; après Reichshoffen, Forbach; dans Metz investi, cent cinquante mille hommes, l'unique armée qui restât à la France, s'épuisaient en efforts sans parvenir à s'ouvrir un sanglant passage; les bandes mutilées qui avaient survécu à leurs désastres s'acheminaient vers Sedan où elles trouvaient pis que la mort. Pour la troisième fois, le sol sacré était ouvert à l'invasion; pour l'arrêter dans sa marche, nous n'avions plus rien, ni un régiment, ni un bataillon, ni un soldat, rien que le patriotisme d'hommes désarmés.

Hâtons-nous de le dire : dans le premier moment, il fut à la hauteur de la terrible épreuve que nous infligeait la destinée. Il en est de l'histoire comme de la peinture : pour être jugée sainement elle a besoin d'être examinée à distance. L'esprit de parti, les passions qui en dérivent, obscurcissent encore notre appréciation à l'heure où nous sommes. Cédant à de mesquines, à de misérables préoccupations, chacun redoute de fortifier son adversaire en lui rendant la justice à laquelle il a droit. L'égoïsme politique est ainsi fait qu'il ne redoute pas d'ajouter une humiliation aux humiliations que nous avons subies, s'il croit y trouver son profit. Nous autres qui n'avons à compter avec aucune considération de ce genre, il nous devient aisé de rendre au mouvement de résistance qui anima la France après le cataclysme de Sedan, le respectueux et enthousiaste hommage qu'il mérite. Un élan sublime courut sur cette vieille terre des Gaules : l'amour de la patrie, l'horreur de la domination étrangère, embrasèrent tous les cœurs; les aspirations, les discordes, les haines, s'y fondirent. Le Nord comme le Sud, l'Est comme l'Ouest, subitement redevenus frères, se levèrent avec la même pensée, la même espérance, qui n'était plus, hélas ! de vaincre, mais de combattre !

Le maître de Landouiller s'était enrôlé dans les zouaves de M. de Charette; le piqueur s'engagea dans un corps de francs-tireurs qui, quelques jours à peine après sa formation, était envoyé dans le département d'Eure-et-Loir, dans lequel les Prussiens avaient commencé à s'avancer.

L'invasion progressait avec la lenteur, mais avec la ténacité mécanique d'une marée qui prend possession d'une plage abandonnée ; toujours méthodiques, ses formes étaient toujours assurées du succès. Tantôt le matin, tantôt le soir, les rares cultivateurs qui n'avaient pas renoncé à leurs travaux voyaient apparaître quelques cavaliers; ceux-ci poussaient en avant, reconnaissant les routes, les chemins, les sentiers, les villages; tant que ne se manifestait aucune résistance. Au premier coup de fusil, tiré par quelque franc-tireur embusqué dans un bois, aux premières vibrations du tocsin d'un clocher de campagne, la troupe faisait volte-face, et s'évanouissait emportée au galop par leurs rapides chevaux. Après quelques-unes de ces visites, on voyait arriver les Allemands, toujours en nombre supérieur à celui des troupes que leurs éclaireurs et leurs espions leur avaient signalées. C'est ainsi qu'Épernon fut pris, après un combat, puis Maintenon ; enfin, la lèpre s'étendant toujours de proche en proche, Chartres dut capituler à son tour. Un corps d'armée détaché de celui qui opérait sur Orléans attaqua cette ville à revers; les six mille mobiles et francs-tireurs qui la défendaient durent se retirer devant les vingt-cinq mille hommes et les cinquante canons que l'ennemi mettait en ligne; ils battirent en retraite sur la forêt de Bailleau, l'extrême jalon de cette succession de massifs forestiers qui s'étend jusqu'à la basse Normandie; abrités par ces couverts, ils purent gagner le Perche sans être inquiétés.

Ici les choses pouvaient changer de face. Les vastes plateaux de la Beauce ne se prêtaient nullement à la guerre d'embuscades, la seule que les imperfections de l'organisation et de l'armement de nos soldats permissent d'opposer aux formidables masses allemandes avec quelque chance de succès. Les francs-tireurs avaient été rarement engagés; la surprise d'Ablis, un fait d'armes dont les guérillas espagnols les plus célèbres eussent été fiers, fut à peu près le seul exploit de cette première partie de leur campagne, et il avait fallu l'aventureuse audace du comte Lipowski, la discipline et l'énergie de ses Parisiens, pour qu'elle réussît.

Le Perche, au contraire, était éminemment favorable aux entreprises des partisans. Pays onduleux plutôt qu'accidenté, mais universellement boisé, sillonné de chemins creux et couverts, où chaque champ s'entoure d'un quadrilatère de haies presque impénétrables, il paralysait l'action de la nombreuse cavalerie des Allemands, et, dans la guerre de chicane à laquelle la configuration topographique de la contrée les réduisait, ils perdaient une partie de leurs avantages. Aussi est-il regrettable que l'on n'ait pas songé à y concentrer des forces suffisantes pour les arrêter plus longtemps.

Ce fut là que Landouiller se trouva pour la première fois aux prises avec eux. Son nouveau métier lui plut tout de suite. A vrai dire, il avait avec l'ancien plus d'un point de ressemblance : c'était la même lutte patiente de la ruse contre la ruse, les mêmes affûts de jour et de nuit. Quelques hallalis heureux le mirent en verve, et bientôt il déclara que, à bien prendre, la chasse au Prussien n'était pas trop au-dessous de la chasse au loup.

La bête ne devait malheureusement pas tarder longtemps à se retourner contre les veneurs. Les Allemands se lassèrent vite d'avoir leurs uhlans fusillés aux coins des bois, de voir leurs compagnies décimées par le feu d'ennemis invisibles. Avec leur tact militaire, ils comprirent sur-le-champ qu'ils ne pouvaient en finir qu'en occupant les centres principaux. Une colonne importante marcha sur Nogent-le-Rotrou et s'en empara après avoir subi à la Fourche un combat acharné. Mais, quelques jours après, la reprise d'Orléans par les Français les contraignait à revenir en arrière, ils abandonnaient le Perche pour n'y reparaître que dans les premiers jours de janvier 1871.

Pendant cet intervalle, les corps francs de l'armée de la Loire ayant été dissous et enrégimentés dans l'armée régulière, Landouiller se trouva placé dans un régiment de ligne avec lequel, le 6 janvier, il prit part au second combat de la Fourche. Comme au 21 novembre, la lutte y fut sanglante et le champ de bataille longuement disputé. Cependant, vers le milieu de la journée, l'armée française, débordée sur sa droite, dut se mettre en retraite sur la Ferté-Bernard. Landouiller fut de ceux qui tinrent les derniers. Après des prodiges de valeur, le bataillon auquel il appartenait, écrasé par le feu d'une batterie, chargé par un régiment de cavalerie, fut mis en déroute; chacun chercha son salut dans la fuite. L'ex-piqueur et quatre ou cinq soldats qui se trouvèrent avec lui durent à l'épaisseur des haies de ne pas tomber sous le sabre des hussards. La fusillade qui s'étendait de plus en plus à leur droite et qui avait gagné les rues de Nogent, leur faisait comprendre qu'ils ne pouvaient plus songer à rejoindre directement l'armée française; ils continuèrent de s'éloigner du champ de bataille en marchant sur l'est. Landouiller, qui avait autrefois chassé dans le pays, leur servait de guide ; il leur fit éviter la petite ville d'Authon, qu'il supposait occupée par l'ennemi, et, après avoir cheminé ainsi à l'abri des haies pendant trois ou quatre lieues et franchi environ un millier d'échaliers, ils se trouvèrent vers le soir à 500 mètres environ d'un village.

Exténués de fatigue, à demi morts d'inanition, ces malheureux se dirigeaient vers les maisons; mais Landouiller, le seul auquel ses souffrances personnelles ne fissent pas oublier les règles de la prudence, les arrêta et leur fit comprendre la nécessité de se renseigner avant d'aller se jeter ainsi tête baissée dans la gueule du loup. Bien leur en prit, car le premier paysan auquel ils s'adressèrent leur apprit que Soizé, c'était le nom du village, hébergeait en ce moment deux escadrons de uhlans. Heureusement pour ces pauvres gens, qui, la nuit venue, se trouvaient dans la nécessité ou de suivre les routes où quelque patrouille ennemie les eût inévitablement ramassés, ou de bivouaquer en plein air, cet homme, touché de leur lamentable position, leur proposa de les recevoir dans sa métairie, qui se trouvait placée à une assez grande distance de l'agglomération principale.

Pour qui sait ce que fut le dénuement des soldats de cette armée et les privations qu'ils subirent, il sera facile de comprendre avec quelle joie ceux-là se retrouvèrent sous un toit, devant un bon feu, avec la perspective d'une nuit de bon sommeil sur une couche de foin. Mais les délices de cette nouvelle Capoue ébranlèrent les courageuses résolutions d'une partie de la petite troupe. Le métayer leur ayant offert d'échanger leurs uniformes contre des habits de paysan, sous lesquels il leur serait facile de se cacher dans les environs, trois d'entre eux acceptèrent ces propositions tentatrices, et le lendemain, au point du jour, quand sonna l'heure du départ, la bande se trouva réduite au seul Landouiller et à un caporal de la compagnie, lequel répondait au nom d'Ambroise.

Ceux-là, en revanche, étaient parfaitement déterminés à rejoindre leur corps, coûte que coûte; ils partirent pleins d'ardeur. Comme nous l'avons dit, le piqueur connaissait un peu le pays; il savait, de plus, s'orienter assez facilement, ainsi que la plupart des gens de son métier, et pendant la nuit précédente il avait habilement calculé sa marche. Le corps allemand qui était à Authon devait évidemment, comme le gros de l'armée prussienne, se diriger sur la Ferté pour essayer d'en déloger les Français, et ce corps n'avait d'autre route à suivre que celle qui passe par Saint-Ulphace et Courgenard, et sur laquelle Landouillet lui-même avait compté. Pour l'éviter, il fallait donc se porter plus encore sur la gauche, gagner la forêt de Montmirail à la hauteur de la Chapelle-Guillaume et se rejeter sur Champrond où il trouvait un autre chemin.

Le plan était très-pratique, et aurait réussi si M. de Moltke, par une des combinaisons stratégiques qui lui sont familières, n'eût semblé prendre à tâche de le contre-carrer en faisant filer ses troupes par toutes les directions.

Nécessairement les deux compagnons, peu curieux de se rencontrer nez à nez avec un uhlan, se gardaient du moindre sentier et avaient préféré reprendre leur pénible gymnastique de la veille, plutôt que de risquer d'avoir à entamer, avec quelques-uns de ces messieurs, une conversation dans laquelle ils n'eussent pas eu le dernier mot. Ils avançaient donc à travers champs, enjambant les échaliers quand ils rencontraient des échaliers, trouant les haies à la façon des lièvres et des lapins, quand l'éloignement de la passe praticable les eût trop détournés de la ligne qu'ils suivaient. Cette manière de cheminer était sûre ; mais, pour deux hommes chargés d'un sac et d'un fusil, elle avait l'inconvénient d'être fatigante. Aussi, bien que le froid fût encore assez vif, ne tardèrent-ils pas à se sentir aux prises avec une soif assez vive.

Dans le Perche, ce besoin trouve aisément sa satisfaction ; il n'est pas une de ces étroites vallées qui ne mette un ruisseau à la disposition d'un chasseur altéré. Les deux soldats trouvèrent mieux encore : au moment où ils débouchaient dans une prairie, une vaste nappe d'eau se développa devant eux ; c'était un des nombreux étangs dont la contrée est parsemée.

Le caporal Ambroise ne fit qu'un saut jusqu'à la nappe limpide; il s'agenouilla sur le bord et but sans façon à la tasse; puis, se relevant et la barbe ruisselante, il se retourna vers son compagnon qui l'avait rejoint en lui disant, avec cet accent jovial que le Français conserve dans les situations les plus critiques :

— A votre santé, fusilier Landouiller; si le cœur vous en dit, ne vous gênez pas, c'est moi qui régale.

Mais le piqueur, qui depuis quelques instants considérait avec une extrême attention l'endroit où ils se trouvaient, hocha la tête d'un air dédaigneux :

— Non, répondit-il, le canard sauvage est un oiseau que j'estime, et je ne veux pas lui faire du tort, caporal, et puis j'ai la poitrine si délicate que je serais capable de m'enrhumer si je mettais de l'eau dans mon vin.

Ce mot de vin avait produit un effet magique sur Ambroise, qui se mit sur ses pieds, en considérant son camarade avec une stupeur anxieuse :

— Du vin? Tu as du vin? lui demanda-t-il.

— J'en aurai tout à l'heure, répliqua Landouiller, et cela m'est une raison suffisante pour ne pas faire connaissance avec le bouillon de grenouilles.

Et comme le caporal regardait et cherchait autour de lui, il lui désigna une pointe aiguë que l'on apercevait derrière un bouquet de sapins sur l'ondulation opposée à celle qu'ils venaient de descendre.

— Regardez là-bas, continua-t-il; ceci est un clocher, un clocher indique un village, un village démontre un cabaret, et le cabaret prouve le vin.

Cette logique serrée fit une profonde impression

sur le caporal Ambroise, qui essuya soigneusement sa moustache et passa la langue sur ses lèvres avec quelque concupiscence.

— C'est pourtant vrai, dit-il, et, quoique vous ne soyez qu'un simple fusilier, je dois reconnaître que votre raisonnement ne manque pas de bon sens. Mais s'il y a du vin là-bas, qui sait s'il n'y a pas aussi des Prussiens en train de le boire?

— Par les andouillers du diable! caporal Ambroise, qu'il y en ait ou qu'il n'y en ait pas, je jure d'y goûter à leur barbe. Tandis que ces brigands-là se payent des triples rations, il ne sera pas dit qu'un soldat français sera mort de la pépie. En route!

Ils partirent, mais quand ils furent sur la crête de la colline, et qu'ils purent distinguer à un kilomètre environ non-seulement le clocher, mais les toits des chaumières, le caporal s'arrêta :

— N'entendez-vous pas ces bruits de chevaux et de voitures? dit-il en soupirant; nous ne tâterons pas décidément de ce vin-là, Landouiller; un gros corps d'armée traverse ce village en ce moment.

— Bast! répondit le piqueur avec une parfaite insouciance, s'ils le traversent, tant mieux, je ne risque pas de les rencontrer dans la cave où j'ai à faire. D'ailleurs j'ai soif, et puis j'ai juré, et quand je devrais trouver une balle prussienne au fond du verre, je suis décidé à en vider au moins un. Maintenant, caporal, comme vous ne connaissez pas le terrain et la manière de s'en servir, je ne vous invite pas à m'accompagner. Cachez-vous dans ce petit bois; le village où je vais aller me rafraîchir se nomme la Chapelle-Guillaume, et ces masses d'arbres que vous voyez sur la droite, ce sont cette forêt de Montmirail dans laquelle je me proposais de vous conduire. Si je ne reviens pas, ces renseignements vous suffiront pour vous tirer d'affaire ; mais soyez tranquille, je reviendrai et je vous rendrai la politesse que vous avez voulu me faire tout à l'heure.

En achevant ces mots, Landouiller jeta son fusil sur son épaule et se dirigea vers le bourg avec autant de désinvolture que s'il s'était agi d'aller à la noce ; mais il en était si près qu'il ne tarda point à changer d'allures. Le bruit qui venait de la route était continu. A une assez grande distance, sur une côte, à travers des nuages de poussière, on apercevait une fourmilière noire et les reflets étincelants des casques et des baïonnettes : évidemment les fuyards ne s'étaient pas trompés, une colonne considérable était engagée sur ce chemin, que bordaient parallèlement les maisons du village de la Chapelle-Guillaume. Mais le piqueur était trop avancé pour reculer ; s'abritant derrière les haies, rampant à plat ventre dans les broussailles, il parvint à gagner les jardins qui se trouvaient derrière les habitations, traversa une dernière haie et pénétra dans la demeure qui attenait à l'enclos.

Le hasard l'avait bien servi, c'était précisément un des cabarets du bourg. La cuisine dans laquelle il était entré était déserte, mais à travers une porte vitrée qui séparait cette pièce de la salle où l'on buvait, il aperçut le cabaretier et sa femme debout devant leur porte, et regardant défiler les Allemands.

Landouiller commença par frapper assez rudement la table avec la crosse de son fusil pour avertir ses hôtes qu'une pratique leur était arrivée ; puis ayant chargé sa pipe, il prit un tison dans le foyer et se mit en devoir de l'allumer. Le cabaretier entra pendant que le piqueur accomplissait cette importante opération. A la vue de ce soldat, en reconnaissant l'uniforme français, cet homme devint blême; atterré, il resta pendant quelques secondes sans pouvoir prononcer une parole.

— Deux bouteilles du meilleur, un verre, et lestement, lui dit Landouiller, qui avait pris une escabelle et venait de s'asseoir.

— Que venez-vous faire ici, malheureux? s'écria l'homme, dont la voix étranglée indiquait l'émotion; mais vous ne les avez donc pas vus? Il y a quatre cent mille Prussiens sur la route.

— Tant que ça? Eh bien, tant mieux! répondit le piqueur dont le flegme désespéra son interlocuteur : plus on est de fous, plus on rit!

— Mais s'ils entrent ici?

— Eh bien! on trinquera, mon bonhomme; ne dirait-on pas, à vous entendre, qu'ils ne savent pas ce que c'est que d'avoir soif? Allons, occupez-vous un peu moins des passants et un peu plus de vos clients. J'ai dit deux bouteilles et un verre, voilà votre argent, servez chaud, si vous ne voulez pas avoir affaire à Castor!

En parlant ainsi, Landouiller avait fait résonner les capucines de son fusil, mais son regard était encore plus menaçant que le geste. Terrifié, le cabaretier descendit à la cave, remonta avec les deux bouteilles qu'il plaça devant le soldat. Nous devons rendre au piqueur cette justice que, si son œil s'alluma prodigieusement à la vue de la liqueur vermeille qu'elles contenaient, en dépit de la soif qu'il avait accusée, sa première pensée n'en fut pas moins pour son camarade absent : il prit une des deux fioles, la fit glisser dans la couverture roulée au-dessus de son sac, en assujettit les courroies avec un soin religieux, replaça le bagage sur son épaule, et ce ne fut qu'alors qu'il songea à lui-même. Il déboucha la bouteille qu'il s'était réservée, remplit le verre, dégusta à petits coups en connaisseur, fit claquer sa langue contre son palais avec une satisfaction qui eût probablement semblé flatteuse à l'aubergiste en d'autres circonstances, se versa et huma une seconde rasade, puis, reprenant sa pipe, il se remit à fumer.

Ce sang-froid avait tellement bouleversé le cabaretier qu'il se sentait près de pleurer.

Tout à coup la porte qui de la grande salle donnait sur la rue s'ouvrit avec fracas ; un officier supérieur de hussards tout chamarré de galons, tout couvert de décorations, entra dans la maison, et, du ton impérieux qui caractérise ses compatriotes, il ordonna à la femme qui se trouvait dans cette pièce de lui servir du vin.

Si profond que fût son trouble, le malheureux hôtelier avait eu la présence d'esprit de tirer un rideau de cotonnade rouge sur le vitrage de la porte qui, comme nous l'avons dit, séparait la cuisine de la salle. L'officier ne vit pas le soldat, mais le soldat avait vu l'officier, et ses yeux s'étaient embrasés d'un feu sombre.

— Je vous avais bien prévenu qu'il arriverait malheur ! lui dit le paysan avec un accent lamentable ; sauvez-vous, fuyez, non pas par la porte, par la fenêtre !

Landouiller s'était levé comme s'il eût été décidé à se rendre enfin aux prières de son hôte. Il vida d'un trait ce qui restait dans la bouteille, saisit son fusil. Mais, au lieu de se diriger vers la fenêtre que le cabaretier venait d'ouvrir, il souleva les rideaux du vitrage, ajusta l'Allemand et fit feu à travers les carreaux.

L'officier, atteint en pleine poitrine, tournoya plusieurs fois sur lui-même et s'abattit la face en avant, foudroyé.

— Quand je disais que l'on trinquerait! s'écria Landouiller: et avec un colonel encore, quelle chance!

Alors, sautant d'un bond dans le jardin, il s'enfuit par où il était venu, laissant le pauvre cabaretier plus mort que vif, à moitié évanoui sur une chaise.

Derrière le jardin dont Landouiller avait franchi la clôture, et par lequel il était arrivé au cabaret, s'étendait en amphithéâtre un champ beaucoup plus vaste que ne le sont les enclaves de cette partie du Perche. Si animé que fût le piqueur, il pensa fort judicieusement qu'il serait périlleux de se donner à vue, sur ce large espace, aux soldats que son coup de feu devait avoir attirés; il essaya donc d'en gagner les limites en longeant les autres jardins qui attenaient aux habitations.

Il venait d'atteindre la haie sur laquelle il avait compté pour s'abriter, lorsqu'il entendit de grands cris; ils étaient poussés par des Prussiens qui sortaient en tumulte de l'auberge et se répandaient dans les environs. Il n'eut que le temps de se jeter dans le fossé qui bordait la haie, et de se coucher à plat ventre sous les broussailles pour échapper à leurs regards.

L'audace du meurtre avait évidemment troublé les Allemands; ils poursuivaient leurs recherches avec leur prudence habituelle : tandis que quelques-uns battaient les champs voisins, d'autres s'échelonnaient en arrière, prêts à les soutenir dans le cas où ils seraient attaqués; mais aucune sagacité, aucune intelligence ne présidait à leurs investigations; pas un d'entre eux ne songea à suivre le fugitif par le pied, ce à quoi Landouiller n'eût certainement pas manqué en semblable circonstance.

Celui-ci, blotti dans son asile, suivait de l'œil tous leurs mouvements, se tenant prêt à vendre chèrement sa vie aussitôt qu'il les voyait se diriger de son côté. A un moment, trois des hommes à casques se disposèrent à fouiller la haie et le fossé dans lequel il était tapi. Quand ils eurent commencé à battre les buissons, à l'extrémité opposée à celle où se trouvait le Français, la position devint critique. Il calcula rapidement les chances de salut qui lui restaient; il n'en vit qu'une : elle consistait à ne pas attendre qu'il eût été découvert, à faire feu sur ses ennemis aussitôt qu'ils arriveraient à cent pas de lui. Tireur habile, il pouvait en tuer deux, et échapper au troisième avant que d'autres soldats fussent arrivés au secours de leurs camarades. En homme d'exécution qu'il était, le piqueur s'était déjà agenouillé et avait armé son chassepot. Une réflexion soudaine suspendit ces préparatifs; il pensait à la bouteille de vin qu'il portait à son ami Ambroise; réfléchissant que, s'il était tué, les Prussiens profiteraient de sa munificence, cette lamentable éventualité lui était plus difficile à supporter que toutes les autres. Aussi, glissant sa main derrière son dos, il parvint à dégager la précieuse fiole de sa couverture, puis, se baissant de nouveau, il en huma consciencieusement jusqu'à la dernière goutte.

Cette précaution patriotique lui sauva probablement la vie. Découragés par l'inutilité de leur chasse, arrivés à un endroit où la haie était assez claire, et convaincus qu'elle se continuait ainsi jusqu'au bout, les trois Prussiens, qui n'étaient plus qu'à une cinquantaine de mètres du buveur, renoncèrent à leur battue, et revinrent à l'auberge par une ligne diagonale.

Mais d'autres pouvaient avoir la même inspiration : le poste était décidément dangereux; Landouiller résolut immédiatement de le quitter. Il avait déjà commencé à faire sa trouée dans le fourré épineux qui surplombait sa retraite; il venait de reconnaître que de l'autre côté de cette haie se trouvait un chemin raviné, profondément encaissé, lorsque les trépidations de chevaux lancés aux allures rapides, et venant dans sa direction, le contraignirent à s'arrêter. Une vingtaine de hussards appartenant au même régiment que l'officier qu'il avait tué défilèrent à ses pieds dans le chemin creux.

— Bon! pensa mentalement Landouiller, la cavalerie après l'infanterie; il ne leur manque plus que de me faire les honneurs d'une pièce de siège.

En même temps, et comprenant le prix des instants, il se laissa glisser dans la ravine, derrière le dernier des cavaliers, gravit lestement la rampe opposée, sur la crête de laquelle se trouvait encore un nouvel abri.

Bien qu'il eût fait le sacrifice de la précieuse bouteille qui devait rendre son retour si agréable à Ambroise, il n'avait pas songé un instant à abandonner son compagnon, et il se mit sur-le-champ en mesure de gagner le petit bois dans lequel il l'avait laissé. Il n'en était plus qu'à une faible distance; mais, en raison du nombre d'éclaireurs qui, en ce moment, se trouvaient dans les alentours, il était peu probable qu'il pût y arriver sans encombre. Cependant, il chemina avec tant de prudence et de précautions, rampant plus souvent qu'il ne marchait, qu'il arriva à une nouvelle clôture faisant face à ce bois, dont il n'était plus séparé que par le chemin creux dont nous avons parlé, et qui, à cet endroit, tournait à droite, presque à angle droit.

Landouiller n'avait pas le loisir d'aller chercher l'échalier; d'ailleurs ses mains et son visage étaient depuis longtemps familiarisés avec les façons brutales des ronces et des épines. Il avait déjà passé la tête de l'autre côté, et n'apercevant rien de suspect ni dans le chemin, ni sur la lisière du petit bois, son corps allait suivre, lorsque le coup sec et violent d'un projectile vint briser, à quelques centimètres de sa main, la branche qu'il essayait d'écarter; presque en même temps la détonation d'une arme à feu faisait vibrer tous les échos du voisinage.

Fidèles à leur tactique, les Prussiens, avant de s'engager plus loin, avaient placé une vedette au sommet de la colline et à la bifurcation du chemin. C'était cette vedette qui, couverte par le taillis, avait tiré sur le fuyard avant que celui-ci eût reconnu sa présence.

En d'autres temps Landouiller se fût certainement égayé sur la maladresse de son adversaire, mais c'était une satisfaction que la nécessité le contraignait à ajourner. Il ne se permit qu'une réflexion. Il pensa que, en attirant sur lui les Prussiens, il aurait facilité au caporal Ambroise les moyens de s'échapper et de se tirer du mauvais pas dans lequel il l'avait entraîné.

Il détala à toutes jambes sans trop se soucier désormais de se couvrir, mais franchissant les haies, les obstacles avec l'agilité d'un cheval de chasse.

Il se dirigeait maintenant vers la forêt. Cette forêt, c'était celle de Montmirail. Il en connaissait les moindres refuites, il la savait assez vaste pour qu'il pût y défier les poursuites d'une armée; mais un kilomètre l'en séparait, et c'était ce kilomètre qu'il fallait franchir. Le coup de fusil devait avoir donné l'éveil; il n'était pas douteux qu'il n'eût bientôt les vingt hussards sur les bras.

Effectivement, à la quatrième haie, une seconde balle, en sifflant au-dessus de sa tête, lui prouva que, si les Prussiens ne sont pas toujours des tireurs infaillibles, ils entendent du moins parfaitement leur métier d'éclaireurs. A la sixième enclave, un hussard qui l'avait devancé en suivant le chemin lança résolûment son cheval contre cette muraille de branches, et ne renonça à son entreprise que lorsque, après trois tentatives infructueuses, l'animal se fut abattu. Les haies du Perche n'ont rien de commun avec les obstacles de steeple-chase. Elles sont composées d'une muraille végétale épaisse souvent de 2 mètres et haute de 3, que flanque un fossé sur chacun de ses versants, formées d'arbres véritables couchés par la main de l'homme et renforcés par un véritable tissu d'arbustes hérissés. Mais, s'il était bien difficile de le rejoindre en les franchissant, les cavaliers pouvaient, en prenant les grands devants, lui préparer une embuscade à l'une des routes qu'il aurait à traverser, tandis que d'autres essayeraient de l'entourer et le fusilleraient à distance. Il fallait donc avant tout les tromper sur le but vers lequel il tendait, ce qu'il essaya en se jetant ostensiblement sur la gauche, en traversant à découvert la pièce dans laquelle il se trouvait; puis, en ayant recours à un hourvari, en même temps qu'il reprenait sa première tactique, c'est-à-dire en revenant à droite, [sans cesser un instant de se masquer par les buissons des clôtures.

Cette ruse lui réussit. Les cavaliers perdirent du temps à le chercher. Il gagna au pied et se retrouva sur les bords de l'étang où le matin s'était désaltéré son camarade Ambroise. Il était alors un peu plus éloigné de Montmirail que tout à l'heure, mais il avait rompu et traversé le cercle d'ennemis dont pendant un instant il avait été enveloppé.

Il reprit sa marche vers la forêt avec un redoublement d'énergie et de courage. Bientôt les coupoles noirâtres des futaies se développèrent et grandirent à mesure qu'il faisait un pas en avant. Il touchait à ses lisières lorsque les abois cadencés, réguliers, d'un chien en chasse frappèrent ses oreilles. Le piqueur était bien autrement sensible à cette musique, qui réveillait dans son cœur de si doux souvenirs, qu'il ne l'eût été aux plus harmonieux accords d'un concert. Mais, au bout d'un instant, son front se plissa, ses sourcils se contractèrent.

— Oh! les damnés brigands! murmura-t-il avec un ricanement rageur; nous ne chassons que le loup, nous autres, et eux donnent le Français à courir à leurs chiens. Celui-là est dans mes voies; le voici qui franchit le petit pont que je traversais tout à l'heure!

Landouiller, en achevant ces paroles, s'était jeté dans le taillis. Il s'était souvenu que c'était surtout en se forlongeant que les animaux qu'il avait chassés lui avaient donné du fil à retordre, et, chassé à son tour, il était décidé à employer cette méthode. La lourde charge qu'il portait ralentissait visiblement sa marche. Il résolut de s'en débarrasser; mais, au lieu de jeter son sac dans le bois, ce qui eût indiqué aux chasseurs que leur chien était dans la bonne piste, il grimpa lestement dans un chêne chargé de feuilles mortes, l'accrocha à une branche, puis, singulièrement allégé et le fusil au poing, il reprit sa course.

Une cruelle surprise l'attendait à la deuxième ligne qu'il essaya de traverser. Au moment où il enjambait le fossé, un hussard, qui le guettait au passage, se précipita sur lui le sabre levé. Landouiller exécuta un saut de côté qui lui permit d'éviter le coup, il riposta avec sa baïonnette. Il manqua l'homme, mais le cheval, atteint en plein poitrail, se cabra, battit l'air de ses pieds de devant et tomba sur le côté. Par une fatalité inouïe, le brusque mouvement du cheval blessé avait arraché l'arme des mains du pauvre piqueur. Il s'élançait pour la reprendre; mais deux cavaliers accouraient au secours de leur camarade; un d'eux lui envoya une balle de revolver qui effleura son épaule. Il fallut fuir, et fuir désarmé.

Quand Landouiller se retrouva sous le couvert, il lui fallut bien s'avouer que cette fois il était bien malade, et qu'un miracle seul pouvait changer quelque chose à la lugubre tournure que prenait son aventure. Or, ce miracle, il était beaucoup trop modeste pour espérer que le ciel s'en mettrait en frais en sa faveur. Cependant, avec l'espèce de stoïcisme inconscient qui caractérise les hommes de sa trempe, il ne s'en inquiétait encore que médiocrement. Les abois se rapprochaient de plus en plus, on entendait les voix des soldats qui excitaient leur chien ou se hélaient les uns les autres, puis quelques galops précipités qui indiquaient que ses adversaires cernaient la nouvelle enceinte comme ils avaient cerné la première.

— Par les andouillers du diable! dit le piqueur, il n'est pas besoin d'être sorcier pour deviner leur plan de bataille : ils vont attendre que cette canaille, — indigne du nom de chien, aussi vrai que je suis un homme, — me tienne au ferme pour arriver sur moi et me daguer bien à l'aise ; mais, si j'ai perdu le flingot, il me reste le boutoir et ce sera peut-être assez solide pour en démolir encore un.

Animé par cette perspective, Landouiller fouilla dans ses poches, y trouva son couteau, éclata un gros jet de frêne dont la racine formait une espèce de massue, et, tout en la façonnant de manière à la rendre maniable, il s'enfonça dans un vaste massif d'épines noires qui, dans cette partie de la forêt, avait pris le dessus sur le taillis. Arrivé à une petite clairière qu'il jugea convenable au dessin qu'il méditait, et au milieu de laquelle se dressait un grand chêne, il s'arrêta brusquement à quatre ou cinq pas de l'arbre, se jeta d'un bond vigoureux derrière son tronc, et, le bâton levé, se tint immobile.

Les abois du chien se rapprochaient de plus en plus. Il menait avec une sage lenteur, mais avec une ténacité, une sûreté que, dans tout autre rôle que celui d'animal de chasse, Landouiller eût été le premier à admirer. Bientôt il put l'entrevoir à travers les broussailles, puis il le vit déboucher dans la clairière.

Ce n'était ni un dogue, ni un chien des Pyrénées, ni même un de ces blood-hound utilisés jadis par les

Espagnols contre les esclaves marrons. Ce chasseur d'hommes appartenait à la pacifique et honnête famille des braques, à cette variété qui, comme les lièvres de l'Allemagne, se caractérise par sa taille démesurée. Il arriva au petit trot, goûta la voie, jeta dans les airs un aboi sourd et bref; puis, se trouvant au bout de sa piste, il commençait à requêter, lorsque une de ses allées et venues l'ayant amené près de l'arbre, la massue siffla dans l'air et s'abattit.

Malheureusement elle ne rencontra que la mousse et les feuilles mortes. Landouiller n'était plus en veine, il avait manqué son coup. Plus malheureusement encore ce fut en vain qu'il essaya de renouveler la tentative d'assommer cet importun révélateur. Le braque n'en était probablement pas à son coup d'essai dans le vilain métier auquel on l'avait dressé, car il se tint soigneusement à distance, exécutant une retraite à chaque nouvelle attaque de l'assaillant, mais en même temps multipliant ses abois, qui se modulaient quelquefois en hurlements prolongés. De leur côté, les hussards stimulaient de nouveau leur chien, et le bruit de plus en plus distinct de leurs voix indiquait qu'ils avançaient.

— Allons, garçon, se dit philosophiquement Landouiller, auquel aucun de ces détails n'échappait, te voilà sur tes fins à ton tour, après y en avoir amené tant d'autres. Il ne s'agit plus pour toi que de fournir un bel hallali, digne d'un Français et d'un piqueur. Si encore tu pouvais emporter la consolation d'en avoir décousu un ou deux avant de te prêter à la curée !

Et Landouiller, jetant un regard piteux sur sa massue, une bien pauvre arme à opposer aux mousquetons, aux sabres et aux revolvers des Allemands, cherchait une combinaison par laquelle il pût égaliser la partie, lorsqu'un évènement extraordinaire vint brusquement modifier cette scène. Le braque, dont l'acharnement augmentait à mesure qu'il sentait que ses maîtres se rapprochaient de lui, cessa subitement ses abois. Son poil s'était hérissé, des tremblements convulsifs agitaient ses membres; acculé sur ses jarrets, pelotonné sur lui-même, il semblait paralysé par l'épouvante.

Bientôt Landouiller qui, réfugié derrière son arbre, observait avec étonnement une révolution si soudaine, eut le mot de l'énigme. Au moment où le braque, avec un visible effort, exécutait une volte pour s'enfuir, un énorme loup bondisssait du fourré, saisissait le chien à la gorge et étouffait son dernier cri en le changeant en un râle.

Cet évènement, si étrange qu'il paraisse, surprenait peu le piqueur, qui connaissait de vieille date la prédilection des loups pour les chiens isolés en général, et pour les chiens d'arrêt en particulier. Une fois déjà, en gagnant le rendez-vous au point du jour, la meute couplée et derrière les chevaux, Morphée, un magnique pointer appartenant à M. de Brichanteau, qui les suivait en buissonnant sous bois, avait été enlevé de la sorte à une quarantaine de pas de l'équipage. Cependant il considérait le nouveau venu avec une sorte de stupeur anxieuse; sa vue avait éveillé en lui d'incertains souvenirs; il croyait reconnaître, dans l'animal dont l'intervention pouvait devenir providentielle, le louvard que, deux ans auparavant, il avait abandonné dans la forêt de Perseigne, à quinze lieues de là.

De plus en plus convaincu qu'il ne se trompait pas, il se démasqua en prononçant à demi-voix ce nom de Gaspard, qu'il avait donné à son ancien élève.

Au son de cette voix, le loup, qui avait commencé à déchirer à belles dents sa victime, s'arrêta brusquement, fixa sur l'homme des yeux étincelants, s'avança, s'aplatit sur la terre, le museau reposant sur ses pattes de devant, et sans que son regard se détournât un instant de celui qui l'avait appelé; puis, rampant sur le sol, il arriva à ses pieds, le flaira longuement, et, certain à son tour d'avoir retrouvé son ancien ami, il commença les démonstrations caressantes dont il était si prodigue quand il n'était encore qu'un louveteau.

De son côté, Landouiller éprouvait une émotion si véritable qu'elle lui fit oublier pendant quelques instants et les Prussiens et les dangers suspendus sur sa tête.

Le loup, couchant ses oreilles, frottait son énorme tête sur les jambes de son ancien maître, à la façon des chats; celui-ci promenait sa main sur l'échine de l'animal, lui grattait l'occiput, le flattait et s'adressait à lui comme si celui-ci eût pu l'entendre.

— Te voilà donc, mon pauvre Gaspard! lui disait-il; ah! si tu as jamais mérité ce surnom de l'Avisé que M. le marquis a voulu que je te donnasse, c'est bien aujourd'hui, car un ange du bon Dieu n'aurait pas su mieux choisir son heure pour venir me retrouver. — Donne la patte, Gaspard! — Voyons, sais-tu encore donner la patte? — Mais oui! C'est qu'il n'a rien oublié, mon Gaspard! Comme j'avais raison de dire aux imbéciles de là-bas que c'était un loup comme il n'y en avait pas!

Puis, ramené à la fois à la réalité de la situation et à des idées plus tristes : — En la qualité de simple bête, tu ne peux pas comprendre, continuait-il, pourquoi je suis si heureux de t'avoir à mes côtés : d'abord, me voilà sûr à présent que l'hallali sur lequel comptent les brigands qui ont eu la vilenie de rembûcher ton maître, ne se fera plus sans *chiendent;* ensuite, s'il faut s'en aller de ce monde, mon pauvre vieux, c'est toujours une consolation de partir avec un ami.

Malgré la caresse affectueuse avec laquelle Landouiller appuyait ces paroles, et l'intonation mélancolique qu'il avait donnée, Gaspard semblait se décider difficilement à partager cette manière d'envisager les choses. Ses oreilles, d'une mobilité excessive, se dressaient, se tournaient dans tous les sens; il pointait son museau encore sanglant dans toutes les directions, humant la brise longuement, largement, à pleines narines. Il fit quelques pas dans la clairière, éventa de nouveau, revint à son maître, le quitta une seconde fois, s'avança dans le fourré, où, s'asseyant sur sa queue, il fixa sur le piqueur un regard expressif et qui lui disait clairement, presque éloquemment : Viens.

Ces démonstrations avaient rendu Landouiller plus attentif; ils avaient cessé leurs cris, mais le craquement des branches sous le pas des Prussiens devenait de plus en plus perceptible : ils n'étaient pas loin :

— Et moi qui t'appelais une bête! dit le piqueur à son loup; laisse-moi t'en demander pardon. S'il y a une bête ici, c'est moi, je le reconnais, et si je parviens à sauver ma peau, ce ne sera qu'en t'obéissant comme au capitaine!

Effectivement il rejoignit son élève qui, conservant les devants, semblait réellement aussi avoir conscience de sa supériorité et revendiquer le rôle de guide. Il trottinait sans aucun bruit sur le tapis de feuilles mortes, s'arrêtant à chaque instant, écoutant, interrogeant le vent, se rasant quelquefois dans le fourré, mais n'abandonnant jamais les *passées* qui permettaient de traverser ces buissons en apparence impénétrables. Le piqueur, le corps plié en deux, modelait sa marche sur celle de l'animal, imitant tous ses mouvements, faisant halte, se dissimulant de son mieux avec une ponctualité rigoureuse. Si grave que fût encore sa situation, il faut bien avouer qu'il trouvait à ces manœuvres un certain charme : cela l'amusait de faire le loup.

Après bien des circuits dans ces méandres, les épines commencèrent à s'éclaircir ; elles devinrent plus rares, et enfin ils se retrouvèrent dans des taillis. Gaspard accéléra sa marche, qui devint assez rapide pour que son maître, déjà fatigué et par ses courses forcenées du matin et par sa gymnastique, eût quelque peine à le suivre ; mais le piqueur comprit qu'ils avaient franchi le passage dangereux et échappé à ceux qui le traquaient, car l'animal allait d'assurance et sans préoccupation visible. Au bout de dix minutes, il s'arrêta derrière une forte cépée, puis s'aplatit de nouveau dans les herbes ; ils étaient devant une route.

Landouiller abandonna encore à celui-ci le soin de la reconnaître. Il s'en acquitta avec cette merveilleuse adresse des animaux sauvages, et dont les plus habiles trappeurs américains ne fournissent qu'une pâle copie. C'était un spectacle curieux que de voir ce loup s'allonger sur le terrain, posant sa patte sur les feuilles, sur les branches mortes sans que le moindre craquement révélât sa présence, utilisant les moindres accidents du bois pour se masquer. Il arriva ainsi à la lisière de la ligne, allongea son museau, le retira sans précipitation, revint du même pas et reprit son poste derrière la cépée.

La pantomime signifiait visiblement : « N'allons pas par là, il n'y fait pas bon. »

Malheureusement, une heure de passive obéissance à l'un de ses subordonnés, c'était beaucoup pour un des rois de la création! Après avoir si sagement abdiqué son amour-propre de bipède, Landouiller en écouta les suggestions. Au lieu de s'en rapporter aveuglément à l'expérience, à la sagacité, à la prudence de son élève, il voulut se rendre compte par lui-même de ce dont celui-ci s'était effrayé : il se glissa jusqu'à l'allée avec un luxe de précautions qui indiquait combien cette émulation était stimulée, et il aperçut, à une centaine de pas sur la route, un cavalier qui se promenait en tenant en main cinq chevaux, le sien et ceux des hussards qui avaient mis pied à terre, afin de poursuivre sous bois le fugitif.

Cette vue éveilla un gros tas d'idées séduisantes qui mirent la cervelle du piqueur en fermentation. Il revint, et sans trop se gêner cette fois, vers son ami qui n'avait point quitté sa feuillée protectrice, et tous deux assis en face l'un de l'autre comme des Indiens en conseil de guerre, il commença à causer tantôt mentalement, tantôt en s'adressant à son compagnon :

— Pourquoi, diable! battrions-nous en retraite? disait-il. Cet homme est seul, et nous sommes deux; il est armé, cela est vrai, mais nous sommes des loups, nous autres, ami Gaspard, c'est-à-dire que je puis l'avoir assommé, que tu peux lui avoir planté tes crocs dans la gorge avant qu'il ait seulement songé à mettre la main à son revolver. Tu montres les dents, mon vieux Gaspard, la perspective te fait sourire, je vois cela! Et moi donc? Ce n'est pas comme toi la charogne qui me tente, mais les chevaux. Je n'ai pas comme toi des pattes d'acier pour me promener à ma fantaisie de Perseigne au Perche et du Perche en Montmirail; les miennes commencent à demander grâce! Si j'avais une de ces bêtes-là pour finir mon étape, cela m'obligerait sensiblement, sans compter que si je parvenais à chaparder toute la bande, je serais probablement décoré, et toi, tu serais bien certain, Gaspard, que la compagnie où je t'emmène te décernerait à ton arrivée une gamelle d'honneur.

Le loup, grave et pensif, ne disait rien par toutes sortes de raisons qu'il serait oiseux d'énumérer; mais, s'il avait su parler, il eût probablement répondu à son ancien instituteur :

— Prends garde, maître, et, comme c'est l'habitude, ne te laisse pas éblouir par de vaines chimères. Nous autres, qui ne sommes que des loups, avant de compter le butin, nous additionnons les dentées qu'il coûtera. Ce n'est pas tout que de guigner une proie, il faut encore se sentir les dents assez fortes pour l'arrêter et l'estomac assez solide pour la digérer. L'homme est seul, il est vrai, mais ses camarades ne sont pas loin; ils peuvent même avoir déjà trouvé le cadavre du chien dont je t'ai rendu le service de te débarrasser et être en train de revenir. Restons sous ces couverts où, avec moi pour sentinelle, tu seras en sûreté; la nuit venue, nous gagnerons le large, et, si tu ne ramènes pas au camp de si glorieuses dépouilles, tu y rapporteras ta peau, ce qui vaut encore mieux.

Ces sages avis eussent probablement produit assez d'impression sur le piqueur pour prévaloir sur les ardeurs batailleuses dont celui-ci était dévoré; mais, Gaspard n'ayant pas ouvert la gueule, en vertu de cet axiome : « Qui ne dit mot consent », il accepta ce silence pour un acquiescement, et se mit en mesure d'exécuter son dessein.

Après avoir marché pendant une cinquantaine de mètres, il distingua la silhouette du soldat et de ses chevaux entre les brins du taillis. Alors il continua de s'approcher, son bâton aux dents, et, en cheminant sur les genoux et sur les mains, il put arriver ainsi à la hauteur de celui qu'il avait projeté d'attaquer.

Cette fois Gaspard ne le précédait plus, mais il le suivait. Le loup et son maître restèrent pendant quelques minutes immobiles dans les broussailles. L'Allemand allait et venait sur la ligne, mais le nombre de chevaux qu'il maintenait le contraignait à en tenir le milieu, et l'espace qu'il fallait franchir pour l'atteindre était trop considérable pour qu'il n'eût pas le temps de se mettre en défense. Cependant, à la longue, se sentant probablement fatigué, il se décida à s'asseoir sur le revers du fossé; mais il faisait face à l'enceinte dans laquelle se trouvait le piqueur, et celui-ci ne l'avait pas encore à belle. Bientôt, cependant, pour surveiller plus aisément ses chevaux qui remuaient toujours, il changea de position, se plaça sur la berge opposée, tournant le dos au bois.

Malheureusement, l'élève de Landouiller devint alors aussi compromettant qu'il lui avait été utile tout à l'heure : les chevaux, ayant commencé à l'éventer, donnaient, par leur agitation, des signes manifestes de leur effroi, et l'un d'eux venait de jeter un hennissement de terreur.

Mais le piqueur avait prévu le contre-temps : d'un bond il était debout, et, au moment même où le Prussien, averti par les mouvements de ses bêtes que quelque chose d'insolite devait se passer dans les environs, se dressait sur ses jarrets, un coup furieux de la massue le faisait retomber inanimé à l'endroit même où il s'était assis.

Pendant que son maître dépouillait sa victime de ses armes, Gaspard, dont cette scène sanglante avait surexcité les appétits de carnage, se précipitait sur l'Allemand et le tenaillait à la gorge. Cette intervention du terrible collaborateur, son apparition subite, eurent encore une fois des conséquences déplorables. De plus en plus épouvantés, les chevaux échappèrent à la main qui ne les retenait plus, et ces trophées sur lesquels le piqueur avait tant compté pour donner à son retour au régiment la solennité d'un triomphe, s'enfuirent éperdus dans toutes les directions. Un seul, qui s'était empêtré de court dans la bride, était demeuré à quelques dizaines de mètres, se cabrant, ruant, multipliant les efforts pour dégager ses membres antérieurs de l'entrave qui paralysait leurs mouvements. Landouiller courut à lui, trancha les rênes avec son couteau, et sautant en selle et l'aiguillonnant avec la pointe du sabre qu'il avait enlevé au hussard, il cria au loup :

— En chasse! en chasse, ami Gaspard! il s'agit maintenant de détaler comme si tu avais tous les chiens du marquis de Brichanteau à tes trousses!

Il était temps. Au moment où sa conquête, folle de peur, l'emportait comme un tourbillon, les Prussiens sortaient du bois et faisaient feu sur le fugitif. Landouiller, qui s'était couché sur le col de sa monture, ne fut pas atteint; mais, à la première explosion, Gaspard s'était jeté dans le taillis et avait disparu. Le piqueur se crut abandonné par son élève, et, si satisfaisante que fût l'issue de cette aventure qui mettait en sa possession un cheval, un mousqueton et un revolver, il eut un soupir de regret pour celui qu'il accusait d'ingratitude.

Hélas! il n'était pas au terme des péripéties que lui réservait cette fatale journée. Ce n'est pas assez de courir, si l'on ne court pas vers son but. Cette réflexion, le piqueur la fit immédiatement. Or son but, c'était la Ferté-Bernard, où il devait retrouver l'armée française. Pour arriver à la Ferté il devait se diriger sur Gréez, c'est-à-dire à l'ouest, et le cheval galopait vers l'est, le ramenant ainsi soit à la Chapelle-Guillaume où il avait laissé les Allemands, soit à Montmirail, où quelques-unes de leurs troupes devaient être rendues à l'heure qu'il était. Il essaya donc tour à tour de l'arrêter ou de le forcer à changer de direction, mais ce fut peines perdues : l'animal hors de lui était devenu insensible au mors; il ne répondait même pas aux saccades que lui envoyait son cavalier, à l'aide des deux morceaux de la bride qu'il avait conservés en l'enfourchant.

La situation se compliqua bientôt. A l'extrémité de la ligne qu'il suivait malgré lui, Landouiller aperçut une masse noire se détachant sur la pénombre de l'horizon. C'étaient évidemment des cavaliers; ces cavaliers ne pouvaient être autres que des Prussiens, et son cheval l'entraînait vers eux avec une rapidité vertigineuse.

Landouiller prit son parti en brave qu'il était ; il abandonna ces rênes inutiles, et, le sabre d'une main, le revolver de l'autre, il se prépara à soutenir une lutte qu'il ne pouvait pas éviter, en ayant soin cependant de se coucher de nouveau sur l'encolure de sa monture, autant pour que ses adversaires ne reconnussent pas de loin à qui ils avaient affaire, que pour échapper aux projectibles dont ils pourraient le saluer avant qu'il fût arrivé sur eux.

En voyant venir à ce galop furieux un cheval sur lequel ils distinguaient vaguement une forme humaine, mais reconnaissaient le harnachement de leur régiment, les deux hussards dont se composait ce groupe, ne sachant que penser, étaient venus à sa rencontre au petit trot. L'un d'eux eut la malencontreuse inspiration de se placer en travers, en supposant que la vue d'un camarade d'écurie suffirait pour arrêter l'animal qui allait les rejoindre : mal lui en prit. Renversés par le choc terrible auquel ils s'étaient exposés, homme et bête roulèrent plusieurs fois l'un sur l'autre, et le premier se trouva si mal de sa chute qu'il resta étendu sans mouvement sur le sol. De son côté, et quoique sans dommage, Landouiller avait vidé les arçons.

Mais, au pantalon garance du cavalier, le hussard avait reconnu un Français, et, au moment où celui-ci levait le bras pour l'ajuster, il lui envoya une balle qui lui fracassa l'épaule. Landouiller pirouetta plusieurs fois sur lui-même et tomba la face en avant, baignant dans son sang. La commotion avait été si violente, la douleur si aiguë, que le pauvre piqueur avait été, pour ainsi dire, foudroyé.

Le soldat, voulant s'assurer qu'il était mort, se dirigea de son côté; mais il se trouva tout à coup en présence d'un adversaire bien inattendu : c'était Gaspard, qui n'avait nullement abandonné son maître, ainsi que celui-ci l'avait si injustement supposé, mais qui s'était sagement mis à couvert des projectiles en galopant à travers les buissons. Lorsqu'il avait vu tomber son ami, oubliant la prudence de sa race, il s'était élancé de son asile, s'était placé devant son corps, et son poil hérissé, ses dents grinçantes, manifestaient son énergique résolution de le défendre.

Le hussard était brave; cependant, sous ce regard d'une férocité implacable, il recula de cinq ou six pas en arrière, prit son revolver, ajusta longuement et fit feu. La balle atteignit l'animal au-dessus de la hanche et ne lui fit qu'une blessure insignifiante; cependant il ne laissa pas à son adversaire le temps de redoubler; d'un élan rapide il s'était précipité sur lui, et de sa mâchoire puissante l'avait enserré à la gorge. Le soldat fit des efforts surhumains pour se dégager; mais, dans la lutte, son pied ayant glissé sur le sol boueux, il tomba et perdit tous ses avantages. Le loup, qui déjà lui avait déchiré le visage, serait parvenu à l'étrangler si l'autre hussard, revenu de son étourdissement, n'était arrivé à l'aide de son camarade et n'avait mis fin à cette terrible lutte en plongeant la lame de son sabre dans le flanc de la bête.

Frappé à mort, Gaspard lâcha prise, et, tandis que le soldat se relevait, il se traîna jusqu'au corps de Landouiller, le flaira une fois encore, se roidit dans une dernière convulsion, et expira les yeux fixés sur l'homme qui l'avait aimé.

Les Allemands, aussi maltraités l'un que l'autre, s'éloignèrent du théâtre de cette scène sanglante avec l'indifférence des gens de leur profession, et sans se soucier de la dépouille humaine qu'ils y laissaient.

Cependant, Landouiller n'était pas mort.

Vers le soir, des charbonniers qui passaient par là le trouvèrent toujours étendu auprès du cadavre déjà roide de son loup. Reconnaissant un compatriote aux lambeaux de son uniforme, ils s'approchèrent, et, s'apercevant que son cœur battait encore, ils lui donnèrent des soins et parvinrent à le ranimer.

Lorsque le piqueur reprit ses sens, le premier objet qui frappa son regard fut le corps ensanglanté du pauvre Gaspard; il devina ce qui avait dû se passer, et alors, malgré sa faiblesse, malgré les cuisantes douleurs qu'il éprouvait, une larme, la première qu'il eût versée depuis bien des années, glissa entre ses cils et descendit lentement sur ses joues tannées. Et comme ces braves gens lui proposaient de le transporter dans leur cabane :

— Je le veux bien, répondit-il, mais auparavant vous allez gagner une pièce de cinq francs, la dernière qui me reste, et donner à mon camarade une sépulture honorable.

Et de son doigt il leur désignait le cadavre de Gaspard.

— Votre camarade? dit l'un des charbonniers avec stupeur; mais c'est un loup!

— Possible! répondit Landouiller d'une voix grave; mais il est mort à l'ennemi, il a droit au tombeau du soldat!

LE FAISAN

Bien qu'il se tienne soigneusement en dehors de nos discordes, et ne partage, que nous sachions, aucune de nos passions politiques, le faisan est une des victimes ordinaires de nos révolutions : il y aurait un chapitre intéressant à écrire sur les vicissitudes de ses destinées depuis quatre-vingt-trois ans, sur les chutes, sur les restaurations de cette race quasi royale.

On commettrait, cependant, une grave erreur en supposant que l'ère de prospérité des faisans remonte aux temps de la monarchie ; que, comme la perdrix, le lièvre, le lapin, ils ont été beaucoup plus nombreux sous le régime protecteur des privilèges féodaux, qu'ils ne le sont devenus depuis la révolution : c'est le contraire qui est la vérité.

Jusqu'au règne de Henri IV, le faisan n'a guère existé en France que comme oiseau de volière et à l'état de gibier dans les capitaineries. La fauconnerie de Louis XIII n'avait pas de vol de faisan ; d'Esparron, si explicite dans ce qui concerne ce qu'il intitule l'*Art par excellence*, ne le fait point figurer au nombre des oiseaux dont on s'empare à l'aide de faucons. Avec les lettres si charmantes qu'Henri IV adresse à Gabrielle, et qui se datent de Fontainebleau, il lui envoie les perdrix qu'il a tuées; il ne parle point de faisans. Ce gibier fastueux se désignait trop aux préférences de Louis XIV pour que le grand roi ne le multipliât pas sur le domaine. Sous son règne, sous celui de Louis XV, les faisanderies prirent un développement sérieux et considérable. Il était, cependant, exclusivement limité aux plaisirs royaux, aux chasses des princes du sang, aux parcs de quelques grands seigneurs; et c'est précisément pour cela que l'espèce en disparut presque totalement dans la première tourmente.

C'est au Directoire qu'appartient l'honneur d'avoir relevé le faisan de cette complète décadence; — il a trop peu de titres à la reconnaissance de la postérité pour que nous passions celui-là sous silence. On n'était plus au temps où la demi-douzaine de *hourets* du conventionnel Merlin prenait le titre de meute et scandalisait les Jacobins; le goût du luxe, comprimé par l'austérité robespierriste, se réveillait avec la violence de toutes les réactions, et Barras s'était institué son apôtre. Il avait déjà installé un équipage pour le cerf à l'ancienne résidence de Monsieur, comte de Provence, à Grosbois, dont les hasards, ou plutôt les bien-joués de la Révolution, l'avaient rendu propriétaire; il en releva la faisanderie.

En reconstituant l'ancienne liste civile, le Consulat, puis l'Empire, avaient rétabli l'oiseau du Phase dans la plénitude de ses honneurs. Il faut bien l'avouer, malgré ses antécédents d'artilleur, peut-être en raison de ces antécédents, le conquérant était, cynégétiquement parlant, ce que nous appelons une mazette. Il préférait le faisan à tous les autres gibiers, parce que, disait-il, il était plus gros et se visait plus aisément que les autres. Pure présomption, mais excusable chez un homme tellement gâté par la victoire. Malgré la contagion d'une prédilection impériale, l'élevage du faisan fit peu de prosélytes sous son règne. On avait alors la chasse à l'homme, et les succès que nous y obtenions légitimaient cette indifférence.

Les années pacifiques de la Restauration, le patronage du roi chasseur, développèrent plus puissamment la prospérité faisandière du pays; cependant ses proportions restaient restreintes. La tourmente avait amoindri les fortunes seigneuriales; celles de la banque, du commerce et de l'industrie n'avaient pas encore eu le temps de prendre leur essor, et c'était par et avec ces dernières que le faisan était destiné à se propager, à se vulgariser. Toutefois les forêts domaniales en étaient admirablement peuplées, lorsque éclata le coup de foudre de 1830. Il coûta la vie à infiniment plus de faisans que de Suisses; il anéantit une seconde fois la race des précieux gallinacés, qui fut longtemps à se relever de cette nouvelle catastrophe.

L'opposition, qui comptait les plats de la royauté bourgeoise, qui l'accusait de parcimonie quand le menu affectait quelque frugalité, qui, lorsque le cuisinier n'avait pas ménagé le beurre dans les épinards, déclarait qu'elle y reconnaissait la sueur du pauvre peuple, l'opposition se fût fait une arme cruelle de la moindre velléité de reprendre, à propos de chasse, les traditions royales. La bourgeoisie elle-même n'eût pas vu d'un bon œil son élu manifester le moindre penchant pour les plaisirs si injustement et si sottement reprochés à son prédécesseur. Louis-Philippe n'ignorait rien de tout cela; en roi prudent qu'il était, il s'abstint même d'entretenir le gibier du domaine. On laissa vivre ce qui avait échappé au massacre, on protégea ces débris vaille que vaille, et la liste civile se recruta des amis par la concession de permissions assez nombreuses. Les fils du roi, en grandissant, modifièrent quelque peu cet état de choses : ils ne partageaient point la stoïque indifférence de leur père à l'endroit des joies de saint Hubert; au contraire, l'instinct caractéristique de leur race, attiédi pendant une génération, retrouvait en eux toutes ses ardeurs. Grâce à l'initiative du duc d'Orléans, auquel sa sérieuse popularité permettait de braver les clabauderies de quelques journaux, Saint-Germain, Compiègne, Versailles, retrouvèrent leurs phalanges giboyeuses, et le faisan redevint comme jadis l'élément important des tirés princiers. On était loin des anciennes splendeurs, mais la population faisandière était décente, honorable, lorsque 1848 la livra de nouveau aux appétits d'extermination des vainqueurs. Comme en 1830, le massacre du gibier royal servit de couronnement à la victoire, et les forêts, pour la troisième fois vides, furent amodiées jusqu'en 1852.

Le second Empire fut, pour le faisan, une ère de prospérité prodigieuse. C'est à cette heure surtout qu'il convient de rendre hommage au prince de la Moskowa, dont l'intelligente et habile administration donna aux tirés un lustre qui laissait en arrière les plus célèbres légendes de la monarchie; les *tableaux* qui suivaient les chasses de Compiègne, de Fontainebleau, de Versailles et même de Rambouillet, arrivèrent à des totaux fabuleux.

En même temps, et parallèlement, le faisan s'humanisait; il descendait des régions impériales et royales où il avait plané jusqu'alors, pour rendre au carnier du commun des chasseurs des visites dont ceux-ci purent apprécier tous les charmes. Le morcellement des propriétés, la diffusion de la richesse, la démocratisation des droits de chasse, si funestes aux autres espèces de gibier, lui avaient été favorables. Gibier factice, et dont le nombre est toujours proportionné à celui des faisanderies qui le produisent, il était rare alors que ces établissements dispendieux étaient le privilège de quelques-uns ; depuis que l'immense développement de la richesse permettait à beaucoup de gens de solder les frais qu'ils entraînent, les faisans devenaient de plus en plus communs.

Je viens d'appliquer au faisan la qualification de gibier factice, j'ajoute que je ne crois pas que l'on parvienne jamais à le multiplier à l'état sauvage ; le jour où l'on cesserait de pourvoir, par des élevages, à sa propagation, serait bien près de celui où il aurait cessé d'exister.

Cette difficulté de l'acclimatation du faisan ne doit pas être attribuée à la délicatesse de son tempérament : il supporte à merveille le froid de notre latitude ; elle est bien plutôt une conséquence de son organisation, des habitudes mixtes qui en font tour à tour l'hôte des bois et de la plaine, de ses instincts vagabonds, de la grosseur de son corsage qui le désigne aux yeux les moins clairvoyants, causes irrémédiables de destruction dans un pays aussi morcelé que le nôtre. Créé pour vivre dans les makis sauvages des bords du Phase, la nature n'a point mesuré ses défenses aux dangers qui l'attendent dans des campagnes populeuses comme celles de la France.

Trop beau pour être très-intelligent, le faisan justifie une fois de plus le préjugé que certaines gens nourrissent contre la surabondance des agréments extérieurs : il est méfiant, mais sa méfiance est aveugle et ne dénote aucune aptitude à ce calcul différentiel à l'aide duquel certains oiseaux, le corbeau par exemple, distinguent parfaitement un danger d'avec celui qui n'en a que l'apparence. Il ne sait pas, comme le lièvre et le lapin, utiliser la délicatesse de ses sens pour reconnaître le piège sous l'appât qui l'invite. Il ne tire aucun profit des rudes leçons de l'expérience. Les faisans d'un parc viendront se faire tuer jusqu'au dernier sur le marc de raisin qu'un paysan a répandu dans sa vigne, tandis que la perdrix n'y goûtera qu'une fois, et encore! Essayez donc de prendre celle-ci à l'hameçon! Le faisan a si peu de discernement que le moindre brouillard suffit pour lui faire perdre la tête et oublier le chemin de ses pénates; et puis la richesse de son habit lui inspire des délicatesses de petite maîtresse : s'il pleut, si le tapis des feuilles est humide, monsieur craindra de se mouiller les pattes, il ira les sécher au haut d'un chêne au risque de se faire fusiller. Le soir, c'est pis encore : il suppose que ses ennemis, comme les infidèles de l'Écriture, ont des oreilles pour ne pas entendre; ses cris bruyants et répétés leur indiquent le chemin de sa chambre à coucher. Il ne s'est jamais douté que son corps est loin d'être transparent, et qu'une masse noire et opaque qui se détache sur le clair-obscur du ciel est un point de mire des plus commodes. Enfin, sa femelle niche au bois et par terre, pour la plus grande facilité des renards, fouines, putois et autres flibustiers.

L'espèce abandonnée à elle-même résisterait-elle à tant de causes d'anéantissement rapide? Encore une fois, je ne le pense pas; et le doute me paraît d'autant plus légitime que notre peu de réserve et de modération, à nous-mêmes chasseurs, est encore plus fatale à cet oiseau que tout le reste. Non-seulement nous les tirons avant la fin de septembre, époque qu'il faudrait attendre dans l'intérêt de la conservation, et afin que la défense donnât une valeur à la victoire; mais, en dehors des chasses où la prohibition s'étaye d'une vigoureuse amende, il est bien limité le nombre de ceux qui auront la magnanimité de présenter les armes aux poules à l'arrière-saison. L'intérêt général le commande. Malheureusement, il est une voix toujours plus sûrement entendue que celle de la raison, la voix d'une plate et sotte envie. On fait feu sur la poule bien moins pour la tuer, qu'avec la crainte qu'un autre ne la tue. L'ancien locataire d'une forêt de l'État de mon voisinage y avait introduit des faisans qui semblaient s'y plaire et s'y reproduisaient en liberté. En moins de trois ans ses successeurs dans l'amodiation avaient eu raison de la dernière poule. Et voilà des gens qui stigmatisent les braconniers!

On chasse le faisan au chien d'arrêt et en battue. Pendant les mois de septembre et d'octobre, et surtout si l'on s'est mis en campagne avant neuf heures du matin, on peut espérer de le rencontrer dans les vignes, dans les broussailles, les luzernes, et généralement sous les couverts qui avoisinent les bois. A cette heure et à cette époque de l'année, il va régulièrement au gagnage dans la plaine. Il est toujours facile de reconnaître si c'est un faisan que le chien a devant lui : sa quête devient ardente parce que cet oiseau laisse beaucoup de sentiment; comme il cherche presque toujours à se dérober en piétant, les mouvements de votre collaborateur sont brusques et précipités; si la menée se ralentit parfois, c'est pour reprendre bientôt avec une ardeur croissante; les faux arrêts succèdent aux faux arrêts, les allées et venues se multiplient jusqu'au moment où, le faisan se décidant à se raser, le chien s'immobilise lui-même dans sa pose caractéristique.

Il ne serait pas chasseur, celui qui, dans un pareil moment, conserverait la liberté de ses sensations, dont le cœur ne palpiterait pas, dont la respiration ne resterait pas suspendue. C'est là une de ces émotions que ni l'âge ni l'habitude ne parviennent à émousser.

Mille pensées confuses se croisent dans l'esprit. Les secondes qui vont s'écouler jusqu'au moment où l'oiseau prendra son essor paraissent longues comme des siècles, et on les accuse de lenteur.

Enfin les herbes s'entr'ouvrent et livrent passage au gibier des rois et au roi des gibiers; il s'élance dans les airs, il se montre dans toute sa gloire, le coq superbe : sa robe étincelle aux feux du soleil comme si chacune de ses plumes était une pierre précieuse, la longueur de sa queue le fait paraître énorme. Il s'élève presque perpendiculairement, et son cri aigu, strident, plusieurs fois répété, ajoute au fracas de son vol.

Ce tumulte, la pompe de la mise en scène, et surtout le développement de cette queue qui lui a mérité, de la part des braconniers, le sobriquet imagé de *comète*, ont préservé plus de faisans de la mort que la vigueur de leurs ailes, que l'agilité de leurs pattes. Les chasseurs novices, abusés par les proportions insolites de l'appendice, tirent généralement trop bas et autant en emporte..... la queue. L'inconvénient très-appréciable dans l'ascension verticale du faisan ne l'est pas moins lorsqu'il a pris son vol horizontal. Alors, comme Blaze l'a fait judicieusement remarquer, le poids de l'arrière-train donnant une position oblique, les plombs qui le traversent n'arrivent ni au corps ni aux pattes.

La première condition pour vous jouer de ce que nous pouvons bien appeler le bouclier du faisan, est de vous efforcer de dominer votre émotion. Lorsque vous serez maître de vous-même, vous disposerez à votre gré de la vie de tous ces oiseaux qui seront assez malavisés pour partir à trente pas de vous, en plaine bien entendu; au bois, c'est une autre affaire. S'il est à découvert, ne le tirez pas avant que le mouvement ascensionnel soit terminé, suivez-le du guidon en prenant la tête pour point de mire, et faites feu lorsqu'il entrera dans la ligne horizontale. Cette règle du tir doit être observée au bois aussi bien que dans la plaine, à moins que le faisan ne s'enlève dans un fourré, dans un gaulis dont les branches pourraient le dérober à votre vue. En pareil cas, tirez lorsqu'il monte, mais ajustez toujours la tête afin qu'il se jette dans le coup. Pour en finir avec le tir du faisan, pendant que nous y sommes, nous ajouterons que, malgré son volume et si lourd que soit son essor, il n'en file pas moins très-rapidement lorsqu'il est parvenu à une certaine hauteur. Aussi, en battue, lorsqu'il passe en travers, il faut le viser en avant du bec pour le voir tomber.

Les faisans rentrent au bois entre neuf et dix heures du matin, et lorsque le soleil commence à se rapprocher du zénith; c'est sous leurs couverts qu'il convient de les chercher. Réguliers comme des douairières dans leurs habitudes, ils reviendront au gagnage deux heures environ avant le coucher du soleil, et vous vous trouverez bien de tenir compte de l'observation. Les taillis de deux à cinq ans sont leurs demeures préférées, surtout lorsque ces taillis se trouvent en bordures. On les rencontre rarement sous les futaies et les gaulis dont le sol est dégarni d'herbes et de broussailles. Si les bois sont accidentés de collines, si ces collines sont exposées au midi, ils y viendront souvent vers le milieu de la journée pour s'y poudrer. Ils sont encore plus avides que la perdrix de ce délassement hygiénique. En temps de chaleur et de sécheresse, il faut les quêter dans les tailles garnies de bruyères, et surtout dans les joncs, dans les roseaux qui entourent les mares.

Au bois, la chasse des faisans perd des facilités qu'elle avait en plaine : mille accidents peuvent rendre le tir problématique, et l'oiseau se défend avec plus de persévérance et d'habileté sur son terrain que dans les champs découverts. Les fuites et les refuites que nous avons signalées se renouvellent, mais si considérablement augmentées, qu'il faut quelquefois une dizaine de minutes avant qu'il se décide à abandonner ses retraites. Les poules seules partent ordinairement au premier arrêt du chien et sans avoir cherché à se dérober à l'aide de leurs pattes. On dirait qu'elles se savent des droits à notre clémence. Hélas! pourquoi faut-il que cet espoir soit souvent trompé!

Suivez votre chien de très-près dans l'espèce de

chasse à courre qui vient de s'entamer; s'il disparaissait à vos yeux, ne craignez pas de le rappeler : la piste d'un faisan se retrouve plus facilement que celle d'une perdrix, et, si sage que soit votre compagnon, ce que vous devez craindre par-dessus tout, c'est qu'il s'emporte sur ce sempiternel fuyard dont la voie est brûlante et qu'il voit souvent par corps; et puis, un faisan arrêté à votre insu ne vous attendrait probablement pas pour détaler à tire d'ailes.

J'ai médit de l'intelligence du faisan, et quelques vieux coqs se sont chargés de me démontrer que j'étais un simple calomniateur et qu'ils n'étaient pas aussi à court de rubriques que je l'avais prétendu. Ils piétaient devant mon chien avec une obstination infernale, provoquant faux arrêts sur faux arrêts, en nous conduisant sournoisement dans la direction de certain grand bois propice au tour qu'ils entendaient me jouer. Arrivés à une cinquantaine de mètres de ce bois, ils y couraient de toute la vitesse de leurs pattes, s'envolaient *illico* avant que mon collaborateur les eût non pas arrêtés, mais rejoints, et ne me laissaient pas même la consolation de les avoir entrevus.

Les bons chiens sont rares, mais les bons chiens de faisan le sont deux fois. J'avoue que, avec cet oiseau pour objectif, je donne la préférence au pointer sur notre braque et même sur notre épagneul, si approprié que soit celui-ci à la guerre des fourrés. Dans les chasses où j'ai pu observer non-seulement mes chiens, mais ceux de mes compagnons, j'ai toujours remarqué une certaine supériorité dans les résultats pour les maîtres des pointers; je l'attribue à la quête nerveuse et rapide de cette race, à sa facilité d'éventer sans toucher à la branche, qui déroutent le faisan, le décident à se raser, ne lui laissent pas le temps de se prolonger et abrègent, en tout cas, le steeple-chase préliminaire.

Nos voisins d'outre-Manche, spécialistes par excellence, dont nous devrions quelquefois nous inspirer, ont créé deux variétés spéciales pour la chasse du faisan, de la bécasse et du coq de bruyère : le *springer* et le *cocker*. Ce sont deux diminutifs d'épagneuls, actifs, ardents, intrépides au fourré. Le dernier surtout ne se laisse jamais rebuter par les ronces et par les épines, et perce aux forts les plus hérissés pour en déloger l'oiseau qui s'y recèle. Ces chiens donnent de la voix sur la piste qu'ils découvrent, la rapprochent, et fournissent au chasseur qui les suit de nombreuses occasions de tirer.

FIN.

TABLE DES MATIÈRES

	Pages.
Mon premier Fusil	4
La Taupe	10
Les Furets	13
Le Merle	20
Le Goujon	24
Une Chasse d'écolier	28
La Caille	41
La Perche	46
Le Loriot	50
L'Écrevisse	65
Le Chien du Uhlan	72
Les Pluviers	78
La Grenouille	82
Un premier Assassinat	90
Le Chevenne	109
Lièvres et Lapins	114
La Lotte	124
Les Corbeaux	127
Les Lévriers	151
Le Brochet	159

TABLE DES MATIÈRES.

Pages.

Jeannot	166
La Carpe	193
Le Geai	197
L'Anesse et son Anon	200
L'Alouette	204
La Loutre	
Homards et Langoustes	227
Gavroche	233
Le Coucou	256
Les Hippocampes	266
Le Crapaud	275
La Grive	279
Les Tétras	285
Le Sanglier	302
Les Hiboux	307
Le Chevreuil	312
Gaspard l'avisé	316
Le Faisan	390

Paris. — Typ. Firmin-Didot et Cⁱᵉ, 56, rue Jacob. — 7905.

www.ingramcontent.com/pod-product-compliance
Lightning Source LLC
Chambersburg PA
CBHW071855230426
43671CB00010B/1347